Koordinaten Europas, Bd. 2:
Freiheit und Menschenwürde
Martin W. Ramb/Holger Zaborowski (Hrsg.)

Koordinaten
Europas

Band 2

Freiheit und Menschenwürde

Herausgegeben von
Martin W. Ramb und
Holger Zaborowski

WALLSTEIN VERLAG

Mit freundlicher Unterstützung:

Bibliografische Information der Deutschen Nationalbibliothek

Die Deutsche Nationalbibliothek verzeichnet diese Publikation
in der Deutschen Nationalbibliografie; detaillierte bibliografische
Daten sind im Internet über http://dnb.d-nb.de abrufbar.

© Wallstein Verlag, Göttingen 2024
www.wallstein-verlag.de
Vom Verlag gesetzt aus der Stempel Garamond
Umschlaggestaltung: Volker Schlecht
Druck und Verarbeitung: bookSolutions Vertriebs GmbH, Göttingen

ISBN 978-3-8353-5696-2

Inhalt

Vorwort der Herausgeber

Zu den Grundkoordinaten Europas gehören Freiheit und Menschenwürde. Dies sind kontroverse Koordinaten. Was bedeutet eigentlich Freiheit? Ist der Mensch überhaupt frei? Inwiefern hat die Erfahrung der Freiheit Europa geprägt? Worin liegen die Wurzeln des Freiheitsdenkens? Welche Institutionen garantieren Freiheit? Wo liegen heute – in Zeiten eines rasanten technischen und wissenschaftlichen Fortschritts, der wirtschaftlichen Globalisierung, zahlreicher innen- und außenpolitischer Herausforderungen, vielfältiger Transformationen in Kultur, Religionen und Weltanschauungen – die wesentlichen Gefährdungen der Freiheit? Ähnliche Fragen stellen sich mit Blick auf die viel beschworene, aber auch oft vernachlässigte und verletzte Menschenwürde. Was ist damit, dass alle Menschen über diese Würde verfügen, eigentlich gemeint? Wie lässt sie sich begründen? Worin zeigt sie sich? Haben auch Tiere Würde? Hat die Vorstellung der Menschenwürde nicht nur faktisch an Bedeutung verloren, sondern lässt sich auch gar nicht mehr überzeugend begründen? Wer auch nur kurz über Freiheit und Menschenwürde nachdenkt, stellt schnell fest, dass sich daraus eine große Bandbreite von Fragen ergibt.

Die Fragen, die sich in der heutigen Situation angesichts von Freiheit und Menschenwürde stellen, sind keine rein akademischen Angelegenheiten. Sie betreffen die konkrete Lebenswirklichkeit, aktuelle gesellschaftliche Entwicklungen, religiöse und weltanschauliche Positionierungen und drängende politische Entscheidungen. Nicht nur die Zukunft Europas hängt davon ab, dass diese Fragen in Europa gestellt werden – und *wie* auf sie geantwortet wird. Sie betreffen das »Wesen«, das Herz Europas. Wenn dieser Band aus verschiedenen Perspektiven den Fragen nach Freiheit und Menschenwürde nachgeht, so soll damit ein kleiner Beitrag zu dieser notwendigen Selbstverständigung geleistet werden – in der Hoffnung, dass Freiheit und Menschenwürde nicht in Vergessenheit geraten, sondern in ihrer prinzipiellen Bedeutung und bleibenden Relevanz für ein friedliches und gutes Zusammenleben in Europa und darüber hinaus anerkannt werden.

Der vorliegende Sammelband führt unsere Reihe *Koordinaten Europas* fort, die mit dem Band *Solidarität und Verantwortung* begonnen hat und die weitere Koordinaten Europas thematisieren wird. Damit verbinden wir das Anliegen, in den vielfältigen Krisen Europas aus unterschiedlichen Perspektiven Herzstücke europäischer Identität zu bergen, in Erinnerung zu rufen und neue Orientierung zu bieten.

Sehr herzlich möchten wir zunächst den Autorinnen und Autoren dieses Bandes für ihre Bereitschaft danken, Beiträge für diesen Band zu verfassen. Für die vielfältige Unterstützung dieses Bandes danken wir dem Kultursommer Rheinland-Pfalz, der Universität Erfurt und dem Bistum Limburg. Thedel von Wallmoden, Florian Welling und ihren Kolleginnen und Kollegen vom Wallstein Verlag danken wir für die wieder einmal sehr angenehme Zusammenarbeit. Volker Schlecht, der mit seinen herausragenden graphischen Covern unserer Reihe ein markantes Gesicht verleiht und so die einzelnen Bände auch optisch miteinander verbindet, möchten wir ebenfalls einen großen Dank aussprechen. Außerdem danken wir herzlich dem Patmos Verlag für seine freundliche Genehmigung, einen Ausschnitt aus Gesine Schwans *Warum ich die Hoffnung nicht aufgebe. Ein Gespräch mit Holger Zaborowski* in diesen Band aufzunehmen,

Diana Barth für ihre Hilfe beim Korrektorat und Cornelia Steinfeld für die Gestaltung einer Werbeanzeige für diesen Band.

Limburg und Erfurt, am 9. Mai, dem Europatag, 2024
Martin W. Ramb und Holger Zaborowski

EDUARD ZWIERLEIN

Freiheit und Würde

Ihr ursprünglicher Gedanke

Manche Wörter sind im Sinne Blaise Pascals »mots primitifs«. Sie sind ihrem Sinn und ihrer Bedeutung nach derart basal oder ursprünglich, dass man sie als grundlegend ansehen muss. Wir bemerken dies daran, dass es keine sinnvolle Erläuterung durch andere Wörter mehr für sie gibt. Sie sind nicht mehr durch irgendetwas anderes zu erläutern, weil sie selbst die Erläuterung für alles andere sind. »Würde« und »Freiheit« scheinen in diese Klasse von basalen oder fundamentalen Urworten zu fallen. Wir können sie nicht mehr durch andere Wörter besser explizieren, sondern müssen aufweisen und verdeutlichen, was wir mit ihnen meinen. Darüber kann es natürlich Streit geben. Auch darüber, ob ihnen denn etwas in der Welt oder im Leben tatsächlich entspreche. Doch diese Frage und aller Streit können erst dann sinnvoll eröffnet werden, wenn zunächst und erst einmal eine solche Explikation vorgenommen wurde. Dies sei hier versucht. Wir müssen also fragen, mit welchen Erfahrungen und Selbstdeutungen die Worte »Würde« und »Freiheit« verbunden sind und wie sich dieser Bezug so näher fassen lässt, dass eine erste begriffliche Entfaltung und Schärfung der Worte und der in ihnen eingefangenen Erfahrung gelingt.

»Würde« scheint ein eigentümliches Wort zu sein, welches weder ganz der Wertsphäre noch exklusiv der Tatsachenwelt zugerechnet werden kann. Vielmehr nimmt sie für sich in Anspruch, beide Bereiche zu durchdringen und miteinander zu verknüpfen. Ich erlebe etwas, für das ich das Wort »Würde« sinnvoll verwende, und fühle sie sodann als gegeben und wahrnehmbar. Ich empfinde, dass ich sie habe, dass man sie aber auch berühren, antasten oder infrage stellen kann. Sie kann mir je nach Umständen fehlen, sodass ich ihren Verlust bemerke und auch das Verlangen, dass ich sie brauche. Im Grundgesetz der Bundesrepublik Deutschland heißt es, dass die Würde unantastbar sei. Das ist sie auch. Genauso wie sie antastbar ist. Denn wir drücken zunächst mit dem Wort ein Selbstverständnis aus, dass es etwas im Menschen gibt, das durch nichts anderes erreicht oder ersetzt oder ausgelöscht werden kann. Es ist über alle Versuche der Definitionsherrschaft, der Funktionalisierung und der Manipulation erhaben. Der Mensch übersteigt den Menschen unendlich, um einen Gedanken Pascals aus seinen *Pensées* anzuführen.[1]

Gleichzeitig zeigt sich die Würde eines geistigen Wesens doch hier immer nur in Sprache und Leib, in die es auf eine intime Weise hineingewoben ist. Wir haben den Schatz nur in irdenen Gefäßen. Die Medien des Sichzeigens, in denen sich die Würde artikuliert und zum Vorschein kommt, sind aber nicht nur die Orte der Selbstdarstellung der eigenen Würde. Sie sind auch die Einfallstore der Gewalt. Im leiblichen Leben und im sprachlichen Zuhause wohnt auch Verletzlichkeit und Entzug. Man kann uns schlagen und belügen, man kann uns täuschen und quälen. Wir selbst können drohen und lügen. Eben dort, wo Würde fragil verwirklicht wird, ist auch ihr Zerbruch möglich. Mein Wahrseinwollen und Wahrseinkönnen, mein Transparentwerden wird gebro-

---

1 Vgl. Blaise Pascal, *Das Herz hat seine Gründe. Die schönsten Aphorismen und wichtigsten Gedanken*, herausgegeben, übersetzt und eingeleitet von Eduard Zwierlein, Würzburg 2023, 23.

chen, Würdedarstellung verletzt, welches im intimen Geflecht der Dinge auf die Würde selbst durchschlägt. Würde, so meinen wir, kann bedroht, empfindlich verletzt, geschlagen, getreten und verwundet werden. Sie ist antastbar, aber auch unzerstörbar, also in diesem Sinne unantastbar.

Im Rückgriff auf Kant und Hegel können wir »Würde« einen Anerkennungsbegriff nennen. Was ist sein Grundgedanke? Wenn wir etwas sind, was über jeden Begriff und jeden Preis erhaben ist, was durch kein Äquivalent ersetzt werden kann, was sich allem Zugriff entzieht, wenn wir unserem Menschsein eine solche verletzliche Schönheit zusprechen, was wollen wir uns damit sagen? Wir sprechen eine Grenze aus, um ein Selbstverständnis zum Ausdruck zu bringen, das auf eine Selbsterfahrung verweist, in der die erlebte, gefühlte Bedeutung von Gewissen oder vom Heiligen oder Absoluten, etwas Unbedingtes in einem bedingten Wesen aufleuchtet. Wir sprechen diese Grenze aus, um zu signalisieren, dass sie beachtet und nicht übertreten werden soll. Denn Grenzverletzungen sind möglich. Die intime Dialektik von dem, was wir uns z. B. als Leib, Seele und Geist vergegenwärtigen, gestattet sie. Ein Universum von Deformationen ist hier denkbar. Aber nichts, was uns berechtigt zu sagen, dass die Schönheit ausgelöscht werden könnte. Es gibt die Grenze, es gibt die Grenzverletzung und es gibt das Unerreichbare.

Im Zuspruch der Würde anerkenne ich mich und andere auf eine besondere Weise. Wir alle sind relative, endliche und kontingente Geschöpfe. Doch wir sind auch solche Wesen, die eine Erfahrung von Absolutheit in sich tragen, die sie über alle Relativierung und Zufälligkeit erhebt. Diese Erhabenheit will ich anerkennen, wenn ich an die Würde erinnere. Spreche ich mir und anderen diese Würde zu, so lasse ich mich und jeden anderen aus dem Machtwahn vollständiger Vergegenständlichung und Funktionalisierung frei. Ich bezeuge die Grenze. Ich begrenze den Zugriff. Ich akzeptiere die Grenze, die da ist, und setze mich nicht über sie hinweg. Ich lasse mich und alle anderen frei, mehr zu sein, als ich jemals kennen und wissen kann.

In diesem Zeugnis, dieser Erinnerung und dieser Anerkennung ist der Akt des Freilassens präsent. Freiheit ist vor Handlungs- und Willensfreiheit dieser ursprüngliche Akt eines Freisetzens, mich und jeden in einen Freiraum, ein Freisein zu versetzen, von dem aus Handlungs- und Willensfreiheit erst möglich werden. »Würde« ist ein Wort für den Anfang von Freiheit, der als Anfang nicht noch einmal hintergangen oder hinterfragt werden kann. Warum nicht? Weil alles Hinterfragen nur Sinn behält, wenn wir uns als bereits Freie und schon in Würde befindlich ansehen. Würde gibt ursprüngliche Freiheit. Ich bin frei, so sehr ich auch in Ketten liegen mag. Die Gabe der Freiheit trägt in sich den Verweis auf die Würde, die sie als ihren Ursprung mitbezeugt.

Würde, die Quelle der ersten Freiheitserfahrung, braucht die Freiheit des anderen, seine Freigabe dieser Gabe, d. h. die Anerkennung unserer Freiheit, damit die Hingabe und Aufgabe der Freiheit ihren Lauf nehmen kann, d. h., dass sie sich ausbildet. Die Freiheit endlicher Lebewesen enthält zwar die Erfahrung eines Absoluten, aber diese ist nicht vollkommen und vollendet bei sich. Die Freiheit muss sich entfalten und wird erst. Sie gewinnt eine Gestalt in der Zeit. Zwei Fragen begleiten sie dabei. Sie fragt in emanzipatorischer Richtung: Wovon muss oder will ich frei werden? Und sie fragt sich in Richtung ihrer Erfüllung: Wozu und Wohin will ich frei werden? Unser Selbstverständnis als Wesen von Freiheit und Würde ist das Selbstverständliche, zu dem wir allmählich erwachen, wenn wir zu uns selbst kommen.

Menschwerdung ist dieses allmähliche und immer tiefere Kennenlernen des Menschseins.

Das Selbstverständliche aber ist bedroht. Es gibt Kräfte und Deutungen, die Würde und Freiheit, so wie sie uns als lebendigem Geist und geistigem Leben gegeben sind, infrage stellen wollen. Man kann dies in zweifacher Weise tun. Die spiritualistische Übertreibung betont die Überlegenheit von Freiheit, Würde, Geist usw. so, als gäbe es deren intime Dialektik mit Leib und Leben und Endlichkeit nicht. Das aber ist eine Erhabenheit von Engeln und Göttern, nicht die von Menschen. Die naturalistische Übertreibung hingegen betont die Materie, das Leibliche, das Gewordensein derart, dass Freiheit und Würde und Geist zu Epiphänomenen herabgestuft oder als illusionäre Selbstdeutungen aufgelöst werden. Doch das kann man ohne Selbstwiderspruch gar nicht sagen. Was sollte mich verpflichten, einem anderen Stück bloßer Materie und seinen sinnlosen Äußerungen, selbst wenn es sich als Wissenschaft ausgeben mag, zuzuhören oder darin irgendetwas Verständliches, Sinnvolles, Wahrhaftes, Verpflichtendes zu entdecken? Die, die Sinn leugnen, Würde verneinen, Freiheit in Abrede stellen, Geist zu Materie machen, setzen im selben Atemzug zumindest für dieses Vorhaben voraus, was sie im Vorhaben selbst leugnen und für illusionär erklären, und verwickeln sich dadurch in unheilbare Selbstwidersprüche. Ein tyrannischer Gespensterchor, der Sinngehorsam für seine Sinnlosigkeitsfalle einfordert, der Wahrheitseinsicht für die Unmöglichkeit von Wahrheit erwartet, der auf Anerkennung, Freiheit und Würde für ein Programm rechnet, das sie zugleich tilgt.

Die Frage, in welchem Licht einem die Welt erscheinen wird, hängt natürlich von dem Licht ab, das man sich ansteckt. Hier ist die entscheidende Wahl. Je nach den letzten leitenden Gesichtspunkten wird sie uns dann ein lesbares Antlitz zuwenden oder auch nicht. Wir sind endliche geistige Lebewesen, die Selbsterfahrungen machen, durch welche wir ein Selbstverständnis von Würde und Freiheit ausbilden.

Sowohl die Spiritualisierung als auch die Naturalisierung dieses Selbstverständnisses gehen beide an dem vorbei, was der Mensch ist. Sie sind Irr-Lichter, die alles verdunkeln. Um noch einmal aus den *Pensées* Pascals zu zitieren: »Alle irren umso gefährlicher umher, als jeder von ihnen nur einer Wahrheit folgt. Ihr Fehler ist nicht, dass sie einer Unwahrheit folgen, sondern dass sie einer anderen Wahrheit nicht folgen.«[2] Wir schweben nämlich weder über den Wassern, noch sind wir mit dem Wasser identisch. Wir sind weder Engel noch Tier. Wir sind eine fragile Hochzeit aus Sein und Sinn. Wir sind weder reine Subjektivität noch reine Objektivität, sondern eine unaussprechliche Mitte und Synthesis von beidem, für das wir uns vorläufige Namen erfinden, z. B., wenn wir auf uns als Person oder als Existenz zeigen.

Der Freie ist kein Sklave, d. h., er ist kein purer Gegenstand oder bloße Faktizität. Wenn er jenseits der Sklaverei sein kann, wenn sie transzendierbar ist, so nennen wir dies seine Würde. Wir können uns dieses Selbstverständnis eröffnen. Wir können es uns geben oder nehmen. Die Gabe ist eine Aufgabe. Sie braucht eine Erziehung, die befreit, und eine Bildung, die sich selbst in Grenzen weise bestimmt. Sie braucht einen politischen Raum, in dem die Chancen für solch einen Prozess möglich sind. Hier finden die hinlänglich bekannten Ausführungen zu den Menschenrechten, insbesondere zu den Freiheitsrechten, aber auch zu Menschenpflichten ihren Platz. Sie sind Konkretisierungen der vorgängigen Erfahrung von Würde und Freiheit in der Sphäre des Sozialen und Politischen.

Der Freie ist in seiner Freiheit zu sich selbst unterwegs. Er ist dieses Werdesein. Der Freie kann sich zeigen, öffnen, zum Vorschein kommen, wollen, handeln, um zu sehen und zu verstehen, was und wer er ist, und wer und was die ande-

---

2 Blaise Pascal, *Das Herz hat seine Gründe*, 108.

ren sind, und auch die Welt. So wird er allmählich zu sich selbst und zur Welt kommen. Diese Reise zu mehr Würde und Freiheit, die nur eine Reise in Würde und Freiheit sein kann, ist wie eine zweite Geburt. Überall ist diese Reise gefährdet, bedroht von Gefangenschaft, Ketten, trägt Merkmale von Unterdrückung und Verdrängung, zeigt Spuren von Gewalt, Beschädigung und Verletzung. Wir sind tatsächlich immer beides: frei und unfrei, gefesselt und gelöst. Wir sind Sklaven, die frei sind, d.h. solche, die sich auf den Weg ins Freie machen können. Wir sind Freie, die versklavt sind, an innere und äußere Gewalt, an Ängste und Begierden, an Unterdrückung und Manipulation.

In Platons berühmtem Höhlengleichnis sind die Menschen als Sklaven auf Stühlen fixiert und schauen sich ein virtuelles Spektakel an der Höhlenwand an, eine Art von Höhlenkino, das sie für das Leben halten. In dieser Verwechslung verbringen sie ihre Zeit. Jemand wird befreit. Es wird uns nicht gesagt, wie dies geschieht. Wundern wir uns nicht: Es kann nicht gesagt werden. Denn es liegt ja allem Sagen und Zeigen und Begründen voraus. Wir sind frei. Wir müssen nur aus der Hypnose der Illusionen aufwachen, die uns gefesselt halten. Die Freiheit ist da und die Freiwerdung steht aus. Die Freiheit ist Gabe und Aufgabe. Wir wachen auf und dann entdecken wir sie allmählich. Wir entdecken sie besonders schön, wenn uns jemand genau so ansieht, als Freie, und entsprechend mit uns umgeht. Dann geht uns unser Selbstverständnis ganz selbstverständlich auf. Das Licht scheint in die Dunkelheit. Jemand erhebt sich vom Ort der Sklaverei, die Fesseln lösen sich, die Ketten fallen ab. Er dreht sich um und beginnt seinen Aufstieg. Es ist ein Bildungsaufstieg. Seine Kraft kann das Gespensterreich der Unterdrückung zerbrechen. Steh auf und geh! Es beginnt die wahre Menschwerdung. Heraus aus der Höhle, aus dem Uterus der Schattenwelt ins wahre Licht. Aufklärung und Erleuchtung.

Es bildet sich allmählich heraus, wovon ich mich lösen und wohin ich mich bewegen muss. Das Höhlenfeuer und die Gegenstände, deren Schatten es an die Höhlenwand malt, sind nur ein Vorgeschmack des Lichts, um das es eigentlich geht, ein unendliches und ewiges Licht, eine absolute Erfahrung und Erfahrung des Absoluten. Wer sich in das Endliche mit einem unendlichen Hunger verbeißt und Unendliches aus Endlichem herauspressen will, versklavt die Dinge und sich selbst an sie.

Der Weg ins Licht ist mühsam. Ein ungewohnter Aufstieg. Wir sind Wegwesen. Was wir tun müssen, unsere Aufgabe, nennt Rainer Maria Rilke in seinem Romanfragment *Die Aufzeichnungen des Malte Laurids Brigge* so: Sehenlernen.[3] Immer klarer, immer deutlicher Sehen lernen. Wir erinnern uns auch an das Wort von Christian Morgenstern aus seinen *Stufen. Eine Entwicklung in Aphorismen und Tagebuch-Notizen*: »Man sieht oft etwas hundert Mal, tausend Mal, ehe man es zum allererstem Mal wirklich sieht.«[4] Dazu brauchen wir immer mehr Zugang zum Licht. Je mehr wir sehen, umso klarer kommt uns das zunächst nur gespürte und noch ungeklärte Selbstverständliche ans Licht: dass wir Wesen von Würde und Freiheit sind, dass dieses Selbstverständliche unser Selbstverständnis ist und sein muss, dass wir es uns von keinem Dieb, er mag welchen Namen auch immer tragen, rauben und stehlen lassen dürfen, sodass wir Würde und Freiheit entfalten, worin wir wohnen können und dann beheimatet sind.

Die Diebe stehen vor uns wie der Torwächter in Kafkas Parabel *Vor dem Gesetz*. Ich will doch nur mein selbstver-

---

3 Rainer Maria Rilke, *Die Aufzeichnungen des Malte Laurids Brigge*, Frankfurt a.M. 1982, 10.
4 Christian Morgenstern, *Stufen. Eine Entwicklung in Aphorismen und Tagebuch-Notizen*, Basel 1977, 217.

ständliches Recht haben. Es glänzt ein ewiger Schatz aus dem Inneren heraus an das Tor, vor dem ich mich draußen niedergelassen habe. Denn der Torwächter macht den Eindruck, dass ich nicht hineinkann, nicht hineindarf, dass ich unzeitig bin, dass ich nicht passe. Er schüchtert mich ein. Wir lassen uns beeindrucken von denen, die imposant den Zugang zum Selbstverständlichen versperren. Sie rauben uns Zeit und Kraft, wir werden alt und vergehen allmählich, bis der Moment des Sterbens naht. Der Torwächter bringt seinen Mund an unser fast taub gewordenes altes Ohr und flüstert uns, nein, er muss ja brüllen, die schrecklichste Wahrheit in unser Verdämmern hinein: dass eben jenes Tor nur für uns da gewesen ist, und dass es nur für uns geöffnet war, und dass er es nur für uns bewacht habe, und dass darin der heilige Schatz auf uns gewartet habe, nur für uns, und dass er nun, wo es zu spät geworden ist, und die Nacht über alles fällt, hingehen wird, um das Tor zu schließen, endgültig und für immer. Wir sind draußen.

Der Aufstieg in der platonischen Höhle ist also gewiss mühsam und gefährlich. Überall stehen allgewaltige Torwächter, die uns beeindrucken und vom Weg abhalten wollen. Wir werden verführt, uns zu verraten und aufzugeben. Unser wahrhaftes Leben zu versäumen. Wir sollen draußen bleiben. Setzen wir uns nicht zu ihren Füßen nieder und lassen uns lähmen und vergiften, bis wir versteinert am Ende hören müssen: »Hier konnte niemand sonst Einlass erhalten, denn dieser Eingang war nur für dich bestimmt. Ich gehe jetzt und schließe ihn.« Wir sind nicht draußen. Wir sind schon immer drin in diesem selbstverständlichen Selbstverständnis von Würde und Freiheit. Ein Rauswurf oder Aussperren macht für niemanden einen Sinn. Reißen wir uns also von dem Firlefanz der Einschüchterungen los. Gleich, woher sie kommen mögen, aus den Missverständnissen der Spiritualisierung oder aus den Trugschlüssen der Naturalisierung.

Niemand lebt für uns, niemand liebt für uns, niemand stirbt für uns. Das Versäumnis, zu dem die Diebe und Torwächter verführen, ist unverzeihlich: der Verlust des Selbstverständlichen, ein Leben ohne Würde und Freiheit. Menschsein aber heißt Menschwerdung, also genau diese Reise aus den mitgegebenen Kräften und Gaben der Würde und Freiheit zu beginnen und auf sich zu nehmen, um sie allmählich zu entfalten und mehr und mehr auszubilden. Denn sie sind ja sogar das Reisegebiet selbst, das wir durchwandern, und zuletzt auch das Reiseziel, zu dem wir streben, wenn wir dieses Territorium nämlich vollständig verstanden hätten. Als Quelle, als Fluss und als Meer unseres Lebens– so müssen wir uns Würde und Freiheit für uns denken. Als unseren Anfang, als unseren Weg und als unsere Erfüllung. Das ist das Selbstverständliche, das wir in unserem Selbstbewusstsein als Selbstverständnis bewahren und erinnern, beschützen und verteidigen, ausleuchten und entfalten müssen. Jede Alternative hierzu ist schlechter als diese und bleibt unfassbar weit unter unseren Möglichkeiten.

Kathi Beier

Tugend und Würde

Wer tugendhaft ist, also einen moralisch guten Charakter besitzt, hat Würde. Wer Würde hat, ist nicht unbedingt auch tugendhaft. Diese Inkongruenz rührt nicht daher, dass der Begriff der Tugend missverständlich wäre. Sie geht vielmehr auf die Bedeutungsvielfalt des Würde-Begriffs zurück.

Tugenden bezeichnen hervorragende, ja vollkommene seelische Eigenschaften eines Menschen. Sie sind feste Charakterzüge, die dafür sorgen, dass wir gut fühlen, denken, entscheiden und handeln. Seit jeher gehören die Begriffe der Tugenden und ihrer Gegenteile, der Laster, zu den Grundbegriffen der Ethik. Als zentral gelten im westlichen Denken bis heute die vier Haupttugenden Klugheit, Gerechtigkeit, Tapferkeit und Mäßigkeit sowie die drei sogenannten theologischen, weil auf Gott bezogenen Tugenden Glaube, Hoffnung und Liebe.

Was Würde ist, ist dagegen viel schwerer auf den Begriff zu bringen. Klar ist, dass Würde als Begriff historisch betrachtet später auftaucht als der Begriff der Tugend. Aristoteles ist für viele nach wie vor der Inbegriff eines Tugendethikers; in seinen Vorlesungen zur Ethik, die er im 4. vorchristlichen Jahrhundert in Athen gehalten hat, sucht man das Wort »Würde« jedoch vergeblich. Klar ist auch, dass der Würde-Begriff mehrere Bedeutungen hat. So unterscheiden wir die Würde, die eine Person kraft eines Amtes oder einer Funktion hat (»Leistungswürde«), von der Würde, die ihr schlicht und einfach als Mensch zukommt (»Wesenswürde«). Und beides ist verschieden von der Würde, die im äußeren Auftreten eines Menschen mit oder ohne Amt liegt bzw. dort auffallend fehlt (»äußere Würde«). »Würde« im zuletzt genannten Sinn übertragen wir auch auf Institutionen oder Rituale, etwa wenn wir von der »Würde des Hohen Hauses« oder von einer »unwürdigen Zeremonie« sprechen.

Ich möchte im Folgenden zeigen, wie Tugend mit Würde in allen drei Bedeutungen verbunden sein kann, warum es umgekehrt nicht so ist und was beide, Tugend und Würde, mit der Freiheit des Menschen zu tun haben. Es ist kein Umweg, scheint mir, sich der Würde über den Begriff der Tugend zu nähern. Im Gegenteil: Der Weg über die Tugend gibt dem etwas abstrakten Begriff der Würde konkreten Gehalt.

Wert und Ehre

Ich beginne beim Begriff der Tugend und mit Aristoteles. In der *Nikomachischen Ethik* behandelt dieser eine lobenswerte Charaktereigenschaft, die er *megalopsychia* nennt, wörtlich so etwas wie »groß an der Seele sein«, häufig ins Deutsche übersetzt mit »Großgesinntheit« oder »Stolz«.[1] Man kann diese Disposition gut und gerne auch als Vornehmheit bezeichnen. Sie ist deshalb so besonders unter den ethischen Tugenden, die Aristoteles bespricht, weil sie alle anderen voraussetzt. Der vornehme Mensch ist Aristoteles zufolge nämlich nicht nur gut (*agathos*), sondern der Beste (*aristos*), d.h., er ist tapfer und mäßig, großzügig und sanftmütig, wahrhaftig und freundlich, gerecht und klug et cetera. Kenn-

---

1 Vgl. Aristoteles, *Nikomachische Ethik*, Hamburg 2006, IV 7–9, 1123a34–1125a35.

zeichen einer vornehmen Person, so schreibt Aristoteles, sei die Größe in jeder Tugend. Weil als vornehm gelte, »wer sich selbst großer Dinge für wert hält und dies auch ist«,[2] und weil Wert vor allem äußeren Gütern zugesprochen werde, das größte der äußeren Güter aber die Ehre (*timē*) sei, definiert Aristoteles den vornehmen Menschen als denjenigen, der sich in Hinblick auf Ehre und Unehre so verhält, wie man soll. Was das genau bedeutet, wird klarer, wenn man auf die beiden zugehörigen Laster blickt. Da ist auf der einen Seite der kleinmütige Charakter, also ein Mensch, der zu wenig Selbstvertrauen hat. Er hält sich von großen, ehrenhaften Handlungen und Unternehmen zurück, weil er glaubt, dass er ihrer nicht wert sei. Auf der anderen Seite stehen die Eitlen und Arroganten. Auch sie kennen sich selbst nicht, sagt Aristoteles, »denn sie versuchen sich an ehrenvollen Dingen, wie wenn sie ihrer Wert wären, und werden dann ihrer Unfähigkeit überführt«.[3] Ein vornehmer Mensch dagegen »ist ein Mensch weniger, jedoch großer und namhafter Taten«.[4] Er hat nicht nur einen hervorragenden Charakter, er weiß auch darum. Er verdient nicht nur die größte Ehre, er weiß auch, dass er sie verdient. Er kennt seinen Wert – und er handelt entsprechend. Das lässt ihn schnell arrogant erscheinen, denn die Kleinmütigkeit ist der Vornehmheit stärker entgegengesetzt und kommt zugleich, so glaubt Aristoteles, viel häufiger vor. Doch die Vornehmen sind nicht arrogant. Sie sind vielmehr und vor allem moralisch vollkommene Menschen. Für Aristoteles ist die Vornehmheit daher »eine Art Schmuck (*kosmos*) der Tugenden«, denn »sie macht sie größer und entsteht nicht ohne sie«.[5]

2 Aristoteles, *Nikomachische Ethik*, 1123b3.
3 Aristoteles, *Nikomachische Ethik*, 1125a29–30.
4 Aristoteles, *Nikomachische Ethik*, 1124b25.
5 Aristoteles, *Nikomachische Ethik*, 1124a2.

Ohne dass Aristoteles den Begriff der Würde gebraucht, macht seine Beschreibung deutlich, dass der vornehme Mensch durch und durch würdevoll ist. Das betrifft zunächst seine Erscheinung und sein Auftreten. Es passt nicht zu ihm, so heißt es, in Panik zu fliehen oder Unrecht zu tun, er wird weder im Glück übermäßig froh noch im Unglück übermäßig traurig sein, er ist offen im Reden und Handeln, bewegt sich nicht hastig, redet gesetzt. Dazu kommt, dass die Erhabenheit des vornehmen Menschen gegenüber anderen keine Überheblichkeit ist, d. h. kein Dünkel, keine bloß eingebildete Größe. Er sticht tatsächlich heraus, insofern er es geschafft hat, sich moralisch zu vervollkommnen. Das ist alles andere als leicht, so Aristoteles, weshalb es auch so schwierig sei, wahrhaft vornehm zu sein. Schließlich genießt der vornehme Mensch Ehre und Ansehen. Nicht nur, dass er sich aufgrund seines guten Charakters selbst achten kann. Aristoteles ist davon überzeugt, dass er auch von anderen geachtet und respektiert wird. Er hat ihre Achtung zumindest verdient. Auch wenn Aristoteles darüber nichts sagt, kann man davon ausgehen, dass man dem Vornehmen früher oder später Ämter verleiht; derer wird er sich natürlich würdig erweisen. Mit einem Wort: Die aristotelische Tugend der Vornehmheit geht mit Würde in fast allen Bedeutungen einher. Der vornehme Mensch, wie Aristoteles ihn sich denkt, ist gewissermaßen der vollendete Ausdruck eines Menschen mit Würde.

Wir können davon ausgehen, dass Aristoteles bei seiner Charakterisierung an einen Mann und nur an einen Mann dachte. Das ist einer der blinden Flecken seines Tugend- und damit auch seines impliziten Würdeverständnisses, auf die ich gleich zu sprechen kommen werde. Doch schauen wir zuvor etwas genauer auf die Leistung des Vornehmen. Sie scheint eine doppelte zu sein. Einerseits besteht sie im Wissen um den eigenen Wert, darin also, sich selbst ethisch richtig einzuschätzen. Es ist offenbar dieses Wissen, von dem Aristoteles sagt, dass es die Tugenden des Vornehmen noch vergrößere. Und in der Tat: Wer kann das schon? Neigen wir nicht alle, ob laster- oder tugendhaft oder irgendetwas dazwischen, entweder zur Selbstunter- oder zur Selbstüberschätzung? Andererseits setzt die richtige Selbsteinschätzung des Vornehmen seine tatsächliche Tugendhaftigkeit voraus. Sie ist die erste Leistung, die *conditio sine qua non* der Tugend der Vornehmheit. Wer nicht tugendhaft ist, kann auch nicht vornehm sein. Was aber soll so schwer daran sein, einen moralisch guten Charakter zu erwerben? Die Antwort auf diese Frage deckt wichtige Aspekte der menschlichen Würde auf.

Werden und Würde

Tugenden sind Aristoteles zufolge erworbene Dispositionen, die das wesentlich Menschliche an einem Menschen vollenden und ihn in die Lage versetzen, diesem Wesen entsprechend tätig zu sein. Das wesentlich Menschliche, also das, was uns vor allen anderen Lebewesen auszeichnet, ist für Aristoteles unsere Vernunftfähigkeit. Doch die vernünftigen Vermögen müssen sich einerseits selbst noch entwickeln und existieren andererseits neben anderen seelischen Vermögen, die von sich aus und ohne Weiteres nicht unbedingt auf die Vernunft hören, nämlich unser Wille und unser sinnliches Begehrungsvermögen. Darum haben wir Tugenden nötig. Durch den Erwerb intellektueller Tugenden, so Aristoteles, vervollkommnen wir die an sich vernünftigen Vermögen, d.h., wir lernen auf vortreffliche Weise theoretisch und praktisch zu denken. Durch den Erwerb der ethischen Tugenden vervollkommnen wir die Vermögen, die als solche nicht vernünftig, sondern sinnlich und animalisch sind, aber immerhin auf die Vernunft hören können, d.h., wir lernen unser Fühlen, Begehren und Handeln am Urteil unserer Vernunft auszurichten. Das ist nicht leicht, weil unsere Leidenschaften oft dominant sind. Die Furcht hält uns beispielsweise davon ab, der Gefahr entgegenzutreten, auch wenn wir erkennen, dass ihr entgegenzutreten besser wäre. Die Lust am Süßen lässt uns immer wieder vergessen, dass zu viel davon der Gesundheit schadet. Um hier der Vernunft zur rechtmäßigen Herrschaft zu verhelfen, braucht es Aristoteles zufolge gute Vorbilder, die wir nachahmen können, und Gewöhnung von Kindesbeinen an. Denn nur, indem wir wiederholt der Furcht standhalten oder der Lust am Süßen widerstehen, können wir tapfer oder mäßig werden. Wenn wir es geworden sind, dann gibt es keinen Widerstreit mehr in unserer Brust, dann fühlen, wollen und tun wir genau das, was wir als gut erkennen. Durch die Tugenden, so sieht es jedenfalls Aristoteles, erwerben wir uns eine Art »zweite Natur«, die in unsere »erste« Natur, nämlich die verschiedenen seelischen Vermögen, Ordnung bringt. Nur auf diese Weise kann das typisch Menschliche zur Vollendung kommen.

Das gelingt leider nicht immer. Tugenden sind selten. Nur wenige von uns sind dazu fähig, ihre intellektuellen Vermögen auf Höchstform zu bringen und auf die großen theoretischen Fragen die richtigen Antworten zu finden. Und auch mit Blick auf die ethischen Tugenden ist Aristoteles nicht sehr optimistisch. Es gebe, sagt er, einfach zu viele Arten der Verfehlung, aber immer nur *eine* Weise, es jeweils richtig zu machen. Zu viel Furcht ist schlecht, weil sie zum falschen Handeln motiviert, zu wenig Furcht allerdings auch. Gleiches gilt für alle anderen Leidenschaften. Das jeweils richtige Maß zu finden, ist nicht leicht. Dennoch ist es für Aristoteles ausgemacht, dass es im Wesentlichen bei uns liegt, ob wir ethisch tugendhafte oder lasterhafte

Menschen werden. Und zwar aus zwei Gründen. Erstens hat jeder Mensch qua Mensch Vernunft und Einsichtsvermögen, und zweitens ist er frei in seinem Handeln. Aristoteles drückt Letzteres in einer schönen Analogie aus: Der Mensch sei Ursprung und Erzeuger seiner Handlungen, so wie er der Erzeuger seiner Kinder ist. »Wenn er aber offensichtlich ein solcher Ursprung ist und wir Handlungen nicht auf andere Ursprünge zurückführen können als die in uns, dann liegt das, dessen Ursprung in uns ist, auch selbst bei uns und geht aus unserem eigenen Wollen hervor.«[6] Ein Mensch, der ethisch lasterhaft ist, also z.B. unmäßig oder ungerecht, ist Aristoteles zufolge ebenso selbst dafür verantwortlich, dass er jemand mit solchen Qualitäten geworden ist, wie ein ethisch tugendhafter Mensch für seine Tugenden verantwortlich ist. Denn da die Handlungen den Charakter formen und es z.B. einer unmäßigen Person zumindest anfänglich offenstand, nicht unmäßig zu handeln, hat sie sich selbst zu einer unmäßigen Person gemacht. Einmal so geworden, ist es für sie schwer, nicht so zu sein und so zu handeln, und folglich ungemein schwerer, sich zum Guten hin zu verändern. Daher sagt Aristoteles, dass die ethische Tugend ihrem Wesen nach zwar eine Mitte sei, weil sie uns weder zu viel noch zu wenig vom jeweiligen Affekt spüren lasse, im Hinblick auf das gute Handeln aber ein Extrem.[7]

Was sagt uns das über die menschliche Würde? Es macht uns zum einen noch einmal deutlich, dass der Vornehme, der *per definitionem* groß in allen Tugenden ist und um seine Größe weiß, extrem ist – und deshalb wohl auch extrem selten vorkommt. Zum anderen wird sichtbar, dass und warum auch die Lasterhaften Würde haben. Ihre Würde zeigt sich darin, dass wir sie tadeln, weil sie tadelnswürdig sind.

6 Aristoteles, *Nikomachische Ethik*, 1113b19–22.
7 Aristoteles, *Nikomachische Ethik*, 1107a7.

Und sie sind tadelnswürdig, weil sie frei und vernunftfähig sind. Das ist der Grund für die Inkongruenz von Tugend und Würde. Tugendfähigkeit ist Würde; umfassende Tugendhaftigkeit, wie sie der Vornehme hat, ihr vollendeter Ausdruck. Doch Würde hat auch der Mensch, dem es an Tugenden mangelt. Weil wir Menschen vernünftig und frei sind, sind wir zwar zur Tugend fähig, aber deshalb nicht schon tugendhaft. Tugenden müssen durch eigenes Handeln erst erworben werden. In dieser Hinsicht kann sich unsere Würde auch als Bürde erweisen, denn wer frei und vernunftfähig ist, ist auch frei, unvernünftig zu handeln. Würde ist ein Status, Tugend eine verwirklichte Potenz. Wir können uns mithilfe der Tugenden menschlich vollenden, wir können aber auch zu unbeherrschten oder lasterhaften Personen werden. Würde haben die einen und die anderen. Doch nur die Tugendhaften werden ihrer Würde auch gerecht.

Selbstbestimmung und Autonomie

Es gibt, wie schon erwähnt, blinde Flecken im Denken des Aristoteles – und damit Grenzen seines impliziten Würde-Begriffs. Obwohl er dem Menschen *als* Menschen Vernunftfähigkeit attestiert, meint Aristoteles zugleich, dass es Frauen an exekutiver Vernunft fehle und dass es Wesen gebe, die zwar biologisch Menschen seien, sich aber nicht kraft eigener Vernunft selber lenken und entwickeln könnten, sondern als »beseelte Besitztümer« einem Herrn angehören müssten. Beide Irrtümer haben vermutlich mit den realen Lebensverhältnissen seiner Zeit zu tun. Aus seiner anthropologischen Theorie, d.h. seiner Auffassung vom Wesen des Menschen, ergeben sie sich jedenfalls nicht. Wenn der Mensch nämlich *als* Mensch frei und vernunftfähig ist, dann sind Sklavenhaltung und Frauendiskriminierung schlicht unwürdig. Es hat historisch betrachtet lange gedauert, das zu erkennen und rechtlich abzusichern. Doch bleiben wir bei der Theorie. Aristoteles mag das Wort »Würde« nicht benutzen, trotzdem legt er ihre Grundlagen offen: Die Würde des Menschen hat mit dessen Freiheit und Vernunftfähigkeit zu tun. Es überrascht also nicht, diesen Gedanken bei denen wiederzufinden, die den Begriff der Würde explizit verwenden und prominent gemacht haben. Ich greife zwei Beispiele heraus, den Florentiner Renaissance-Denker Pico della Mirandola (1463–1494) und den Königsberger Aufklärer Immanuel Kant (1723–1804).

Was wir von Pico als Person wissen, lässt an Aristoteles' vornehmen Menschen denken, denn Pico war ein schöner, reicher und intelligenter Mann, der Großes vorhatte. Nach jahrelangen umfangreichen Studien in Bologna, Ferrara, Padua, Florenz und Paris wollte er die wichtigsten Gelehrten seiner Zeit auf eigene Kosten nach Rom einladen, um dort öffentlich 900 Thesen zu verteidigen, in denen er sein philosophisches und theologisches Denken zusammengefasst hatte. War das Selbstüberschätzung? Schwer zu sagen. Die für 1485 geplante Disputation wurde vom Papst verboten und fand nie statt. Deshalb wurde auch die von Pico geschriebene Eröffnungsrede nie gehalten. Sie ist unter dem Titel *Über die Würde des Menschen* überliefert. Der Titel geht auf den ersten, wirkmächtigen Teil der Rede zurück. Darin wird der eben mit Aristoteles erläuterte Gedanke christlich reformuliert.

Pico fragt sich, »warum der Mensch das am meisten gesegnete und daher ein jeder Bewunderung würdiges Lebewesen ist«. Der Kern seiner Antwort ist eine fiktive Ansprache von Gottvater an den gerade erschaffenen Adam. Darin erklärt Gott das, was diesem im Vergleich mit den anderen Kreaturen als Mangel erscheinen könnte, zum einzigartigen Vorzug. Er spricht: »Die Natur der übrigen Geschöpfe ist fest bestimmt und wird innerhalb von uns vorgeschriebener Gesetze begrenzt. Du sollst dir deine ohne jede Einschränkung und Enge, nach deinem Ermessen (*pro tuo arbitrio*), dem ich dich anvertraut habe, selber bestimmen (*praefinies*).« Und weiter: »Weder haben wir dich himmlisch noch irdisch, weder sterblich noch unsterblich geschaffen, damit du wie dein eigener, in Ehre frei entscheidender, schöpferischer Bildhauer dich selbst zu der Gestalt ausformst, die du bevorzugst.«[8] Würde wird von Pico also wesentlich als Selbstbestimmung verstanden. Der Mensch kann und soll sich selbst bestimmen, weil er wie sein Schöpfer frei und vernünftig ist. Dabei ist die Würde des Menschen Auszeichnung und Auftrag zugleich: Der Mensch ist zur individuellen Entfaltung seiner schöpferischen Kräfte aufgerufen, weil unter allen Kreaturen nur er über solche Kräfte verfügt. Wie Aristoteles betont Pico die Vielfalt der menschlichen Vermögen: Im Menschen seien Samen und Keime für vielerlei Lebensformen angelegt, für ein Leben als Pflanze oder Tier ebenso wie für das eines himmlischen Lebewesens oder gar als »Gottes Sohn«. Wie Aristoteles beschreibt er den Konnex zwischen Handeln und Werden: Welche Keime ein jeder hege und pflege, »die werden heranwachsen und ihre Früchte in ihm tragen«. Wie Aristoteles hebt Pico die Freiheit und Verantwortlichkeit des Menschen hervor, ja er preist sie regelrecht: »[...] welch hohes und bewundernswertes Glück des Menschen! Dem gegeben ist zu haben, was er wünscht, zu sein, was er will.« Und wie Aristoteles unterscheidet er zwischen verschiedenen Stufen menschlicher Vollendung: Zunächst gelte es, den Drang der Leidenschaften zu zügeln und die Finsternis des Verstandes zu vertreiben; dann, schreibt er, »wollen wir unsere wohlgeordnete und geläuterte Seele vom Licht der Na-

---

8 Giovanni Pico della Mirandola, *De hominis dignitate/Über die Würde des Menschen*, Hamburg 1990, 7.

turphilosophie durchfluten lassen, um sie schließlich durch die Erkenntnis der göttlichen Dinge zu vervollkommnen«.[9]

Würde als Selbstbestimmung – das ist auch Kants Gedanke. Die Idee der Würde eines vernünftigen Wesens, schreibt er in der *Grundlegung zur Metaphysik der Sitten*, sei die Idee eines Wesens, »das keinem Gesetze gehorcht als dem, das es zugleich selbst gibt«.[10] Anders als Pico spricht Kant eher von Selbstgesetzgebung und Autonomie. Zudem verbindet er den Würde-Begriff unmittelbar mit Moralität und Sittlichkeit. Doch ähnlich wie Pico fragt er danach, was den »hohen Wert«, ja die »Heiligkeit« einer sittlich guten Gesinnung bzw. der Tugend ausmache. Und auch seine Antwort darauf fällt ähnlich aus. Der Mensch, so Kant, sei als Teil der natürlichen Welt den Naturgesetzen unterworfen, aber kraft seiner Rationalität in moralischer Hinsicht autonom. Das heißt, er könne seinem Willen ein allgemeines Gesetz geben, nämlich das Gesetz, sich selbst und alle anderen vernünftigen Wesen niemals bloß als Mittel, sondern jederzeit zugleich als Zweck an sich selbst zu behandeln. Moralisch autonom zu sein, d. h., ein Gesetz zum sittlichen Handeln zu geben, dem man sich gleichzeitig selbst unterwirft, bedeutet für Kant, Mitglied eines »Reichs der Zwecke« zu sein. Weil nun die Bedingung dafür, dass etwas Zweck an sich selbst sein kann, also unsere Moralität, keinen bloß relativen Wert, d. h. Preis, haben könne, sondern nur einen »unbedingten«, »unvergleichlichen« und »inneren Wert«, d. h. Würde, ist Kant zufolge »Sittlichkeit und die Menschheit, sofern sie derselben fähig ist, dasjenige, was allein Würde hat«.[11] Wie bei Pico das Vermögen zur Selbstbestimmung den Grund der mensch-

9 Giovanni Pico della Mirandola, *De hominis dignitate/Über die Würde des Menschen*, 15.

10 Immanuel Kant, *Grundlegung zur Metaphysik der Sitten*, Berlin 1902/10, 434.

11 Immanuel Kant, *Grundlegung zur Metaphysik der Sitten*, 435.

lichen Würde ausmacht, so ist es bei Kant die moralische Autonomie der menschlichen und jeder vernünftigen Natur. Und wie bei Pico der Mensch wegen seines Vermögens zur Selbstbestimmung zu Recht »ein großes Wunder« und »ein beneidenswertes Lebewesen« genannt wird, gibt für Kant allein das Wort »Achtung« den »geziemenden Ausdruck der Schätzung« der menschlichen Würde ab.[12]

Animalität und Abhängigkeit

Ich möchte zum Schluss auf einen dritten blinden Flecken des bis hierhin nachgezeichneten Würde-Begriffs eingehen. Folgen wir Aristoteles, Pico und Kant, scheint es, als ob die Würde des Menschen darin bestehe, zu allem Animalischen in uns den größtmöglichen Abstand zu gewinnen. Das ist bei Pico und Kant deutlicher zu spüren als bei Aristoteles. Während Aristoteles oft von den Menschen und »den anderen Tieren« spricht und betont, dass wir unsere sinnlichen Lüste nicht abtöten, sondern lediglich der Leitung der Vernunft unterstellen sollten, argumentieren Pico und Kant strenger. Bei ihnen klingt es oft so, als müssten wir unsere Leidenschaften, Neigungen und alle sonstigen körperlichen Begierden hinter uns lassen, weil nur so die volle Entfaltung unserer vernünftigen und geistigen Tätigkeiten möglich sei. Zugleich geht es Aristoteles, Pico und Kant darum, dass man sich als Mensch zu einem unabhängigen rationalen Akteur entwickelt – unabhängig vom Diktat der Sinne, aber auch unabhängig von der Hilfe anderer. So beschreibt Aristoteles den Vornehmen als jemanden, der gerne Wohltaten austeile, aber Scham empfinde, wenn er sie empfängt.[13] Die Würde,

---

12 Immanuel Kant, *Grundlegung zur Metaphysik der Sitten*, 436.
13 Aristoteles, *Nikomachische Ethik*, 1124b10.

so scheint es, liegt bei Aristoteles, Pico und Kant im Tun; darin, das Bestmögliche aus sich herauszuholen, nicht im Leiden und der Angewiesenheit auf Unterstützung durch andere. Darauf, dass das ein einseitiges Verständnis des Menschen ist, hat der schottische, aber schon lange in den USA lebende Philosoph Alasdair MacIntyre aufmerksam gemacht.

MacIntyre hat entscheidend zur Renaissance der aristotelischen Tugendethik im 20. Jahrhundert beigetragen. Ohne Klugheit, Gerechtigkeit, Tapferkeit, Mäßigkeit, Wahrhaftigkeit und andere Tugenden, erklärt er, könnten wir nicht erfolgreich an den Praktiken teilnehmen, die in der Gemeinschaft, zu der wir gehören, ein gutes menschliches Leben ermöglichen. Doch zum Menschen, dem *animal rationale*, gehören eben nicht nur seine vernünftigen Fähigkeiten, sondern auch alle animalischen Vermögen, die stärker mit unserer Körperlichkeit verbunden sind. Das ist für MacIntyre der Grund, zwei Gruppen von Tugenden zu unterscheiden. Der Erwerb der von Aristoteles her bekannten Tugenden mache uns von Kindern, die zunächst nur an der Befriedigung ihrer körperlichen Begierden interessiert und zugleich von der umsichtigen Fürsorge anderer abhängig sind, zu unabhängig Denkenden und Handelnden, die kraft ihrer entwickelten Vernunft selbst einschätzen können, was wirklich gut für sie ist. MacIntyre nennt sie die »Tugenden der Unabhängigkeit«. Zugleich sei das menschliche Leben aber kraft seiner Animalität unweigerlich von Phasen geprägt, in denen wir noch nicht, gerade nicht oder nicht mehr vernünftig denken und unabhängig handeln können. Als Kinder, Kranke oder Alte sind wir auf die Hilfe anderer angewiesen und unsere Kinder wiederum auf unsere. So entstehe in menschlichen Gemeinschaften ein Netz des Gebens und Nehmens von Hilfe. Und das erfordere andere, weitere Tugenden. MacIntyre nennt sie die »Tugenden der anerkannten

Abhängigkeit«.[14] Er leitet sie nicht von Aristoteles ab, sondern vom christlichen Verständnis der Barmherzigkeit (*misericordia*), einer Form der theologischen Tugend der Liebe (*caritas*). Das Verhältnis von Tugend und Würde kehrt sich hier gewissermaßen um: Anerkannt wird die Würde eines Menschen, die auch dann nicht verloren geht, wenn ein Mensch hilfsbedürftig ist. Um dieser Würde gerecht zu werden, muss man als Helfender lernen, wie man Wohltaten gibt, z.B. uneigennützig, und als Hilfsbedürftiger, wie man sie annimmt, z.B. dankbar. Wenn Letzteres dem vornehmen Menschen wirklich fehlen sollte, dann ist er als Mensch noch nicht vollkommen.

14 Vgl. Alasdair MacIntyre, *Die Anerkennung der Abhängigkeit. Über menschliche Tugenden*, Berlin 2001, Kapitel 8–10.

Holger Zaborowski

Unantastbar?
Von der Unsachlichkeit der Menschenwürde

1. Krisen der Menschenwürde:
veraltet oder bleibend gültig?

Anfang der 20er Jahre des 21. Jahrhunderts scheint in Europa eine neue Epoche begonnen zu haben. Von einer »Zeitenwende« ist die Rede – nicht nur mit Blick auf den völkerrechtswidrigen Angriffskrieg Russlands gegen die Ukraine. Zahlreiche Krisen bestimmen die Gegenwart – von der Wirtschafts- und Finanzkrise über die Corona-Pandemie, die Klimakrise und die Krise der Medien im Zeitalter sozialer Netzwerke bis hin zu den weltweiten politischen Krisen, die sich in einem Verlust des gesellschaftlichen Zusammenhalts, in zwischenstaatlichen Spannungen, in Terror und Krieg und in Flucht und Vertreibung äußern. Im Schatten rasanter wirtschaftlicher, (geo-)politischer, gesellschaftlicher, ökologischer oder wissenschaftlich-technischer Entwicklungen ist der Krisenmodus in Europa zur Normalität geworden. Nahezu nahtlos gehen Krisen ineinander über, verstärken sich wechselseitig und fordern schnelle Reaktionen, ohne dass oft ausreichend Zeit für ein vertieftes Nachdenken bliebe. Viele Entscheidungen erscheinen alternativlos. Die Spielräume des Handelns werden immer enger.

Im politischen und gesellschaftlichen Bereich haben die miteinander engstens verbundenen Krisenherde der Gegenwart auch dazu geführt, dass die Gespenster einer überwunden geglaubten Vergangenheit zurückgekehrt sind. Autoritäre Regime, populistische Parteien und extremistische Bewegungen feiern in vielen Ländern Erfolge, die bis vor Kurzem noch undenkbar waren. In komplexen Gemengelagen bieten sie einfache, aber verführerische Lösungen. Liberale, um der Freiheit willen existierende Rechtsstaaten sehen sich daher von innen und von außen fundamentalen Herausforderungen gegenüber. Gelingt es auch in liberalen Demokratien, angesichts der verschiedenen Krisen die Freiheit des Menschen zu bewahren oder führen diese Krisen unweigerlich zu Einschränkungen der Freiheit? Kann auch die Zukunft noch »liberal« sein oder wird sie post- oder illiberal sein?

Gelegentlich wird ein Vergleich mit den politisch unsicheren und gesellschaftlich chaotischen 20er Jahren des letzten Jahrhunderts gezogen – so, als könnte sich Geschichte tatsächlich wiederholen. Das ist nicht der Fall, und doch ist die gegenwärtige Situation äußerst ernst zu nehmen: als eine Zeit, in der die Freiheit des Menschen wieder einmal besonderen Gefährdungen ausgesetzt ist. Und mit diesen Gefährdungen der Freiheit ist auch die Menschenwürde, die Würde des Menschen als eines Wesens, das frei ist und für sein Handeln Verantwortung übernehmen kann, gefährdet.

Wenn man sagt, dass die Menschenwürde »gefährdet« sei, so bedeutet dies jedoch nicht, dass ein Mensch seine Würde verlieren oder nicht mehr über sie verfügen könnte (so wie, wenn der Wohlstand gefährdet ist, Menschen Geld verlieren oder dieses ihnen nicht zur Verfügung steht). Die Würde ist nämlich etwas Unverlierbares. Sie gehört zum Menschen dazu und kann gar nicht von außen verletzt werden, auch wenn man oft so spricht, als wäre das möglich. Was einem Menschen genommen oder nicht gegeben werden kann, ist hingegen die Anerkennung seiner Würde. Es wird gehandelt, als ob ein Mensch keine oder nur eine eingeschränkte Würde hätte.

Wenn ein Mensch in würdeloser Weise behandelt, gequält, gefoltert oder getötet oder auch verachtet, vernachlässigt oder vergessen wird, wird daher eine zutiefst menschliche Gegebenheit nicht anerkannt. Diese tritt nicht einfach unter bestimmten Bedingungen *am* anderen Menschen in Erscheinung, so, als wäre sie wie der Wohlstand eine Eigenschaft, über die er tatsächlich verfügen oder auch nicht verfügen kann, sondern sie zeigt sich immer schon *im* anderen Menschen – als unaufhebbares, nicht auf äußerliche Faktoren reduzierbares Merkmal. Wenn jemand die Würde eines anderen Menschen nicht anerkennt und gegen seine Würde handelt, wenn er also etwa diesen Menschen auf ein bloßes Mittel reduziert, missbraucht, foltert oder tötet, so verändert dies, so gravierend und furchtbar die Konsequenzen eines solchen Handelns sein können, im strengen Sinne nicht die Würde des anderen. Diese bleibt bestehen – wie ein stummes, trotziges Mahnmal gegen die Versuche, dem Menschen seine Würde zu rauben.

Jedoch hat eine solche Verhaltensweise einen Einfluss auf die Würde desjenigen, der sich an anderen Menschen vergeht. Denn die eigene Würde kann man dadurch verraten, dass man so lebt, denkt, handelt oder fühlt, wie man es nicht sollte. Man gerät durch ein derart »würdeloses« Verhalten in einen Widerspruch zu sich selbst, zu der Würde und dem Anspruch, der mit dem eigenen Menschsein untrennbar verbunden ist. Genau das ist gemeint, wenn man sagt, ein Mensch handle »unmenschlich«.

Dass Menschen unmenschlicher Handlungen fähig sind, und zwar nicht nur in seltenen Ausnahmefällen oder gelegentlich, sondern häufig und immer wieder, gehört zu den abgründigen Merkmalen menschlicher Existenz. Denn eine unmenschliche Handlung ist keine nichtmenschliche Handlung, keine Handlung, die nicht von Menschen ausgeübt wäre, sondern eine durchaus menschliche Handlung – die allerdings nicht sein soll. Es zeigt sich daher im Menschen selbst, in seinen alltäglichen Vollzügen ein Sollen. Anthropologie und Ethik lassen sich nicht voneinander trennen. Als Mensch soll man nämlich in einer bestimmten Weise handeln bzw. soll man in einer anderen Weise nicht handeln – gerade anderen Menschen gegenüber.

Wer darüber nachdenkt, was es bedeutet, Mensch zu sein, stößt somit auf einen Imperativ, ein Gebot, eine Weisung. Positiv formuliert: Anerkenne die Würde des anderen Menschen. Negativ ausgedrückt: Verweigere nicht der Würde eines anderen Menschen die ihr schuldige Anerkennung. In diesem Imperativ zeigt sich in einer Welt, die von Fluidität, Relativität und Perspektivität gekennzeichnet ist, ein Absolutes, ein Unbedingtes, das Geltung trotz aller weltanschaulichen und religiösen Differenzen in der modernen Lebenswelt beansprucht.

In der aufgeklärten Moderne wurde die Würde des Menschen sogar in besonderer Weise thematisiert. Man kann zugespitzt von einer neuzeitlichen »Entdeckung« der Menschenwürde sprechen – so wie man eine ferne Insel entdecken kann, die es immer schon gegeben hat. Aber in der Moderne ist auch immer wieder und mit zuvor kaum bekannter Radikalität gegen die Menschenwürde gehandelt worden. Aufklärung zeigt sich selbst als dialektisch. Sie ist Ausdruck der Würde des Menschen, der sich mittels Vernunft und Freiheit aus der Abhängigkeit und Unmündigkeit befreien kann. Doch kann sie sich auch gegen die Würde des Menschen richten. Jedes Licht bringt seine Schatten mit sich. Nur ein Wesen, das eine besondere Würde hat, kann diese auch in besonders niederträchtiger Weise verraten. Die Fähigkeit zum Bösen hat der Mensch aufgrund seiner Neigung zum Guten. Die moderne instrumentelle Vernunft bietet daher nicht nur dem Menschen Instrumente, frei sein Leben und die Welt zu gestalten. Sie kann auch dabei dienlich sein, dem Menschen die Freiheit zu nehmen und ihn auf ein bloßes Mittel zu reduzieren – und sei es auf das Instrument des Versuches, ein dem Menschen äußerliches Ideal zu verwirklichen und den Menschen dabei zu »optimieren«.

Auf diese spannungsvolle und oft widersprüchliche Natur moderner Aufklärung machen verschiedene Kritiker der Moderne, ob aus wissenschaftlicher oder politischer Perspektive, ob in einer religiösen oder atheistischen Grundorientierung, ob vorwärtsgewandt oder eher traditionsgebunden, immer wieder aufmerksam – und erinnern in diesem Zusammenhang manchmal implizit und oft auch explizit an die Bedeutung der Menschenwürde. Den krisen-, katastrophen- und kriegsbedingten Verletzungen der Würde in der Gegenwart entspricht daher ein intensiver Diskurs darüber, was mit Würde eigentlich gemeint sei und wie sie sich begründen lasse. Dieser Diskurs ist auch deshalb notwendig, weil es neben den konkreten Verletzungen der Menschenwürde auch Gefährdungen der Menschenwürde auf einer theoretischen Ebene gibt.

Diese Gefährdungen kommen in der Gestalt von elementaren Verunsicherungen und Infragestellungen: Was genau ist mit der Rede von einer allen Menschen eigenen Würde gemeint und wie lässt sich die Überzeugung, dass allen Menschen eine besondere Würde zukommt, vor dem Hintergrund heutiger Debatten in Wissenschaft, Gesellschaft, Kultur und Religionen noch verstehen? Welches Handeln folgt überhaupt aus der Entdeckung der Menschenwürde? Ist die Referenz auf die Menschenwürde angesichts der vielen Menschen, deren Würde verletzt wird, nicht eine bloße Sonntagsrede, eine poetische Unterbrechung im alltäglichen Kampf um Macht, Einfluss oder Mehrheiten? Führt die Krise der liberalen Demokratie nicht nur zu einer grundlegenden

Krise der Menschenwürde, sondern geht bereits auf eine solche zurück? Und gilt es nicht, mit und nach dem Tod Gottes auch die Rede von der Menschenwürde – von der Würde des Menschen als vernünftig und frei, als endlich und verwundbar, aber auch als fehlbar und verführbar – aufzugeben? Stört angesichts dessen, was technisch möglich, wirtschaftlich reizvoll, gesellschaftlich wünschenswert und politisch praktikabel zu sein scheint, das altvertraute Wort von der Menschenwürde nicht nur noch? Oder hat die Würde angesichts aktueller Bedrohungen des Menschlichen immer noch eine zentrale Bedeutung, auf die um des Menschen willen nicht verzichtet werden darf? Gerade angesichts dieser Fragen mag es angezeigt sein, neu über die Würde des Menschen nachzudenken.

2. Definitionen der Menschenwürde: bedingt oder unbedingt?

Wichtige Momente der Menschenwürde lassen sich an einem Text verdeutlichen, der selbst Reflex einer fundamentalen Krise ist, nämlich am Artikel 1, Abs. 1 des deutschen Grundgesetzes. In diesem Prolog der deutschen Verfassung heißt es: »Die Würde des Menschen ist unantastbar. Sie zu achten und zu schützen ist Verpflichtung aller staatlichen Gewalt.« Mit der Menschenwürde – d.h. mit ihrer Achtung und ihrem Schutz, also nicht ihrer »Erfindung«, ihrer »Konstruktion« oder ihrem »In-Geltung-Setzen« – liegt der Grund- oder Leitmotiv des deutschen Rechtsstaates vor. In ihrer Achtung und ihrem Schutz liegt der Zweck der Staatlichkeit.

Der geschichtliche Kontext dieses Bekenntnisses zu einer Würde des Menschen, die dem positiven Recht und somit der demokratischen Rechtsetzung vorausgeht, ist gut bekannt.

Es war den Vätern und Müttern des Grundgesetzes wichtig, nach den Gewaltverbrechen des Nationalsozialismus und den mit dem politischen Totalitarismus verbundenen Verletzungen der Würde des Menschen die staatliche Gewalt zu beschränken und auf ein inneres Zentrum zu beziehen, das den staatlich-politischen Bereich transzendiert und einschränkt und selbst in seiner Geltung jeder Einschränkung widersteht. Kein »wenn«, »es sei denn, dass« oder »solange« relativiert die Aussage, dass die Menschenwürde unantastbar sei. Unantastbar ist die Menschenwürde daher nicht nur unter bestimmten Voraussetzungen, die erfüllt sein können – oder auch nicht. Es gibt in der Logik dieses Verständnisses *der* Würde auch kein Mehr und kein Weniger von Würde, das zu einem Mehr oder Weniger von Unantastbarkeit führte. Sie lässt sich nicht abstufen und ist daher immer und überall – unter allen Umständen – in gleicher Weise unantastbar. Das gilt sogar für alle Menschen. Denn es wird von der Würde *des* Menschen, also eines jeden Menschen, des Menschen an sich oder im Allgemeinen gesprochen, nicht von der Würde des Staatsbürgers oder der Deutschen im Besonderen.

Interessanterweise liegt in diesem Satz sprachlich kein Imperativ vor. Es heißt nicht: »Die Würde des Menschen soll man nicht antasten!« oder »Taste nicht die Würde des Menschen an!« Der Indikativ in diesem kurzen Satz klingt im Vergleich mit dem Imperativ fast lakonisch, so, als würde etwas Triviales oder Selbstverständliches formuliert. Und in der Tat ist das, was in diesem Satz zum Ausdruck gebracht wird, auf der einen Seite selbstverständlich. Denn die Unantastbarkeit liegt im Wesen der Menschenwürde selbst begründet. Wer das Wort und mit ihm die »Sache« der Menschenwürde recht verstanden hat, weiß daher auch, dass es dabei um etwas Unantastbares geht. Der Satz bezieht sich auf etwas, das immer schon der Fall ist. Es sollte allen Menschen auch bekannt sein. Denn es ergibt sich aus ihrem eigenen Menschsein. Wer über Menschenwürde spricht, redet auch von sich selbst. Und da man sich selbst am besten kennt, bedarf auch die Rede von der Unantastbarkeit der Menschenwürde keiner weiteren Begründung. In dieser Hinsicht ist der Satz trivial. Er bringt eine Selbstverständlichkeit zum Ausdruck.

Muss man also noch erklären, warum man die Würde eines anderen Menschen achten soll? Das ist ohne Zweifel der Fall. Denn auf der anderen Seite ist die Unantastbarkeit der Menschenwürde alles andere als selbstverständlich. Menschen können sich selbst – als Menschen, die wie alle anderen Menschen eine unantastbare Würde zeigen – auch missverstehen. Sie können die eigene Würde oder die Würde der anderen Menschen übersehen, vergessen oder verdrängen und mit Füßen treten. Darauf verweisen nicht allein die Verletzungen der Menschenwürde in Geschichte und Gegenwart – und ohne Zweifel auch in der Zukunft. Der Begriff »Würde« selbst ist außerdem zutiefst ambivalent und missverständlich.

Neben der unbedingten Würde gibt es nämlich eine bedingte, von Bedingungen und Voraussetzungen abhängige Würde, und die eine hat mit der anderen – bei allen Parallelen und äußeren Ähnlichkeiten – nichts zu tun. Denn die bedingte Würde wird Menschen aufgrund bestimmter Eigenschaften, über die sie dauerhaft oder nur temporär verfügen, zugesprochen. Man kann von der Würde einer Richterin, eines Arztes oder einer Bundestagspräsidentin sprechen, also von einer Würde, die bestimmten Menschen aufgrund eines Amtes und somit aufgrund bestimmter, nicht allen Menschen zukommenden Eigenschaften zukommt. Auch Menschen, die kein Amt innehaben, können Würde ausstrahlen, wenn sie sich in einer bestimmten Weise verhalten, wenn auch sie also über bestimmte Eigenschaften verfügen. Ein Mensch kann in Würde altern – oder auch würdelos (wobei sich in diesem Bereich die Maßstäbe historisch durchaus verändern können).

Die bedingte Würde kann es auch abgestuft in höherem oder geringerem Grade geben. Manche Amtsträgerin füllt ihr Amt daher würdevoller aus als eine andere. Aus dieser Perspektive ist auch denkbar, dass manchen Tieren wie einem herrschaftlich schreitenden Löwen Würde zugesprochen wird. Letztlich kann man auch einer Landschaft, der Natur im Ganzen, einem Wasserfall oder einer Wüste oder bestimmten Artefakten – einem Kunstwerk oder einem technischen Produkt – Würde zusprechen: eine Art »Exzellenz«, die ihre Träger aufgrund benennbarer Eigenschaften – Größe, Eleganz, Macht, Schönheit, Intelligenz oder Kreativität zum Beispiel – auszeichnet.

Die unbedingte – unantastbare – Würde folgt einer anderen Logik. Wenn man sie als bedingtes Phänomen verstünde oder gar nicht mehr zwischen bedingter und unbedingter Würde unterschiede, hätte das gravierende Folgen. Dementiell erkrankte Menschen würden zum Beispiel mit dem Fortschreiten ihrer Krankheit Würde verlieren. Straftätern könnte temporär – zum Beispiel während ihres Gefängnisaufenthaltes – nur eine eingeschränkte Würde zugesprochen oder die Würde auch gänzlich entzogen werden. Sogar ganzen Menschengruppen könnte man, weil ihnen bestimmte Eigenschaften fehlen oder auch nur zu fehlen scheinen, die Würde absprechen oder zumindest einschränken. Geschichte und Gegenwart bieten zahlreiche erschütternde Beispiele für diese Restriktionen der Menschenwürde. Das Grundgesetz setzt jedoch – mit einer anderen philosophischen Tradition im Hintergrund – einen anderen Begriff von Würde voraus. Gemäß dieser Tradition ist »die Würde« nicht nur nicht relativierbar oder graduell differenzierbar, sondern sie kommt allen Menschen zu, insofern sie Mensch sind.

Gelegentlich hat man diesem Verständnis von Menschenwürde den Vorwurf des Speziesismus gemacht, also einer Präferenz für die eigene Spezies auf Kosten der Mitglieder anderer Spezies. Das Sein – was faktisch der Fall ist – bestimmt dann das Sollen – was sein soll. Und dies sei, so wird argumentiert, ein »naturalistischer Fehlschluss«, den es auszuschließen gelte. Doch leitet die Rede von der unbedingten Menschenwürde nicht aus dem Sein – der faktischen, biologisch feststellbaren Zugehörigkeit zu einer Spezies – ein Sollen ab, sondern findet in der Art und Weise, wie Menschen immer schon sind, im konkreten Mensch*sein*, im Lebensvollzug des Menschen, eine Unantastbarkeit, die dazu führt, dass von einer unantastbaren Menschenwürde gesprochen werden kann.

Die Unantastbarkeit der Würde geht also nicht darauf zurück, dass es Menschen sind, die über sie verfügen, sondern auf die besondere Seinsweise des Menschen. Weil sich aber die Abwesenheit einer solchen Seinsweise nicht streng beweisen lässt und sich überdies eine solche Seinsweise nur ausprägt, wenn sie immer schon anerkannt wird – Kinder entfalten ihre Freiheit nur, wenn sie immer schon auch als freie Wesen anerkannt werden – wird die Würde allen Menschen zugesprochen. Und wenn man aus guten Gründen den Eindruck hat, wie z. B. bei Delphinen oder bestimmten Primaten, dass diese Lebewesen in einer ähnlichen Weise wie Menschen leben oder *sind*, müsste man bei ihnen auch von einer besonderen Würde sprechen. Doch um welche Seinsweise geht es? Was bedeutet es für Menschen zu sein?

3. Zugänge zum Menschen: Mittel oder Zweck?

Menschen haben viele Eigenschaften, die sich erfassen und begreifen lassen und die es erlauben, andere Menschen oder sich selbst bestimmten Gruppen zuzuordnen: den Menschen einer bestimmter Religion, Weltanschauung oder politischen Überzeugung; den Menschen, die gemeinsam in einer Straße, in einer Stadt oder in einem Land leben; den Menschen, die diese oder jene Krankheit haben oder ein Hobby miteinander teilen. Man kann also über Menschen wie über Objekte oder Dinge sprechen, bei denen man die Substanz – ihr Wesen – von bestimmten, nicht die Substanz bestimmenden und nicht von der Substanz vorgegebenen Eigenschaften unterscheiden kann. Diese Redeweise ist sehr verbreitet. Auch die verschiedenen Definitionen des Menschen – des Menschen »an sich« oder des Menschen »im Allgemeinen« – bedienen sich dieser verdinglichenden Redeweise. Dann wird vom Menschen als »animal rationale«, als vernünftigem Tier, oder als »homo ludens«, als spielendem Menschen, gesprochen. Auf diese Weise wird »der« Mensch in den Blick genommen und definiert, das heißt abgegrenzt von dem, was nicht menschlich ist. Dabei wird aber die Grundstruktur des Dinglichen auf den Menschen übertragen. Diese verdinglichende Perspektive ist hilfreich und äußerst erfolgreich. Auf sie gehen u. a. die Erfolge in der Medizin zurück. Doch ist dies nur eine mögliche Hinsicht auf den Menschen.

Wie aber lässt sich das Menschsein anders – vielleicht sogar in einem vertieften Sinne, der der menschlichen Existenz angemessener ist – verstehen? Wie kann man anders auf den Menschen hinblicken? Allein schon diese Frage nach dem Menschen zeigt, wie machtvoll die Tendenz zu einem verdinglichenden Verständnis des Menschen ist. Müsste man nicht eher fragen: Wer ist der Mensch – trotz und aufgrund von allem, was er ist? Wie zeigt sich Mensch*sein*, wenn man nicht auf Menschen hinschaut, sondern sie anschaut – und dabei auch von ihnen angeschaut werden kann? Was genau geschieht, wenn Menschen sind, d. h. wenn sie leben?

Wenn man diese Fragen stellt, zeigt sich zunächst, dass

»Sein« und »Leben« eine besondere Bedeutung haben, wenn man diese Worte auf Menschen bezieht. Menschen »sind« zwar auch da wie zum Beispiel ein Stein oder ein Buch und insofern – aber auch nur insofern! – können sie als »Dinge« mit bestimmten Eigenschaften begriffen werden. Aber sie sind auch ganz anders da als ein Stein oder ein Buch. Und sie leben, bei allen Gemeinsamkeiten, die Lebewesen miteinander verbinden, nicht so wie andere Lebewesen und folgen in ihrem Leben nicht nur naturgegebenen Gesetzmäßigkeiten. Sie verhalten sich bewusst zu sich selbst und können und müssen sich fragen, wie sie leben sollen und wozu sie überhaupt leben. Es geht ihnen in ihrem Leben um etwas – und sei es die bloße Existenz. Ihr Leben hat daher eine Bedeutung für sie und gerade deshalb können sie nach der Bedeutung, nach dem Sinn ihres Lebens fragen.

In existenziellen Krisen kann sich die Frage nach der Bedeutung oder nach dem Sinn des eigenen Lebens mit größter Vehemenz stellen. In ruhigeren Zeiten denkt man nur selten oder gar nicht ausdrücklich über sie nach – und doch führt man auch dann ein Leben und stellt und beantwortet zumindest implizit die Frage nach dem Sinn nicht nur dieser oder jener konkreten Handlung, sondern auch des gesamten Lebens. Denn auch wenn sich die »großen« Fragen gerade nicht ausdrücklich stellen, wenn man einigermaßen zufrieden oder eingespannt in viele Aufgaben lebt, verhält man sich zu sich selbst. Jede menschliche Handlung zeigt somit ein bestimmtes Selbstverhältnis und Selbstverständnis. Man kann daher nicht nur fragen, was jemand in einer konkreten Situation tut, sondern man kann immer auch fragen, wie jemand etwas tut, in welcher prinzipiellen Haltung oder in welcher konkreten Gestimmtheit. Diese konkrete »Lebensweise« ist nicht naturhaft vorgegeben. In ihr eröffnet oder zeigt sich ein Freiheitsraum. Ein Leben zu führen ist ohne Freiheit daher gar nicht möglich. Seien die subjektiv empfundenen Freiheitsräume auch noch so klein, so kann man sich immer noch genau dazu frei verhalten.

Mit dieser Freiheit ist ein besonderes Verhältnis zur Zeit verbunden. Menschen »haben« in einer spezifisch menschlichen Weise eine Vergangenheit und Zukunft. Auch ein alter Tisch, ein Hund, ein Baum oder sogar die Erde hat eine Vergangenheit. Aber diese Vergangenheit bleibt dem Tisch, dem Hund, dem Baum oder der Erde äußerlich. Sie stehen in der Geschichte, die der Rahmen ist, innerhalb dessen sie zeitlich eingeordnet werden können: Dieser Tisch stammt aus dem späten 19. Jahrhundert. Dieser Baum ist ca. 80 Jahre alt. Dieser Hund wurde vor fünf Jahren geboren. Die Erdgeschichte verfügt über Epochen, die diese oder jene Länge haben. In dieser äußerlichen Weise kann man auch über den Menschen sprechen: Frau Meier wurde 1950 geboren; Herr Meier ist im letzten Jahr gestorben; beide haben 1975 einander geheiratet.

Menschen jedoch stehen nicht einfach in der Geschichte. Für sie ist »die« Geschichte nicht nur ein äußerer Rahmen, sondern ihnen ist »ihre« Geschichte zutiefst innerlich. Ihre Vergangenheit liegt nämlich nicht einfach abgeschlossen hinter ihnen. Sie müssen sich zu ihrer Vergangenheit eigens verhalten, und zwar immer, auch wenn das ihnen nicht immer in gleicher Weise bewusst ist. In allem, was sie in der Gegenwart tun, zeigt sich daher ihre Vergangenheit als gegenwärtig bedeutsam. Selbst wenn sich jemand radikal von seiner Vergangenheit distanziert, verhält er sich zu ihr. Seine Gegenwart vollzieht sich im Lichte oder Schatten dessen, was bereits geschehen ist, wie er bereits gelebt hat und was er bereits erleben konnte.

Eine ähnliche Rolle spielt die Zukunft. Auch diese ist Menschen nicht bloß äußerlich – wie sie einem Tisch äußerlich ist, der irgendwann vererbt wird oder auf dem Sperrmüll landet. Auch Menschen existieren wie Tische, Hunde,

Bäume oder die Erde für eine begrenzte Zeit und werden einmal nicht existieren. Aber sie sind nicht nur sterblich wie andere Lebewesen, sondern wissen um ihren Tod und somit um ihre Endlichkeit. Ihre Zukunft ist daher zugleich ein offener und ein begrenzter Raum, ein Raum der Hoffnungen und Erwartungen, aber auch der Angst, der Furcht und des Schreckens. Aus diesem Grund haben Menschen – anders als Pflanzen oder Tiere – eine Biografie und können von sich erzählen – und zwar immer wieder neu, da sich der Rückblick auf das eigene Leben mit jedem Tag und mit jedem neuen Vorausblick auf den eigenen Tod verändern kann.

Menschen gehen also nicht in ihren äußerlich erkenn- und bestimmbaren Eigenschaften auf; sie sind nicht einfach die Summe von äußeren Merkmalen oder Ereignissen, die ihnen zugestoßen sind. Man kann diese Einsicht noch anders formulieren: Menschen haben eine Außenseite, die sich als solche erfassen, erklären und begreifen lässt. Es gibt etwas am Menschen, das insofern auch wie ein Ding zu verstehen ist. Menschen haben aber auch eine Innenseite, die man hermeneutisch erschließen kann. Menschen sind insofern »doppelseitige« Wesen. Man kann über den Menschen in der dritten Person sprechen. Menschen können aber auch von sich in der ersten Person sprechen oder man kann sie als ein Du ansprechen und von ihnen angesprochen werden. Immer wenn jemand »ich« oder »Du« sagt, durchbricht er die Logik des Dinghaften. Denn kein »Ding« sagt »ich« oder kann in einem eigentlichen Sinne zu einem »Du« werden. Wenn daher ein Wesen wirklich »ich« sagt (und dieses Ich-Sagen nicht imitiert wird), ist es kein Ding.

Aus diesem Grund kann man mit Immanuel Kant sagen, dass Menschen in zwei Welten leben, in der Sinnes- und in der Verstandeswelt, und nicht nur Objekte, sondern immer auch Subjekte der Erkenntnis und des Handelns sind. Daraus ergibt sich, dass sie nicht nur Mittel sind, sondern immer auch Zweck an sich selbst. Deshalb ist es möglich, mit dem Königsberger Philosophen – in einer ethischen Fokussierung – zu fordern: »Handle so, dass du die Menschheit sowohl in deiner Person, als in der Person eines jeden anderen jederzeit zugleich als Zweck, niemals bloß als Mittel brauchst.«[1] Wer so handelt, bezieht sich in seinem Handeln auf ein Ich, auf jemanden, und anerkennt die Unantastbarkeit der Menschenwürde, die sich als »Hintergrund« des Sichtbaren im Sichtbaren offenbart – und immer auch entzieht.

4. Unantastbarkeit der Menschenwürde: Offenbarung und Entzug

Das Tasten gehört zu den Sinnen. Man kann etwas mit der Hand betasten, um es zu begreifen oder in den Griff zu bekommen. So wird etwas zum Objekt des Tastens. Das ist mit der »Menschenwürde« nicht möglich. Sie lässt sich nicht »antasten«. Die Vorsilbe »an-« bezeichnet eine Bewegung auf etwas zu, eine besonders intensive Aktivität, manchmal auch den Beginn einer Handlung – wie etwa bei den Worten »anfassen«, »anregen« oder »anfahren«. Unantastbar verweist daher nicht nur darauf, dass sich die Würde nicht auf ein Objekt reduzieren lässt, sondern auch darauf, dass sie sich der »ausgreifenden« Aktivität, der »zupackenden« Kraft oder der »anfangenden« Initiative des Menschen entzieht. Was sich nicht antasten lässt, ist auch nicht betastbar. Es ist »unberührbar«. Wenn von der Unantastbarkeit der Würde gesprochen wird, so wird damit also von ihrer nichtsinnlichen, jede bloß sinnliche Erfahrung übersteigenden

1 Vgl. Immanuel Kant, *Grundlegung zur Metaphysik der Sitten*, AA IV, 421 ff.

Dimension gesprochen. »Menschenwürde« verweist in den Bereich des »Unberührbaren« oder »Unsichtbaren« und ist kein empirisch fassbares oder begreifbares Phänomen – und entzieht sich aus diesem Grund eines jeden empirischen wissenschaftlichen Beweises. Sie ist kein Ding, keine Sache und als Freiheitsphänomen zutiefst »unsachlich«.

Damit ist nicht gesagt, dass Menschenwürde etwas sei, das ins »Übersinnliche« oder »Irrationale« weise, also nur aufgrund bestimmter weltanschaulicher oder religiöser Vorannahmen zu verstehen sei. Nicht alles, was nicht sinnlich erfahrbar ist, ist »übersinnlich« oder »irrational«. Im Gegenteil ist es das besondere Merkmal der Vernunft, dass sie über den Bereich des bloß Sinnlichen hinausgehen und dort etwas finden kann, das unbedingte Geltung beansprucht. Dieser Überstieg kann zutiefst vernünftig sein. Auch »die« Gerechtigkeit lässt sich beispielsweise nicht sinnlich erfahren. Sinnlich erfahrbar sind Handlungen, die man als gerecht versteht. Trotzdem ist »die« – selbst unsichtbare – Gerechtigkeit von fundamentaler Bedeutung für menschliches Zusammenleben.

In ähnlicher Weise kann man das Wort »Menschenwürde« als Hinweis auf eine fundamentale, aber eben nicht sinnliche Erfahrung des Menschseins verstehen. Ähnlich wie die Gerechtigkeit kann die Menschenwürde in konkreten Handlungen oder Erfahrungen zur Erscheinung kommen. Man kann von »Epiphanien« oder Offenbarungen der Menschenwürde sprechen: Das sinnlich Erfahrbare weist in seiner solchen Epiphanie über sich selbst hinaus und wird auf etwas hin durchsichtig, das selbst nicht unmittelbar ansichtig werden kann und das sich so schnell, wie es in Erscheinung trat, auch wieder entziehen kann.

Wenn etwa jemand eine freie Entscheidung trifft, wenn dieser Mensch sich selbst nicht auf etwas, auf ein Ding oder Mittel reduziert, sondern die eigene Existenz ergreift und sich zu ihr frei verhält, kann sich, manchmal ganz plötzlich und nur für einen kurzen Augenblick, in dieser Entscheidung und in der ihr entsprechenden Handlung eine Würde zeigen, die nicht auf sinnlich beobachtbare äußere Eigenschaften reduziert werden kann. Auch in Handlungen, in denen die Verantwortung, die Bezogenheit des Menschen auf andere Menschen deutlich wird, kann Würde zur Erscheinung kommen: in der Verlässlichkeit eines Freundes, in der vertrauten Hingabe einander liebender Menschen, in Taten der Nächstenliebe oder auch in der Radikalität eines Opfers für andere Menschen.

Die Würde, die sich derart zeigt, kann nicht theoretisch erkannt oder bewiesen werden. Sie kann anerkannt werden – oder, wie sich leider immer wieder zeigt, auch nicht anerkannt werden. Die Anerkennung setzt dabei eine bestimmte Haltung voraus, die selbst moralisch qualifiziert ist. Man anerkennt die Würde nur in einer bestimmten Offenheit gegenüber dem Anderen, nur wenn man ihm von Mensch zu Mensch, von Freiheit und zu Freiheit begegnet. Würde kann sich daher in jeder wirklichen Begegnung mit einem anderen Menschen zeigen, wenn man auf diesen nicht wie auf ein Objekt hinschaut und ihn zu begreifen sucht, sondern aufmerksam als frei und verantwortlich etwas mit sich anfangenden, sterblichen Menschen anschaut und mit ihm in eine idealerweise wechselseitige Beziehung eintritt, die zutiefst von moralischer Natur ist.

Auch wenn sich die Würde nicht fotografieren oder äußerlich abbilden lässt, gibt es manchmal Portraits, in denen etwas aufscheinen kann, was über äußerliche Merkmale hinausreicht und einen Zugang oder Durchblick zum Inneren eines anderen Menschen eröffnet. Ein solches Foto oder Bild erhebt keinen objektiven Anspruch, sondern erschließt wie andere Kunstwerke, die mehr sehen lassen, als sich sinnlich erfassbar zeigt, etwas eigentlich Unsichtbares, das sich des begreifenden Zugriffs entzieht. Vielleicht ist es daher gerade die Kunst, die auf die Spannung von Innen und Außen, auf das, was das bloß Sinnliche, das Untersuch- und Erklärbare, das Vermess- und Verfügbare übersteigt (oder es hintergeht), aufmerksam machen kann. In einer zunehmend technisch bestimmten Welt kann sie die Aufmerksamkeit auf das richten, was die technische Vernunft verdrängt oder ausdrücklich verletzt.

Es ist vielleicht auch die Kunst selbst, die schöpferische Kreativität des Menschen, in der sich die Würde des Menschen in besonders eindrücklicher Weise zeigen kann. Das sollte nicht erstaunen. Denn wenn die Menschenwürde eng mit der Freiheit des Menschen, mit einer Innerlichkeit, die dazu führt, dass es immer wieder neue Anfänge gibt, verbunden ist, offenbart sie sich dort, wo Menschen besonders frei sind, wo sie nicht einfach bestimmte Handlungen wiederholen, sondern schöpferisch tätig sind und ganz Neues in die Welt bringen, auch in einer besonderen Weise.

Leibniz, Schelling und Heidegger haben – in sehr verschiedener Weise – die berühmte Frage artikuliert, warum überhaupt etwas sei und nicht vielmehr nichts. Das ist eine das Denken immer wieder erschütternde Frage. Ist aber die Frage nach der schöpferischen Kreativität des Menschen nicht eine viel radikalere und noch erschütterndere Frage? Warum gibt es immer wieder Neues unter der Sonne? Warum kann ein einzelner Mensch in einem Gedicht alte und vertraute Worte ganz neu sagen? Wozu gibt es überhaupt Anfänge, den Menschen als »Anfang«, der immer neu etwas mit sich anfangen kann und muss?

Wenn man sich diesen Fragen stellt, stößt man auf das Wunder der Freiheit, darauf, dass der konkrete Mensch keine Sache und immer auch ein »Unding« ist, das es in einer verdinglichenden, Dinge liebenden und idolisierenden Welt gar nicht geben dürfte. Denn durchstreicht dieses »Unding«

nicht alle Bestrebungen, Ordnung in die Welt zu bringen? Widerspricht es nicht dem instrumentellen Geist der Wissenschaften, den kalkulierenden Vorhaben der Technik und den berechnenden Planungen der Wirtschaft?

Vielleicht zeigt sich dann gerade im Schönen – im Tun künstlerischer Kreativität – eine Dimension, auf die man mit dem Wort »Menschenwürde« aufmerksam machen kann, ein schöpferisches Handeln, das die engen Rahmen begrifflich-begreifenden Denkens sprengt, eine Unantastbarkeit und Unberührbarkeit, die einen erzittern lässt, eine Transzendenz, von der neben der Kunst vielleicht nur noch die Religion ein Zeugnis zu geben vermag und die Demut einfordert, eine stille Anerkennung, dass sich, manchmal nur sehr kurz, für einen Moment, etwas zeigt, was nicht angetastet werden kann, aber anerkannt werden soll.

CHRISTOPH BÖHR

Menschenwürde – ein inhaltsleeres Glaubensbekenntnis?

Versuch einer Klärung ihrer Grundlagen

Im Begriff der Menschenwürde gipfelt heute das Glaubensbekenntnis von Gesellschaften, die als zivilisiert gelten wollen. Darüber könnte man jubeln, ja man könnte gar nach diesem Siegeszug der Idee der Menschenwürde vermuten, das Ende und das Ziel aller Geschichte sei erreicht, wenn es da nicht jene Schwierigkeit gäbe, die allen Jubel jäh verstummen lässt. Denn bei näherem Hinsehen zeigt sich, dass der Idee oft nicht mehr als ein – nicht selten allerdings wortreiches und lautstarkes – Lippenbekenntnis gewidmet wird. Und tatsächlich: Unüberbrückbar tief sind die Bedeutungsunterschiede, die sich mit dem Begriff verbinden. Schlimmer noch: Selbst in ein und demselben Kulturkreis – beispielsweise dem westlichen – zeigt die Idee ganz unterschiedliche Gesichter, wenn etwa einerseits die Todesstrafe als durchaus vereinbar mit dem Bekenntnis zur Menschenwürde gilt, während für andere das Bekenntnis zur Würde des Menschen die Todesstrafe gerade ausschließt. Viel abgründiger noch unterscheidet sich das Begriffsverständnis, wie es in jeweils verschiedenen Kulturkreisen nicht nur juristisch thematisiert, sondern auch politisch praktiziert wird.

Unumstritten war der Begriff der Menschenwürde nie, im Gegenteil. Heftig umkämpft war seine inhaltliche Bedeutung von Anfang an, seitdem er erstmals 1945 Eingang in ein offizielles Dokument fand – die Charta der Vereinten Nationen –, wie einer der Autoren dieser Erklärung, der französische Philosoph Jacques Maritain, schon damals erläuterte. Gleichwohl galt er in vielen öffentlichen Verlautbarungen als neuer Leitbegriff der Weltordnung nach dem Zweiten Weltkrieg – oft genug als Lippenbekenntnis, das die einander widersprechenden Auslegungen des Begriffs überlagerte.

So liegt von Anfang an seine Schwäche unübersehbar zutage: als Leitbegriff – funktional – unumstritten, dafür umso mehr hinsichtlich seines Inhalts – semantisch – umkämpft. Man darf sich also nicht wundern, dass auch heute nahezu jede beliebige Forderung mit dem Verweis auf Menschenwürde gerechtfertigt wird. Aber, so muss eingewandt werden: Ist das nicht bei allen gesellschaftlichen Leitbegriffen genauso? Steht nicht immer deren verwaschene semantische Kontur in einem krassen Missverhältnis zu ihrer politischen Funktion? Politische Leitbegriffe erfüllen ihre soziale Rolle ja nur, wenn ihre Inhalte aufs Höchste verschwommen bleiben. Dann – und nur dann – taugen sie dazu, den gewünschten Konsens wenigstens zum Schein zu stiften. Man denke an Begriffe wie Freiheit und Gerechtigkeit. Da ist es keinen Deut anders.

Dennoch ist zu fragen: Wie hilfreich sind Begriffe, die nur wenig mehr sind als Worthülsen? Kann die Stiftung eines sozialen Konsenses tatsächlich gelingen, wenn sie sich auf einen Leitbegriff bezieht, der angesichts seiner Überfrachtung mit vielfältigen gegensätzlichen und einander widersprechenden Bedeutungen nahezu unbrauchbar ist? Die besondere Schwierigkeit, die den Begriff der Menschenwürde von anderen Leitbegriffen – wie Freiheit, Gerechtigkeit oder Gleichheit – unterscheidet, liegt in seiner Bedeutung als rechtfertigender Grund für die Begründung aller – tatsächlich aller – übrigen Leitbegriffe, die eine friedliche Ordnung des Zusammenlebens beschreiben wollen. Das bringt am klarsten die deutsche Verfassung von 1949 zum Ausdruck: Die unantastbare Würde des Menschen ist Voraussetzung und Begründung aller im Anschluss beschriebenen Grund- und Menschenrechte.

So liest sich der Text der Verfassung und so sah es auch weit überwiegend die deutsche Rechtsprechung – bis zu jenem Urteil aus dem Jahr 2020, als das Bundesverfassungsgericht – aus der Not abgründiger Bedeutungsunterschiede im Verständnis menschlicher Würde vermeintlich eine Tugend machend – diesen Begründungszusammenhang einfach auf den Kopf stellte und sinngemäß sagte: Nicht aus der Würde, die – als Recht auf Rechte – vorgesetzlicher Grund aller einzelgesetzlichen Regeln ist, leiten sich die Grund- und Menschenrechte ab, sondern – umgekehrt – ist Würde, jetzt zur Gänze positiviert, zu verstehen als die Summe aller verfassungsmäßig festgestellten Grund- und Menschenrechte. Nur auf den allerersten Blick scheint das eine friedliche Beilegung des Streites, der nämlich sofort wieder entflammt, sobald nach der rechtfertigenden Zulässigkeit der einzelnen Grund- und Menschenrechte gefragt wird – beispielsweise dann, wenn man neue Grundrechte schöpfen und mit Verfassungsrang ausstatten möchte. Was soll als Maßstab gelten, um die Frage zu entscheiden, ob dieses oder jenes Einzelrecht – beispielsweise jenes auf den assistierten Suizid geforderte neue Grundrecht – tatsächlich den Rang eines Menschenrechtes hat, wie seine Befürworter sagen und seine Gegner mit gleicher Heftigkeit bestreiten? Oder man denke an die Androhung der sogenannten »Rettungsfolter«, die nach geltendem deutschen Recht verboten ist, weil sie die Menschenwürde eines Täters verletzt und die Retter ihrerseits zu Tätern macht, von anderen aber gerade um des Würdeschutzes der Opfer willen gefordert wird.

Die Bedeutung der Menschenwürde

Dass der Streit alles andere als eine überflüssige Haarspalterei von Juristen und Philosophen ist, zeigt allein schon die Tatsache, dass die Bemühungen um eine durchdachte, schlüssige Begründung des Begriffs der Menschenwürde inzwischen ganze Bibliotheken füllt – und, vielleicht wichtiger noch als das, bei bestimmten gesellschaftlichen Auseinandersetzungen eine Entscheidung in Absehung des Würdebegriffs offenbar gar nicht möglich ist. Man denke an die noch vor Jahresfrist tagein, tagaus geführte Auseinandersetzung über die Zulässigkeit der sogenannten »Triage« bei Patienten, die mit dem Coronavirus infiziert sind, deshalb ins Krankenhaus kommen und – bei schwerem Krankheitsverlauf – wegen der nur begrenzt verfügbaren Beatmungsgeräte die behandelnden Ärzte gegebenenfalls zur Entscheidung zwingen könnten, einen Patienten künstlich zu beatmen und ihm so günstigenfalls das Leben zu retten, während einem anderen Patienten diese Behandlung – unter Inkaufnahme seines Ablebens – verwehrt wird. Sollte man, so wurde beispielsweise mehrfach argumentiert, ausnahmslos die Jungen bevorzugen, weil die ein noch ungelebtes Leben vor sich haben, und die Älteren nachrangig behandeln, weil die ihr Leben ja schon über eine Reihe von Jahrzehnten hinweg leben durften? Ist ein solcher Vorschlag vereinbar mit dem Bekenntnis zur Menschenwürde, die ja doch unterschiedslos allen Menschen zukommt und nicht zwischen Merkmalsgruppen unterscheidet? Der Deutsche Bundestag hat – unseligerweise vom Bundesverfassungsgericht dazu gezwungen – jüngst, am 10. November 2022, ein Gesetz zu diesem Thema verabschiedet: Demzufolge entscheidet im Notfall die Überlebenswahrscheinlichkeit über eine Bevorzugung. Aber ist das nicht auch ein höchst willkürliches, schwer überprüfbares, kaum belastbares Kriterium der Zuteilungsentscheidung? Nicht nur die Behindertenverbände haben diese Vorschrift wegen – durchaus nachvollziehbar – befürchteter Benachteiligung der Schwächeren abzuwenden versucht.

Man sieht: Die Auseinandersetzung über den Würdebegriff hat keine geringe Bedeutung, sie kann leicht zu einer Sache von Leben und Tod werden. Umso wichtiger scheint es, den Begriff klar und plausibel zu begründen. Nun finden sich in den letzten Jahren solche Versuche zuhauf – jeweils zielend auf einen Begriff von Menschenwürde, der sich in seiner Bedeutung von anderen Verständnisweisen mehr oder weniger stark unterscheidet. Es mögen einige dieser Versuche in der Struktur ihrer Argumentation bündiger und schlüssigerer sein als andere – eine Lösung des Dilemmas scheint auf diesem Weg, der auf die Begründungen der grundverschiedenen Verständnisse des Begriffes Bezug nimmt, nicht erreichbar. Das mag man bedauern, weil es sich um den Dreh- und Angelpunkt des ganzen Selbstverständnisses von Politik und Jurisdiktion in freiheitlichen Gesellschaften handelt. Aber möglicherweise muss es bei dem wenig befriedigenden Zustand bleiben, demzufolge es stärkere und schwächere Verständnisweisen der Normativität von Würde gibt, und die Verfassungsgerichte am Ende hinter verschlossenen Türen entscheiden, welches Verständnis denn nun allgemein und für alle ausnahmslos zu gelten hat.

Die Bequemlichkeit dieses Vorschlags könnte dazu verführen, alles auf sich beruhen zu lassen, und sich so Anstrengungen, Mühen und nicht zuletzt großen Streit zu ersparen. Denn der steht zweifellos ins Haus, wenn man auf eine semantische Konvergenz im Gebrauch des Begriffes drängt, da nicht zu erwarten ist, dass überzeugte Anhänger des assistierten Suizids einerseits und dessen überzeugte Gegner andererseits davon absehen, die Menschenwürde als Begründung ihrer jeweiligen – und miteinander schlechterdings unvereinbaren – Haltungen ins Feld zu führen. Also angesichts fehlender Aussicht auf Einigung einfach von Fall zu Fall die Gerichte entscheiden lassen?

Das wäre wenig befriedigend, weil der Begriff doch eine alles entscheidende Bedeutung im freiheitlich verfassten Gemeinwesen hat. Darüber hinaus markiert er die unaufhebbare Differenz, die sich zwischen Recht und Gesetz – Physis und Thesis, Ethos und Nomos – auftut, und mithin jenen aller Gesetzgebung und aller Rechtsprechung vorausgehenden Maßstab zum Ausdruck bringt, der ein völliges Abgleiten in den – am Ende immer das »Recht« des Stärkeren stützenden – Positivismus des Rechts verhindert. Eben dieses Schicksal droht dem Begriff der Menschenwürde, wenn man die rechtsverbindliche Festsetzung seiner Bedeutung allein dem Gesetzgeber oder dem Verfassungsgericht – das ja nicht selten wirkt wie ein Gesetzgeber – überlässt.

Dass die Auseinandersetzung auf eine breite gesellschaftliche Beteiligung zielen muss, ergibt sich schon aus der Tatsache, dass die Deutung des Begriffs ausnahmslos jeden Menschen angeht – Immanuel Kant nannte eine solche, alle menschlichen Angelegenheiten betreffende und umfassende Erörterung »philosophia in sensu cosmico«: Philosophie in weltbürgerlicher Absicht. Denn die Berufung auf Menschenwürde ist auch das normative Fundament aller Entscheidungen, die heute unter dem Sammelbegriff »Biopolitik« geführt werden: Gemeint sind jene Entscheidungen, mit denen die staatliche Politik unmittelbar auf die Regeln im Umgang mit dem menschlichen Leben zielt. Wer von Menschenwürde spricht, muss deshalb zugleich Auskunft darüber geben, wie er es mit dem menschlichen Leben hält. Es dürfte wenige Fragen geben, die vergleichbar wie die nach Schutz und Preisgabe des menschlichen Lebens ausnahmslos alle – einschließlich der Minderjährigen, der Ungeborenen, der Gebrechlichen, die sich kaum zu Gehör bringen können, und der unter unerträglichen Schmerzen Leidenden – im eigentlichen Wortsinn existenziell betreffen.

Wäre es in diesem Fall nicht allzu fahrlässig, auf den Kampf um ein angemessenes Verständnis dessen, was Menschenwürde konsensual nicht nur bedeuten kann, sondern auch bedeuten soll, zu verzichten? Nun kann und darf die Philosophie niemals an die Stelle – oder auch nur in die Nähe – einer rechtsverbindlichen Gesetzgeberin, die gegenüber der Gesellschaft eine besondere Bedeutungshoheit in der Bestimmung eines Begriffs geltend machen oder gar beanspruchen kann, treten. Aber sie kann Gründe auf deren Tragfähigkeit hin prüfen und Meinungen auf mögliche Fehlannahmen hin abklopfen. Am Ende geht es dann also doch um eine gleichermaßen schlüssige wie strenge Begründung dessen, was »Würde des Menschen« heißen soll. Und genau diese Frage ist unter Philosophen heillos umstritten.

Zur Begründung der Menschenwürde: Die Logik als Grund der Norm

Wenn man den Sinn des Begriffs menschlicher Würde eng mit dem Schutz menschlichen Lebens verbindet, löst das bei vielen Zeitgenossen einen schrillen Alarmismus aus: helle Empörung und schroffe Ablehnung. Denn, so lautet der Einwand: Bin ich nicht selbst Herr meines Lebens? Ist mein Leben nicht, wie John Locke behauptet hat, mein unverfügbares Eigentum: »every man has a property in his own person«, heißt es bei Locke im *Second Treatise* (§27). Kann ich meinem Leben nicht »selbstbestimmt« ein Ende machen, da es doch meinem Besitz- und Verfügungsrecht unterliegt? Und darf ich nicht ungeborenes Leben töten, da es doch als Leibesfrucht eben diesem meinem Recht unterliegt? »My Body, my Rules« liest man auf den Transparenten der Abtreibungsbefürworter.

Es scheint, dass sehr viele Menschen heute so denken. Wer diesem Denken widerspricht, bedient sich in der Regel individual-moralischer oder sozial-ethischer Argumente. Der Wahrheitsanspruch, der jedem ethischen oder moralischen Argument zu eigen ist, wird aber – einer gängigen Denkweise unserer Tage zufolge – mehr und mehr als unterstellt boshafte, geradezu menschenfeindliche Verletzung des Wohlbefindens oder als vermeintlich überhebliche, unzulässige Missachtung der Gefühle und des Selbstbestimmungsrechtes Andersdenkender verfemt – und gilt damit als null und nichtig, ja geradezu als brandgefährlich für den innergesellschaftlichen Frieden.

Kant, auf den sich viele auf sehr unterschiedliche Weise im Rahmen der Auseinandersetzung über den Würdebegriff auch heute noch häufig berufen, hat die enge Verbindung zwischen Menschenwürde und Lebensschutz ganz anders begründet. In der »Analytik« der *Kritik der praktischen Vernunft* heißt es:

> Der Mensch ist zwar unheilig genug, aber die *Menschheit* in seiner Person muß ihm heilig sein. In der ganzen Schöpfung kann alles, was man will, und worüber man etwas vermag, auch *bloß als Mittel* gebraucht werden; nur der Mensch, und mit ihm jedes vernünftige Geschöpf, ist *Zweck an sich selbst.*[1]

Diese Aussage verbietet zugleich unmissverständlich auch, dass ein Mensch sich selbst zum Mittel macht:

[1] Immanuel Kant, *Kritik der praktischen Vernunft*, A 156f.

Es ist nämlich das Subjekt des moralischen Gesetzes, welches heilig ist, vermöge der Autonomie seiner Freiheit. Eben um dieser willen ist jeder Wille, selbst jeder Person ihr eigenes, auf sie selbst gerichteter Wille, auf die Bedingung der Einstimmung mit der *Autonomie* des vernünftigen Wesens eingeschränkt, es nämlich keiner Absicht zu unterwerfen, die nicht nach einem Gesetz, welches aus dem Willen des leidenden Subjekts selbst entspringen könnte, möglich ist; also dieses niemals bloß als Mittel, sondern zugleich selbst als Zweck zu gebrauchen.[2]

So weit, so gut. An zahlreichen Stellen bringt Kant den Gedanken, dass der Mensch kein marktfähiges und deshalb mit einem Preis belegtes Handelsgut, sondern ausnahmslos Zweck an sich sei und deshalb Würde habe, zum Ausdruck. Juristen sprechen demgemäß von der sogenannten Selbstzweckformel. Das ist alles hinlänglich bekannt und unzählige Male unter den Vorzeichen einer (Sozial-)Moral erörtert worden. Tatsächlich scheinen ja auf den ersten Blick die in diesem Zusammenhang vorgebrachten Gedanken ins Gebiet der Moral zu gehören. Das mag auch am Ende so sein. Aber die Entwicklung des Gedankenganges, dessen zusammenfassendes Ergebnis Kant in dem oben wiedergegebenen Zitat schildert, ist mitnichten Gegenstand der Sitten-, sondern der Vernunftlehre, die im 18. Jahrhundert »Logik« hieß und in vielerlei Hinsicht eine philosophische Grundlagenlehre war. Kant hielt während seines ganzen akademischen Lebens, 30 Jahre lang, regelmäßig Vorlesungen über Logik und verstand diese als eine allgemeine Einführung in das philosophische Denken. Sein Verständnis des Begriffs der Autonomie hat – in großem Unterschied zu unserem verwässerten Allerweltsverständnis heute – hier seine Wurzeln. Die Begründung

---

2 Immanuel Kant, *Kritik der praktischen Vernunft*, A 156.

der Menschenwürde und des Lebensschutzes ist zuallererst eine Frage der Logik, nicht der Moral. Autonomie bedeutet eben nicht, tun und lassen zu können, was man will – oder was einem richtig zu sein scheint. Autonomie bedeutet für Kant, aus eigenem freien Willen – als Selbstgesetzgeber – die Vernunft als Norm anzuerkennen, näherhin: alle eigenen Wünsche, Neigungen, Bedürfnisse und Überzeugungen der Vernunft gemäß in einen stimmigen Zusammenhang zu stellen. Es ist die Welt der Vernunft und ihrer Regeln, in der kein Mensch bloß als Mittel gebraucht werden darf.

Nun ist es – und war es auch für Kant – nicht leicht, genau zu bestimmen, was denn primär das Vermögen der Vernunft ist. Ein Rückgriff auf den Verstandesbegriff hilft dabei; Verstand nämlich ist »ein Vermögen zu urteilen«,[3] welches »eben so viel ist, als das Vermögen zu denken«,[4] mithin ein Handlungsvermögen; diese Urteilskraft aktualisiert sich im Denken, in der Vernunft. Dank seiner Urteilskraft ist es, Kant folgend, dem Menschen möglich, trotz aller Schwierigkeit herauszufinden, was als »vernünftig« – und entsprechend als »unvernünftig« – gelten darf. Damit beschäftigt sich Kants *Logik*. »Vernünftig« ist es, Fremdbestimmungen des Willens zu durchschauen: nämlich Vorurteile und Irrtümer wie Selbstverliebtheit und Eigendünkel. Das im Einzelfall festzustellen, ist nicht selten recht schwer, weil solcherart Fremdbestimmung uns leicht blind machen kann für die Vernunft. Deshalb nennt Kant Bedingungen – Prüfsteine – dessen, was vernünftig ist: Um nicht einfach den durch Eigenliebe und Selbstbefangenheit geprägten Gedanken und Wünschen freien Lauf zu lassen, sind als »Bedingung der Vermeidung des Irrtums überhaupt«[5] dreierlei

3 Immanuel Kant, *Kritik der reinen Vernunft*, A 69/B 94.
4 Immanuel Kant, *Kritik der reinen Vernunft*, A 81/B 107.
5 Immanuel Kant, *Logik*, A 84.

Voraussetzungen vorurteilsfreien, selbstbestimmten, mithin vernunftgeleiteten Denkens – vermutlich lebenslang – einzuüben: »1) selbst zu denken, 2) sich an die Stelle eines andern zu denken, und 3) jederzeit mit sich selbst einstimmig zu denken.«[6] Es ist mithin die Logik, nicht die Moral, die Kant zur Bestimmung des an die Autonomie des Subjekts gebundenen Würdebegriffs führt. Als elementare und universale Grundsätze der Vernunft – und Gegenstand der Erkenntnislehre – erheben diese Regeln unbedingten Geltungsanspruch.

Besonders bemerkenswert ist dabei die zweitgenannte Bedingung: sich an die Stelle eines andern zu denken. In seiner *Anthropologie in pragmatischer Hinsicht* verschärft Kant diese Regel und schreibt: sich »in die Stelle jedes *anderen* zu denken«.[7] Die Betonung liegt hier auf dem Wort »jedes«: Die Vernunft bleibt dem logischen Egoisten verschlossen, erst im Ordnungsrahmen des logischen Pluralismus lässt sie sich finden. Der logische Egoist kennt nur die eigene Sichtweise, der logische Pluralist ist hingegen bemüht, sich an die Stelle des Anderen – jedes Anderen – zu setzen. Nur angedeutet sei an dieser Stelle, dass diese Überlegungen unmittelbar in die Formulierungen des Kategorischen Imperativs eingehen.

Der Mensch hat das Vermögen, vernunftgeleitet – und das heißt: selbstbestimmt – zu denken. Dieses Vermögen begründet seine Autonomie: Er muss und darf sich wie im theoretischen Erkennen auch in moralischen Fragen nicht fremden Einflüsterungen beugen, mögen die aus eigenem Inneren oder aus der Außenwelt kommen. Dass er die Fähigkeit – ja die Pflicht – zur Selbstgesetzgebung hat, ist

---

6 Immanuel Kant, *Logik*, A 84.
7 Immanuel Kant, *Anthropologie in pragmatischer Hinsicht*, BA 167.

Folge seiner Vernunftbegabung, die zugleich das Mittel zur Einlösung dieses Anspruchs bereithält. Als Subjekt der Gesetzgebung aber geht er gründlich in die Irre, wenn er als logischer und moralischer Egoist handelt, als einäugiger Zyklop, der nur auf eine – vorliebsweise die eigene – Meinung festgenagelt ist. Nur der logische Pluralismus – sich an die Stelle jedes Anderen denken – als Grundregel vernünftigen Denkens befreit vom Irrtum und setzt dem Zyklopen ein zweites Auge – den Blick auf die andere Meinung – ein. Weil der Mensch diese Bestimmung zur vernünftigen Selbstbestimmung in sich trägt, hat er Würde – so Kant.

Das ist der Grund, warum dem Menschen in seiner Person die *Menschheit* heilig sein muss. Kein Mensch ist allein auf der Welt. Und keiner ist unfehlbar. Unser Gesichtsfeld ist allzu oft – wenn nicht gar regelmäßig – eingeengt, wir sind unentwegt Einflüsterungen von außen und aus dem Inneren unseres Selbst ausgesetzt. Es gibt nur einen Weg, uns von allen diesen Vorurteilen freizumachen – und ganz besonders von dem hartnäckigsten aller Vorurteile zu befreien, nämlich dem eigenen Lieblingsvorurteil, dass man selbst keine Vorurteile habe –, kurzum, zur Selbstbestimmung zu finden: indem wir als Mensch die Menschheit in unserer Person achten.

Dieser Gedanke, so sehr er heute ganz zu Recht vor allem mit Kant in Verbindung gebracht wird, hat eine sehr lange Tradition, die Kant nicht in den Blick nimmt. In der *Mischna*, der ersten großen Niederschrift der bis dahin mündlich überlieferten *Tora*, heißt es ungefähr zum Beginn des 3. Jahrhunderts: Wer einen einzigen Menschen rettet, dem wird es angerechnet, als ob er die ganze Welt gerettet hat.[8] Früher schon ist zu lesen: »Was ihr für einen meiner geringsten Brüder getan habt, das habt ihr mir

8 Vgl. *Mischna*, Sanh IV 5c–d.

getan.«[9] Hier wie dort geht es um die Menschheit in meiner Person.

Kant war allerdings der Erste, der diese Argumentationsfigur innerhalb der Vernunftlehre als Erkenntnisgrundlage der Sittenlehre entwickelt hat. Was uns als moralischer Anspruch in Fleisch und Blut eingegangen ist, gründet, wie Kant sorgfältig untersucht, in der Logik – der Vernunft- und Erkenntnislehre, die den Begriff der Autonomie bestimmt –, um erst dann, in Ergebnis und Zusammenfassung, zu einem Gebot der Moral zu werden und dabei doch immer vor allem ein Gebot der Logik zu bleiben. Menschenwürde ist mithin, zusammenfassend gesagt, die begriffliche Fassung der Folge einer vernünftigen Selbstvergewisserung meiner leitenden Beweggründe im Angesicht des Anderen; durch diese Selbstvergewisserung wird Autonomie unter die Vorzeichen von Alterität gestellt, ja an sie gebunden: Selbstvergewisserung wird zur Fremdvergewisserung – die Vergewisserung meiner selbst zur Vergewisserung meinesgleichen. Die Normativität, die dieser Satz zum Ausdruck bringt, entspringt nicht der Moral, sondern ist die Normativität der Logik, die aufzugeben unser Denken ins Absurde – Widervernünftige – abgleiten lassen würde.

In diesem Sinne ist Logik zugleich Ethik, weil die Überwindung des logischen Egoismus Voraussetzung des moralischen Pluralismus ist: als Grunderfordernis einer Ordnung des Zusammenlebens vernünftiger Wesen. Nur am Rande sei hier bemerkt, dass in diesem Zusammenhang besonders klar ersichtlich wird, welche Folgen die postmoderne Destruktion des Vernunftbegriffes zeitigt. Wenn es nämlich keine allgemeine Menschenvernunft gibt, kann sie unmöglich als Grunderfordernis einer Ordnung menschlichen Zusammenlebens bestimmt werden. Wenn es sie aber gibt,

9 Mt 25,40.

dann trifft die Bemerkung zu, die Thomas von Aquin in seinem Kommentar zu Johannes macht: »intellectus maxime est vita«,[10] Vernunfterkenntnis ist Leben, und Erkennen ist Lebendigsein.

Walter Schweidler gehört zu den wenigen, die unverkürzt den Kant'schen Gedanken weitergedacht haben, indem er Kants Konzept des logischen Pluralismus – ganz in dessen Sinne – als ein Konzept der moralischen Legitimation deutet:

Der Zusammenhang zwischen der Universalität und der Akteursrelativität des Menschenwürdeanspruchs ist nicht normativ-moralischer, sondern performativ-logischer Art: Wer auch nur einen von seinem Handeln betroffenen Angehörigen des Verbandes, der alle Personen miteinander verbindet und sie von nichtpersonalen Wesen abgrenzt, aus dem Verband der Instanzen ausschließt, vor denen er sein Handeln zu legitimieren hat, tritt damit und insoweit in Widerspruch zu den Bedingungen der Möglichkeit der Legitimation seines Tuns, das heißt zu der gesamten diesen Verband konstituierenden Beziehung überhaupt. ›Widerspruch‹ aber ist eben eine logische, keine moralische Kategorie.[11]

Personen sind Repräsentanten aller anderen ihrer Art »und sogar dieser Art selbst«.[12] Deshalb kommt es nicht darauf

10 Thomas von Aquin, *In Joh.*, 17, 1.
11 Walter Schweidler, »Uneinholbare Distanz. Zur Relevanz des Naturbegriffs im Diskurs um die Menschenwürde«, in: *Menschenwürde. Zur Frage ihrer Unverfügbarkeit*, hrsg. von Dietmar von der Pfordten und Philipp Gisbertz-Astolfi, Tübingen 2022, 89–104, hier 96 f.
12 Walter Schweidler, »Uneinholbare Distanz. Zur Relevanz des Naturbegriffs im Diskurs um die Menschenwürde«, 97.

an, ob mein Tun einen anderen meiner Art unmittelbar kausal schädigt; lange vor dieser Möglichkeit ist zu bedenken, dass die Bedeutung meines Handelns immer auf die Menschheit in meiner Person zielt. Schweidler nennt das die symbolische Dimension, »von der her allein sich rational explizieren lässt, warum die Würde des Menschen ›unantastbar‹ ist«. Auf der kausalen Ebene ist Würde antastbar, wie man tagtäglich vielfach beobachten kann, aber auf der symbolischen Ebene ist sie jene »Beziehung, die alle zum Personenverband gehörenden Wesen, auch Täter und Opfer, in uneinholbare Distanz zueinander versetzt«.[13] Kein Mensch kann von einem anderen Menschen vertreten oder gar ersetzt werden. Diese Überzeugung entlastet im Übrigen davon, unter allen Umständen und mit mancherlei Verrenkungen anders als alle anderen erscheinen zu müssen, um durch Äußerlichkeiten seine Einzigartigkeit zum Ausdruck zu bringen. Jenseits dieser Kosmetik ist jeder Mensch mit jedem Menschen als seinesgleichen im ungeteilten Menschsein verbunden.

Im Begriff der Würde symbolisiert sich die Verbindung von Individualität und Alterität als eine objektiv notwendige Brücke, da die eigene Subjektivität ohne den Blick auf alle, die meinesgleichen sind, nicht gedacht werden kann – oder nur um den Preis des Solipsismus, in Kants Worten: des logischen und moralischen »Egoism«.[14]

Würde des Menschen – Würde des Lebens

Alterität nun kann nicht von Leben und Leiblichkeit des Menschen absehen. Soll das Wort »meinesgleichen« einen

13 Walter Schweidler, »Uneinholbare Distanz. Zur Relevanz des Naturbegriffs im Diskurs um die Menschenwürde«, 97.
14 Immanuel Kant, *Anthropologie in pragmatischer Hinsicht*, BA 5 ff.

Sinn haben, dann kann damit nur ein lebendiger (Mit-) Mensch aus Fleisch und Blut gemeint sein. Als eine merkmalsgebundene Auswahl bestimmter Menschen aus dem Verband aller kann man das Wort nur (miss-)verstehen, wenn vorab ich selbst – im Blick auf mich – bestimmte einschränkende Merkmale meines Menschseins geltend gemacht habe. Als Träger eines Vollbarts kann ich als »meinesgleichen« andere Vollbartträger bezeichnen. Dann muss ich zuvor festlegen, auf welches Merkmal meiner selbst – und somit eben ausdrücklich nicht auf mein Menschsein – sich das »meinesgleichen« beziehen soll. Wenn das Wort jedoch mein Menschsein uneingeschränkt aufnehmen soll, kann es sich nicht auf bestimmte Merkmale dieses Menschseins stützen – um im Beispiel zu bleiben: auch dem Mann, der keinen Vollbart trägt, kann zweifellos sein Menschsein nicht abgesprochen werden –, sondern muss verstanden werden als »meinesgleichen meiner Art«, eben der Art der Menschen, ganz unabhängig davon, ob sie einen Vollbart tragen oder nicht. Wer vom Menschen und seinesgleichen spricht, kann ausschließlich die Artzugehörigkeit meinen. Ansonsten verbietet sich die Rede von »meinesgleichen« – und die Menschheit zerfällt in Kasten und Gruppen, in denen Menschen nicht kraft ihres Menschseins als Menschen leben, sondern wegen bestimmter Merkmale wie Herkunft oder Bildung oder Vermögen als »Mitglied« durch Dritte selektiert und kooptiert werden.

Wenn also von »meinesgleichen« – als gleich im gleichen Menschsein miteinander verbunden – die Rede ist, dann ist der Mensch gemeint, wie er geht und steht; nicht gemeint ist hingegen eine idealisierende Abstraktion des – gesunden, frohgemuten, leistungsfähigen oder anderweitig merkmalsbestimmten – Menschen. Es geht also um den Menschen in seiner ganzen ihm eigenen Gebrechlichkeit, seiner Endlichkeit, seines Lebens in Freude und im Leid, seiner Missgeschicke und Wechselfälle, seiner Gesundheit und seiner Krankheit, seiner Entscheidungen zum Guten wie zum Bösen, kurzum: Ausnahmslos jeder Mensch ist gemeint.

Damit ergibt sich eine besondere Form von Reziprozität als Grundbestimmung des Menschseins: Jeder Mensch ist gehalten, sich selbst zu achten wie den Anderen. Der Andere symbolisiert die Menschheit in seiner Person, wie das in eben gleicher Weise für mich selbst gilt. Deshalb ist der Andere – weil diese Geltung ausnahmslos und unbedingt gilt – immer mein Nächster. »Wer war der Nächste dessen, der von den Räubern überfallen wurde?«, wird in Lk 10, 36 gefragt. Und die Antwort lautet: Der unbekannte Fremde, der zufällig des Weges kam, und den nichts mit dem Opfer verband – außer dass der Barmherzige im Opfer die Menschheit in der eigenen Person gesehen hat.

Aber diese Stelle aus dem Evangelium ist nicht die Letztbegründung einer Normativität, sondern leitet diese Normativität aus einer schon zuvor geltenden Bestimmung des Menschseins ab: eben jener erwähnten Regel der Vernunftlehre, dass wir aus Gründen der Logik dazu verbunden sind, in jedem Menschen die Menschheit – und das heißt: auch mich selbst – zu achten.

Der Begriff der Menschenwürde hat eine lange Vorgeschichte, die erst in zweiter Linie auf religiöse oder moralische Überzeugungen Bezug nimmt. Die nämlich greifen ihrerseits zurück auf eine ganz und gar nicht religiöse Vorgeschichte, sondern bringen – viel ursprünglicher – eine grundlegende Einsicht der Vernunftlehre zum Ausdruck: Der Mensch braucht, wenn sein Denken nicht gänzlich fehlgehen soll, den anderen Menschen – genauer, *jeden* anderen Menschen. Deshalb ist jeder Andere mein Nächster, den es zu achten gilt. »Jeder Andere«: das heißt Leib und Leben jedes Anderen. Im Eigenen wie im Anderen symbolisiert sich in uneingeschränkt gleicher Weise die Menschheit in einer

Person. Deshalb kann man mit guten Gründen von der Heiligkeit des menschlichen Lebens sprechen. Diese Heiligkeit ist jedoch nicht das Ergebnis einer Selbstheiligung, sondern die Menschheit in meiner Person – und jeder Person – ist heilig, das heißt für Kant: schlechterdings – in sich – gut.[15] Heilig sein in der irdischen Welt kann für Kant nur der schlechterdings gute Wille. Wann aber ist ein Wille schlechterdings gut? Kant nimmt auch hier wiederum auf die Logik Bezug und antwortet auf diese Frage: Schlechterdings gut ist ein Wille, dessen Maxime, zu einem allgemeinen Gesetz gemacht, nicht böse sein kann, weil er »sich selbst niemals widerstreiten kann«.[16] Der »reine« Wille ist – der »reinen« Vernunft entsprechend – der durch die Regeln eben der Vernunft und ihres Gebrauchs von allen Fremdbestimmungen und Einflüsterungen befreite Wille zum – um seines selbst willen gewollten – Guten. Ihn verkörpert die Menschheit in der Person des Einzelnen, der in seiner Gebrechlichkeit selbst immer hinter diesem Maßstab zurückbleibt.

Das heißt für den Begriff der Menschenwürde: Der reine Wille, demgemäß dieser Begriff zu deuten ist als die Idee der Menschheit in meiner Person, macht seine Heiligkeit aus. Dann aber ist Menschenwürde – bar aller aktuellen Referenzen des Begriffs – keine Eigenschaft, keine mehr oder weniger willkürliche Zuschreibung, kein frommer Wunsch und keine Worthülse, sondern der Wille, in der Person eines jeden – dessen lebendigen Menschseins – die Menschheit um ihrer selbst willen, unabhängig von eigenen Vorlieben, zu sehen und zu achten. Abschließend noch einmal Kant, gleichermaßen ernüchternd wie hoffnungsvoll: Kein einzelnes Geschöpf, unter den Bedingungen seines Daseins, kongru-

15 Vgl. Immanuel Kant, *Grundlegung zur Metaphysik der Sitten*, BA 81.
16 Immanuel Kant, *Grundlegung zur Metaphysik der Sitten*, BA 81.

iert mit der Idee des Vollkommensten seiner Art, »so wenig wie der Mensch mit der Idee der Menschheit, die er sogar selbst als das Urbild seiner Handlungen in der Seele trägt«.[17] In dem von der Vernunft zum Guten befreiten Willen dieses Urbild ans Licht zu heben und als Maxime des Handelns zu begreifen, lebt die Idee der Menschenwürde, die – durch ständige Übung – zum Charakter und schließlich zu einem Habitus werden kann.[18]

Das ist ein langer Weg bis zum Ziel. Aber jeder noch so lange Weg beginnt mit einem ersten Schritt – in mir selbst.

---

17 Immanuel Kant, *Kritik der reinen Vernunft*, B 375/A 317.
18 Vgl. auch Immanuel Kant, *Grundlegung zur Metaphysik der Sitten*, BA 85.

MARKO MARTIN

Freiheit als Störfaktor

Über eine deutsche Kontinuität

Am 1. Mai 1986 schrieb der 1919 in Polen geborene Schriftsteller Gustaw Herling im neapolitanischen Exil in sein
Tagebuch bei Nacht geschrieben: »So dramatisch die Katastrophe im zentralen Atomkraftwerk der Ukraine auch ist,
fällt es bei der Lektüre der westlichen Presse dieser Tage
schwer, sich ein Lächeln zu verkneifen. Da findet eine fie-
berhafte, zornige Entdeckung des Landes der Sowjets statt:
der sowjetischen ›geschlossenen Gesellschaft‹, des sowjetischen ›Systems staatlichen Schweigens‹ ... Wäre jedoch die
radioaktive Wolke nach Sibirien abgezogen, hätte man dies
mit einem Achselzucken als ›spezifische Eigenart‹ abgetan.«[1]
Gustaw Herling wusste, wovon er schrieb: 1939 vor Hit-
lers Wehrmacht geflohen, danach in Stalins Sowjetunion in
Straflagern interniert, hatte er schließlich in der polnischen
Armee von General Anders an der Seite der Briten in Nord-
afrika gekämpft und an der Befreiung Italiens teilgenom-
men. Und sich zeitlebens nicht mehr wundern können über
eine westliche Naivität, die immer erst dann aus ihrem Schlaf
erwacht, wenn es (fast) schon zu spät ist.
    Am frühen Morgen des 24. Februar 2022 wird die ukrai-
nische Schriftstellerin Oksana Sabuschko, die sich zu dieser

---

1 Gustaw Herling, *Tagebuch bei Nacht geschrieben*, München 2000,
   80–81.

Zeit gerade auf einer Lesereise in Polen befindet, von einem westlichen Journalisten angerufen. »Als er mit aufrichtiger Neugier fragte, was ich denn meine, was Putin wolle, antwortete ich mit einem Schrei. Ich ging im Zimmer auf und ab und schrie den armen Mann durchs Telefon derart an, als verkörpere er den ganzen kollektiven Westen: ›Machen Sie sich über mich lustig? Er hat euch doch schon dutzende Male direkt ins Gesicht gesagt, was er will: dass die Ukrainer verschwinden ... Sie sind gekommen, um uns zu töten, und ihr seht zu und fragt euch auch noch – oh interessant, doch was will der Mörder eigentlich?‹«

Weder die von Gustaw Herling zitierten Kommentatoren, die erst 1986 entdeckt hatten, wie es um die strukturelle Unfreiheit im Inneren der Sowjetunion tatsächlich beschaffen war, noch der naive Fragesteller vom Frühjahr 2022 schienen indessen Hardcore-Sympathisanten des Kreml gewesen zu sein. Sie hatten es anscheinend bislang nur nicht so genau wissen wollen – was freilich wiederum einiges über Wirklichkeitswahrnehmung und Freiheitsverständnis aussagen würde. Oder war es allein mangelnde Vorstellungskraft, die sich erst dann ein wenig aufzurappeln beginnt zu Empathie (in zuvörderst eigener Sache), wenn durch eine Reaktorkatastrophe oder einen Krieg plötzlich auch das eigene Habitat zum potenziellen Risikogebiet geworden ist?

Osteuropa als Spiegel so manch westlicher Zerrbilder, das heißt Weichzeichnungen. Wobei der Bundesrepublik hier durchaus eine Sonderrolle zukommt. Da gerade das hiesige schmeichelhafte Selbstbild als wohl informierter und dazu geschichtlich sensibilisierter Bundesbürger (bzw. Bürger*in), sozial *und* freiheitlich gestimmt, diktatur-abstinent und Demokratie wertschätzend, im Kontakt mit osteuropäischer Realität nicht nur ganz spezielle Dellen erhält, sondern auch durchaus hässliche Sprünge. Diese freilich sind keineswegs neueren Datums, sondern ziehen sich gleichsam durch die Jahrzehnte.

Bereits kurz nach dem sowjetischen Einmarsch in Ungarn 1956 hatte sich der Schriftsteller Friedrich Torberg – der als zeitlebens antitotalitärer Intellektueller eben mehr war als lediglich der launige Anekdoten-Autor der *Tante Jolesch* – sarkastisch darüber verwundert, weshalb in der öffentlichen Wahrnehmung die Panzer in Budapest »eine Zäsur« darstellten. (Das Wort von der »Zeitenwende« würde erst über ein halbes Jahrhundert später Karriere machen.) »Wir wussten nicht recht, warum es denn ›jetzt‹, nach Budapest, ›nicht mehr weitergehe‹ – und warum es nach Posen, nach Ostberlin, nach den Slánský-Prozessen und nach hundert anderen Infamien noch weitergegangen war. Und wir fragen uns insgeheim, wie viele tausend Leichen man diesen anspruchsvollen Herrschaften denn ins Haus liefern müsse, damit sie entdecken, dass Diktatur etwas Abscheuliches ist.«[2]

Während sich die damaligen Orts- und Ereignisnamen als Exempel der Gewalttätigkeit längst mühelos aktualisieren lassen als Grosny, Georgien, Aleppo, Nawalny-Prozess und die Ermordung Anna Politkowskajas, geht ein amtierender Bundespräsident, der als langjähriger Außenminister und Vizekanzler vermutlich einer der bestinformierten Politiker des Landes gewesen war, seit Februar 2022 mit der selbstexkulpierenden Worthülse eines »Tja, mit dem Kenntnisstand von heute …« hausieren. Und so wie in den Monaten nach 1956 für maßgebliche »kritische Intellektuelle« und Meinungsmacher bald wieder *business as usual* galt, so scheint auch in der heutigen Zeit für so manchen aus der politisch-intellektuellen »Hochebene« – ein bitteres Spottwort des Osteuropa-Historikers Karl Schlögel – weniger

2 Friedrich Torberg, »Wieder Normalbetrieb?«, in: *FORVM*, Heft 37, Wien 1957, 4.

der verzweifelte Freiheitskampf der Ukraine im Fokus zu stehen als vielmehr die Fixierung auf großrussische Befindlichkeiten, deren ostentativ imperialer Charakter weiterhin geflissentlich ignoriert wird.

Freilich gibt es parallel dazu im ganzen Land eine immense lebenspraktische Solidaritätswelle mit den aus der Ukraine Geflohenen – eine effiziente Hilfsbereitschaft, die durchaus an jene von 1956/57 und 1968 erinnert, als nicht nur in Österreich und der Schweiz, sondern eben auch in der Bundesrepublik Abertausende aufgenommen wurden, die aus Ungarn und der okkupierten Tschechoslowakei geflüchtet waren. Selbstverständlich wird solche Mitmenschlichkeit auch von jenen huldvoll belobigt, die ansonsten nach wie vor unverdrossen die Formel »Mit Russland dennoch im Gespräch bleiben« wie einen Glaubenssatz verbreiten; in ihrer Lesart scheint die hiesige Hilfe für die Geflüchteten nämlich vor allem ein Beweis der Überlegenheit »deutscher Softpower«, frei nach dem Motto »Wo andere sich ineinander verkämpfen, bieten *wir* Frieden, Schutz und Obdach«.

Dass ausgerechnet Deutschland, das in der unhinterfragten Kontinuität seiner Energiepolitik das mit den Jahren sukzessive aggressiver werdende Putin-Regime zumindest indirekt ermutigte und stützte, nun derart forsch die moralische Karte zückt, hat dabei mehr als einen Hautgout. Vor allem lässt es wieder Handlungsmuster und Denkfiguren aus den Tiefen deutscher Zivilisationskritik und deutschen Kulturdünkels aufleben. Da ist einerseits jenes von Matthias Claudius (wofür er nichts kann) entlehnte »'S ist leider Krieg – und ich begehre, / nicht daran schuld zu sein«,[3] das sich in metaphysisch aufgeladener Innerlichkeit weise lächelnd zurückzieht vom »lärmenden Getriebe der Welt«. Neben dem Sermon lauert freilich auch schon die gewalt-

---

3 Matthias Claudius, *Ausgewählte Werke*, Stuttgart 1990, 67.

tätige Hybris, die sich seit den Zeiten der polnischen Tei-
lungen und Bismarck'scher »Balance«-Politik bis in unsere
Tage hinein gehalten hat: Deutschland als »Mittelmacht«, als
mal dem einen, mal dem anderen zuneigender Player bzw.
»ehrlicher Makler« zwischen den westlichen Demokratien
und russischer Despotie. Ein fortgesetzter deutscher Son-
derweg, der noch längst nicht in eine »Ankunft im Westen«
(Heinrich August Winkler) gemündet ist, auch wenn bereits
in den frühen fünfziger Jahren Bundeskanzler Adenauer die
sowohl von rechts wie von links kommende Äquistanz-
Rhetorik auf unnachahmlich lakonische Weise zurückge-
wiesen hatte: »Auf einer Brücke kann man nicht wohnen.«
    Dass die von wechselnden Bundesregierungen gegen jeg-
liche Warnungen aus West- *und* Osteuropa stur vorange-
triebene Abhängigkeit von russischen Rohstoffen dabei
ausgerechnet jene 1915 von Werner Sombart so pathetisch
konstruierte Dichotomie von »angelsächsischem Händlertum
und deutschen Heldentum«[4] rasant über den Haufen wirft –
es ist ein Treppenwitz der Geschichte, wie er wohl von keinem Ideenhistoriker besser hätte ersonnen werden können.
    Angesichts der Nato-Mitgliedschaft der drei baltischen
Demokratien und der Länder Ostmitteleuropas – ein Resultat von deren friedlichen Revolutionen 1989, die sich gegen
einen Status als Moskaus Satelliten gerichtet hatten – haben
sich die Koordinaten inzwischen zwar geografisch, jedoch
nicht mental verschoben. Das Freiheitsbedürfnis der östlichen Staaten wird, sofern es sich nicht als Stiefelleckerei
»angloamerikanischer Machtinteressen« denunzieren lässt,
häufig in mehr oder minder subtil vorgetragenem, rassis-
tisch konnotiertem Kulturalismus einem vermeintlich typisch
östlichen Pathos-Überschwang zugerechnet, dem quasi
»eingeborenen« Hang zu Renitenz und anachronistischer

4 Werner Sombart, *Händler und Helden*, München/Leipzig 1915, 37.

Ritterlichkeit. (Indessen bleibt man eher wortlos bei der Entwicklung des Baltikums zu einer Zone wirtschaftlicher Prosperität, digitaler Innovation und demokratischer Stabilität, gibt sich allerdings umso schadenfroher angesichts des in der Tat bedenklich Autoritären in Polens und Ungarns gegenwärtiger Regierungspolitik.)

Wohl kein Zufall, dass der prominente Soziologe Harald Welzer in seiner Kritik am minutenlangen Publikumsapplaus für Serhij Zhadan, den Friedenspreisträger des Deutschen Buchhandels 2022, deshalb eine angebliche Einseitigkeit ausmachte, »eine gesinnungsethische Überanstrengung«. Wo doch Deutschland keineswegs »Kriegspartei« sei, »sondern dritte Partei mit allen Möglichkeiten, die das zum Wohl der Ukraine eröffne«.[5]

Dass Deutschland schon einmal die Vokabel des Dritten im Titel geführt hatte und dies (um es vorsichtig auszudrücken) dann nicht nur in der Ukraine, sondern in ganz Europa keineswegs zum »Wohl« geschah – Welzer, der doch so häufig zu den Verwicklungen des kulturellen und kollektiven Gedächtnisses publiziert, hätte es wissen können.

Was, wenn hier ein unbewusster Wiederholungszwang am Werk ist? Wie anders wäre es zu erklären, dass – in der Talkshow *Anne Will* von Anfang Mai 2022 – der 1958 geborene Harald Welzer seine brüske Ablehnung von Waffenlieferungen an die Ukraine ausgerechnet mit den Erfahrungen deutscher *Täter*geschichte zu begründen sucht? »Wir sprechen als Mitglieder dieser Gesellschaft vor dem Hintergrund einer Kriegserfahrung, die sich durch Generationen durchgezogen hat, eine ganz präsente Kriegserfahrung.«[6] Als der damalige

---

5 »Welzer kritisiert langen Applaus für Friedenspreisträger«, in: *Die Welt* vom 25.10.2022 (https://www.welt.de/kultur/article241772077/Harald-Welzer-kritisiert-langen-Applaus-fuer-ukrainischen-Friedenspreistraeger.html; letzter Zugriff: 10.1.2024).
6 Lukas Wallraff, »Ganz präsente Arroganz«, in: *Taz* vom 9.5.2022, 1.

ukrainische Botschafter, Nachkomme derer, die einst zum Objekt und Opfer deutscher »Kriegserfahrungen« geworden waren, als dazu geladener Studiogast Einspruch wagt, wird er prompt abgekanzelt mit einem herrischen »Bleiben Sie mal ein bisschen beim Zuhören und nicht beim Kommentieren!«.[7] Was für eine emblematische Szene, die das Inkonsequente und Fragwürdige deutscher »Vergangenheitsaufarbeitung« offenlegt, den trotz aller »Nie wieder«-Rhetorik beibehaltenen, quasi kolonialistisch-verächtlichen Blick auf Osteuropa.

Schon kurz nach Russlands zweitem Überfall auf die Ukraine am 24. Februar 2022 (der erste hatte 2014 mit dem Krieg in der Ostukraine und der Annektion der Krim begonnen) hatten sich – in einer quasi ersten kollektiven Wortmeldung – 28 bekannte deutsche Intellektuelle, Schriftsteller, Regisseure, Schauspieler und Tausende weiterer »Mitunterzeichnender« in einem offenen Brief in der Zeitschrift *Emma* ebenfalls recht verstörend artikuliert. Gewarnt wurde hier vor dem »Irrtum, dass die Verantwortung für die Gefahr einer Eskalation zum atomaren Konflikt allein den ursprünglichen Aggressor angehe und nicht auch diejenigen, die ihm sehenden Auges ein Motiv zu einem gegebenenfalls verbrecherischen Handeln liefern«.

Das Opfer einer tödlichen Aggression, das darauf besteht, das eigene Leben und die eigene Freiheit zu verteidigen, somit moralisch auf der gleichen Ebene wie der Aggressor? Man braucht kein Psychologe zu sein, um hier das geradezu wütende Bedürfnis zu erspüren, im geschichtlichen Nachhinein ein Täter-Opfer-Gleichsetzen durchzusetzen, ein sich nunmehr moralpolitisch gebendes »Die anderen sind auch nicht besser«. Von vertrackter Ironie dabei, dass gerade Zahlreiche derjenigen, die sich ansonsten so viel auf ihre Sensibilität in Sachen »Nachhaltigkeit« zugutehalten, weder

7 Lukas Wallraff, »Ganz präsente Arroganz«, 1.

nach der Nachhaltigkeit eines solcherart geforderten (Unterwerfungs-)Friedens und der Stabilität einer demokratischen, freien Ukraine fragen noch je darüber nachzudenken scheinen, welchen Projektionen und Prägungen sie selbst aufsitzen. Denn weshalb wohl hat in Deutschland, das einst von seinem massenmörderischen Versuch der Weltherrschaft nur durch ein Höchstmaß alliierten Waffeneinsatzes abgebracht werden konnte, seither nicht etwa *Freiheit* den obersten Stellenwert, sondern jene Form von »Frieden«, die allzu oft »Frieden um jeden Preis« meint?

Die Formel »Nie wieder Krieg/Keine Gewalt« als angebliche erste »Lehre aus der Vergangenheit« muss vor allem in den Ohren jener geschichtsvergessen und zynisch klingen, in deren von den Deutschen besetzten und verwüsteten Ländern bewaffneter Widerstand geleistet worden war. (Ganz zu schweigen von der Tatsache, dass Hitler nicht erst am 1. September 1939, sondern bereits am 30. Januar 1933 sein Terrorregime errichtet hatte, dem – zu sogenannten »Friedenszeiten« – zahllose Menschen zum Opfer gefallen waren und die staatlich organisierte Hatz auf die jüdische Bevölkerung zuerst einmal mit dem Krieg überhaupt nichts zu schaffen gehabt hatte.)

Einer, der nach dem »Anschluss Österreichs« sein Leben nur durch die Flucht in die Schweiz hatte retten können, war der junge Gerhard Hirsch. Unter dem Namen André Gorz späterhin ein bekannter französischer Sozialphilosoph und prominenter Stichwortgeber einer undogmatisch ökologischen Linken, hatte er im Januar 1982 dem *Spiegel* ein umfangreiches Interview gegeben, das seinerzeit Wellen schlug, inzwischen jedoch nahezu vergessen ist. (Was ebenfalls eine Überlegung wert wäre: Wie gerade diejenigen, die derart ostentativ darauf bestehen, die besseren, friedlicheren und erinnerungsfitten Deutschen zu sein, eine zuvörderst linksemanzipatorische und nicht selten von jüdischen Zeitzeu-

gen vorgetragene Kritik an fehlendem Freiheitsbewusstsein
über die Jahrzehnte hinweg zurückweisen, ignorieren oder
schlicht »vergessen«.)

Gorz, zur beträchtlichen Irritation seiner Interviewer:
»Der deutschen Geschichte fehlt der kulturelle Bezug
zur Freiheit.«[8] Was er dann konkretisiert, unterscheidet sich fundamental von dem, was zahlreiche westdeut-
sche Intellektuelle in jener Zeit routiniert als Beispiele *hie-
siger* Unfreiheit heranzogen – gern auch, um DDR- und
osteuropäischen Dissidenten mit ihren Repressions- und
Gefängniserfahrungen von hoher Warte aus huldvoll-un-
duldsam klarzumachen, »dass hier bei uns auch Entschei-
dendes im Argen liegt«: Der ehemalige Bundeskanzler Er-
hard hatte Intellektuelle als »Pinscher« bezeichnet und ein
CDU-Außenminister, ebenfalls aus den sechziger Jahren,
Bert Brecht mit Horst Wessel verglichen, nicht zu vergessen die Praxis der »Berufsverbote« im Zuge des Radikalen-
erlasses.

André Gorz dagegen konstatierte beinahe kühl, dass es
Nationen gibt, deren Schicksal mit der Idee der Freiheit,
mit Aufständen und Revolutionen verknüpft ist, so etwa
Polen, Frankreich, Großbritannien und die Vereinigten Staaten – und Nationen existieren, deren Schicksal *nicht* mit der
Freiheit verbunden ist. Es musste hier gar nicht explizit an
Historisches wie Bismarcks deutsche Einheit »von oben«
erinnert werden oder an die (zumindest Westdeutschland)
geschenkte Freiheit nach 1945, die folglich für Generationen
dann ganz selbstverständlich, ja nahezu banal geworden war.
Um dabei jedoch nicht in die Falle eines bequemen Ge-
schichtsdeterminismus zu geraten: War die deutsche Kultur zumindest des 18. und 19. Jahrhunderts, fragte Gorz,

---

8 André Gorz, »Respekt für solches Verhalten?«, in: *DER SPIEGEL*
4/1982, 48–52.

nicht voll universalistischer Weltneugier gewesen, hatte die deutsche Sozialdemokratie anfangs nicht gerade ob ihrer antinationalistischen Energie »ihre befreiende Kraft« entwickelt? »Deutschland kann also durchaus ein Fanal der Freiheit sein, wenn es über seine unmittelbaren Selbstinteressen hinausblickt. Aber wenn es nur noch an sich selbst denkt, verbindet es sich niemals mit der Sache der Freiheit.«[9]

Umso härter geht der Linke Gorz dann mit der gegenwärtigen deutschen Sozialdemokratie ins Gericht, die gerade in Gestalt von Egon Bahr die polnische Gewerkschaft Solidarność zu einer »Gefahr für den Weltfrieden«[10] erklärt hatte, während Kanzler Schmidts Kommentar zu General Jaruzelskis Militärputsch im Bedauern darüber bestand, »dass dies nun notwendig gewesen sei«.[11] Gerade eine sozialistische oder sozialdemokratische Partei aber brächte sich um die eigene Identität, wenn sie die emanzipatorische Mission verrate und nicht »ihre offene Abscheu« gegenüber allen Formen der Unterdrückung artikuliere. Mit Staatskunst, Vernunft und sogenannter »Realpolitik« habe dies nämlich nichts zu schaffen, sondern zeige lediglich »die deutsche Bereitschaft, den Despotismus zu akzeptieren«.[12] Da es hier ja nicht um »zwei unterschiedliche Gesellschaftsmodelle« ging, wie viele Äquidistanz-Prediger meinten, sondern um die Anerkenntnis einer schlichten Tatsache: »Die Sowjet-

9 André Gorz, »Respekt für solches Verhalten?«.
10 Thomas Urban, »Legenden um die Ostpolitik«, in: *Cicero. Magazin für politische Kultur* vom 11.5.2022 (https://www.cicero.de/aussenpolitik/deutschland-polen-ukraine-krieg-ostpolitik-willy-brandt-reagan; letzter Zugriff: 10.1.2024).
11 Helmut Schmidt, »Wir wollten den Polen helfen«, in: *Die Welt* vom 2.9.2007 (https://www.welt.de/politik/article1151254/Helmut-Schmidt-Wir-wollten-den-Polen-helfen.html; letzter Zugriff: 10.1.2024).
12 Thomas Urban, »Legenden um die Ostpolitik«.

union hat anderen Völkern nichts mehr zu bieten als militärische Unterdrückung.«[13]

Aus diesem Gespräch, geführt vor über vier Jahrzehnten, sei so ausführlich zitiert, da es auf geradezu erschreckende Weise Gegenwartsrelevanz besitzt. Als hätte André Gorz, der im September 2007 mit seiner Frau Dorine in den Freitod gegangen war, heutige Statements (beileibe nicht nur aus AfD, Linkspartei und von Bundestags-Hinterbänklern der SPD) in den Medien verfolgt, seine Übersetzung der pazifistischen Lyrik in die Sprache purer Machtpolitik: »Ihr lieben unterdrückten Völker des Ostens, geht uns nicht mit eurem Freiheitsgerede auf die Nerven. Denn wir wollen die Entspannung.«[14]

Man könnte dem entgegenhalten, dass offizielle Verlautbarungen fast immer zum diplomatischen Umschreiben anstatt zu klarer Benennung neigen und Regierungspolitik permanenten Interessenausgleich verlangt. Weshalb dann aber, so fragte Gorz damals, dieses permanente Moralisieren, diese selektive Friedens- und Weltrettungs-Rhetorik, die auch weite Teile jener ergriffen hatte, die man heute als »Zivilgesellschaft« bezeichnen würde. »An der Stelle von Breschnew hätte ich keinerlei Achtung für Leute, die imstande sind, sich gegen die Startbahn West, gegen das Atomkraftwerk Brokdorf und gegen Pershing 2 zu mobilisieren, die aber den Völkermord in Afghanistan, die biologischen Waffen der Sowjetunion, die SS-20, die Folterungen in der Tschechoslowakei und den Warschauer Putsch stillschweigend hinnehmen – und das alles mit sibirischem Gas krönen.«[15] Und weshalb all die Proteste gegen Nato-Stützpunkte und gleichzeitig ein lautes Schweigen zu Moskaus Flotte in der Ostsee? Gerade er, Vordenker einer ökologischen und post-

---

13 Thomas Urban, »Legenden um die Ostpolitik«.
14 Thomas Urban, »Legenden um die Ostpolitik«.
15 Thomas Urban, »Legenden um die Ostpolitik«.

industriellen Linken, vermisste hier – sozusagen bei den »eigenen Leuten« – eine klare Gefahrenanalyse in Bezug auf die Kreml-Strategie, mit militärischen Drohungen plus wirtschaftlicher Verflechtung fatale Abhängigkeiten zu erzeugen. Auch wenn André Gorz' Beobachtung auf die heutigen Grünen längst nicht mehr zutrifft und einige ihrer Politiker*innen bereits lange vor dem Februar 2022 vor just diesen Fehlentwicklungen gewarnt hatten – ist es, Hand aufs Herz, den Demonstrierenden von *Fridays for Future* wirklich klar, dass Klima auch *politisches* Klima beinhaltet, unter anderem die Möglichkeit oder eben das Verbot freier Demonstrationen, und dass die selbstgewählte Abhängigkeit Deutschlands von fossilen russischen Rohstoffen geeignet ist, eine ganze Gesellschaft nicht allein umweltpolitisch kippen zu lassen? Und erscholl der Ruf nach »Freiheit«, nun jedoch rabulistisch gekapert von sogenannten »Wutbürgern« und Rechtsextremen, nicht erst vernehmlich dann, als es während der Covid-Pandemie zu Straßenprotesten gegen die gesundheits- und lebenschützende temporäre Maskenpflicht kam?

Es wäre verfehlt, die seltsame (Nicht-)Beziehung zur Freiheit allein der »Hochebene« und einer ominösen »politischen Klasse« anzulasten oder das Klischeebild vom angeblich traditionell generell obrigkeitshörigen Deutschen zu bedienen. Eher ließe sich wohl sagen, dass hierzulande nicht selten die Freiheit dazu genutzt wird, laut kundzutun, man hätte sie nicht – und gleichzeitig andere Länder, in denen Freiheit tatsächlich bedroht ist, entweder zu ignorieren oder von ihnen harsch »unser allerhöchstes Gut, den Frieden« einzufordern. Dabei war so manches von dem, was heute selbsternannte »Querdenker« auf den Straßen exerzieren, früher genuin linkes Gedankengut, das sich auf die »biopolitischen« Verdachtsspekulationen eines Michel Foucault ebenso stützen konnte wie auf Herbert Marcuses populäre Rede von der »repressiven Toleranz«: Ein *System* (ob nun

»die« Pharmaindustrie, »die« Unterhaltungsindustrie oder der »militärisch-industrielle Komplex«) hält alle Fäden in der Hand, sodass Freiheit längst zur Schimäre geworden ist oder zum fadenscheinigen Kampfbegriff, um die »eigentlichen Machtverhältnisse zu kaschieren«. Es liegt noch gar nicht so lange zurück, dass im politisch-»progressiven« Kabarett jeglicher Spott über die freiheitlich-demokratische Grundordnung, gern maliziös abgekürzt als FDGO, eine ziemlich sichere Bank war, um bei der vorverständigten Publikumsgemeinschaft ein wissend höhnisches Gelächter zu erzeugen. (Viele der Älteren, die heute – zu Recht – vor der Demokratieverachtung der neuen »Querdenker« warnen, würden vielleicht gut daran tun, sich an diesen Aspekt ihrer eigenen Vergangenheit zu erinnern.)

So wie heute der Soziologe Welzer in Richtung Osteuropa sein »Bleiben Sie mal ein bisschen beim Zuhören!« blafft und sich über einen angeblichen neuen deutschen Bellizismus mokiert, so war 1981 nach der Ausrufung des Kriegsrechts in Polen dann in Hamburg dem ansonsten doch so freigeistigen Dichter Peter Rühmkorf auch sogleich klar, wo die wirklichen Übeltäter zu finden waren – in einer »von allen guten Geistern verlassenen Solidarność-Gemeinde«, die »gierig gespitzt auf ein Inferno des Aufstands und des Untergangs« warte.[16] Deshalb sein Rat, der eher nach Himmler klang und noch heute sprachlos macht: »Mehr als Arbeit und Disziplin verschreiben kann der polnischen Nation ohnehin kein Mensch auf der Welt – doch wer bringt neben der nötigen Courage auch noch den Mut auf, sie tatsächlich zu verordnen?«[17]

Selbst ein Autor wie Stefan Heym, der im Westen doch als Dissident galt, sprach in seiner damaligen Verlautbarung zu

16 Peter Rühmkorf, »Nebelbänke«, in: *Verantwortlich für Polen?*, hrsg. von Heinrich Böll und Freimut Duve, Hamburg 1982, 162.
17 Peter Rühmkorf, »Nebelbänke«, 162.

Polen fast so, als wäre der Molotow-Ribbentrop-Pakt noch immer gültig, als ginge es nach wie vor um Einflusszonen anstatt um Werte: »Es gibt Fakten der Geographie, die sich nicht aus der Welt schaffen lassen, und die, missachtet man sie, diese Welt in eine Katastrophe stürzen könnten.«[18] (Eine kalte Entmündigung im Namen von Geopolitik, Stabilität und drohender Apokalypse, die bis heute fortdauert, etwa wenn die Ukraine auch hierzulande ganz im Sinne Wladimir Putins als eine Art russischer Vorhof angesehen wird, deren Bewohner sich doch gefälligst zuvörderst um »legitime russische Sicherheitsinteressen« zu bekümmern hätten.)

Abermals müssten auch hier die Stimmen der anderen in Erinnerung gerufen werden. Kein Zufall, dass ein einst exilierter »Auswärtiger«, der in Paris lebende Schriftsteller und Individualpsychologe Manès Sperber, 1983 ganz ähnlich argumentiert hatte wie André Gorz. 1905 in Galizien geboren, Alfred-Adler-Schüler in Wien, überzeugter Kommunist und späterhin reflektierter Dissident, 1933 Gestapo-Häftling, mittelloser Flüchtling und schließlich 1940 Kriegsfreiwilliger in der französischen Armee, hatte Sperber beinahe wortgleich vor der fatalen Negierung des Freiheitsgedankens gewarnt. Körperlich bereits zu geschwächt, um die Rede zum Friedenspreis des Deutschen Buchhandels persönlich zu halten (sein Freund Alfred Grosser trug den Text schließlich in der Frankfurter Paulskirche vor), dafür umso drängender in seiner Mahnung an die Nachkriegsdeutschen – und somit an eine Mehrheit von Täter- und Mitläufersprösslingen –, die Freiheit nicht gegen den Frieden auszuspielen und sich Letzteren nicht voraussetzungslos und wehrlos zu denken. »Wer anstatt über die Quellen und die Gründe der Kriegs-

18 Stefan Heym, »Erklärung zu Polen«, in: *Friedensbewegung in der DDR. Texte 1978–1982*, hrsg. von Wolfgang Büscher und Peter Wensierski, Hattingen 1982, 237.

gefahr nachzudenken, seinen leidenschaftlichen Protest nur auf die Waffen reduziert, und seien es die mörderischsten, vermeidet – bewusst oder unbewusst – die Suche nach dem Feuerherd und erliegt der heute weitverbreiteten Neigung, die Mittel mit den Zielen zu verwechseln. Wer jedoch glaubt und glauben machen will, dass ein waffenloses, neutrales, kapitulierendes Europa für alle Zukunft des Friedens sicher sein kann, der irrt sich und führt andere in die Irre. Wer für die Kapitulation vor jenem bedrohlichen Imperium eintritt, das seit dem Zweiten Weltkrieg mehrere europäische Staaten in Satelliten verwandelt hat, irrt sich und führt andere in die Irre.«[19]

Das Echo war enorm, das heißt: mehr oder minder wütende Zurückweisung der Position dieses jüdischen Intellektuellen. Der damals als Vorsitzender des Schriftstellerverbandes VS äußerst einflussreiche Bernt Engelmann (der, wie man heute weiß, von der Stasi als IM »Albers« geführt wurde), warf Sperber sogar »Kriegstreiberei« vor und forderte ihn mit harschen Worten auf, den Preis schleunigst zurückzugeben. Und auch hier Parallelen: Nach der bemerkenswert ausdifferenzierten Paulskirchen-Rede des ukrainischen Schriftstellers und Friedenspreisträgers Serhij Zhadan bezeichnete ihn im Herbst 2022 der einstige Fernsehjournalist Franz Alt öffentlich als »Völkerhasser« und forderte alle bisherigen Preisträger auf, aus Protest ihre Auszeichnung zurückzugeben. Hybris aus der Pensionärs-Ecke? Womöglich mehr als das, eher eine beunruhigende Traditionslinie.

Nachdem im November 1989 die Berliner Mauer gefallen war – nicht zuletzt auch Dank des frühen Mutes der polni-

19 Manès Sperber, »Leben im Jahrhundert der Weltkriege« (https://www.friedenspreis-des-deutschen-buchhandels.de/alle-preistraeger-seit-1950/1980-1989/manes-sperber; letzter Zugriff: 10.10.2024).

schen Arbeiter, die das spät-totalitäre Zwangssystem porös gemacht hatten –, gaben sich just die ehemaligen deutschen Solidarność-Kritiker ostentativ skeptisch bis sarkastisch, während Marius Müller-Westernhagen wehleidig reimte: »Freiheit, Freiheit / Ist die einzige, die fehlt // Freiheit, Freiheit wurde wieder abbestellt.« Dass dann ausgerechnet dieser Song zu einer Art Party-Hymne der Wiedervereinigung wurde, ist an Absurdität gewiss schwerlich zu toppen.

Zum vollständigen Bild gehört freilich auch, dass 1983 Autoren wie Heinrich Böll und Siegfried Lenz Manès Sperber umgehend verteidigt hatten. Auch jüngere Schriftstellerkollegen wie etwa Hans Christoph Buch oder Peter Schneider verwahrten sich öffentlich dagegen, im Namen eines wie auch immer gearteten »Friedens« der polnischen Solidarność und den Oppositionsbewegungen des Ostblocks die Solidarität aufzukündigen. Nicht zuletzt Mitglieder der Grünen wie Marieluise Beck, Lukas Beckmann, Eva Quistorp oder Milan Horáček verweigerten sich dem Status-quo-Denken und leisteten konkrete Hilfe (inklusive Schmuggel von Vervielfältigungsapparaten und Ähnlichem), freilich oft selbst innerhalb ihrer Partei und Bundestagsfraktion kritisch beäugt. Dazu der nach Stasihaft aus der DDR ausgebürgerte Lyriker und Prosa-Autor Jürgen Fuchs, der an einem nun tatsächlich internationalistischen Netzwerk von Oppositionellen aus Ost und West arbeitete, von André Glucksmann in Paris über Adam Michnik in Warschau und Václav Havel in Prag bis zu Heinrich und Annemarie Böll in Köln oder Wolf Biermann in Hamburg. Dieser schrieb damals ein Lied, in dem es geradezu visionär heißt: »Und es reicht nicht so'n / kleiner Dreck-General / um solch einen Traum zu töten / ... / Und wie sie's auch drehn: / In ihren Kindern / wird dieser Traum / gegen sie auferstehen.«[20]

20 Wolf Biermann, *Verdrehte Welt – das seh' ich gerne. Lieder, Balladen, Gedichte, Prosa*, Köln 1982, 191.

Gerade auch für Oppositionelle innerhalb der DDR war es ganz eindeutig, dass die Ereignisse in Polen weit über das Land hinausreichten. Während in der Staatspropaganda keineswegs subtil mit tradierten antipolnischen Klischees (Chaos, Faulheit, Widerspenstigkeit) gespielt wurde, um den Freiheitswillen eines ganzen Volkes zu denunzieren, machten junge Leute wie Wolfgang Templin oder Ralf Hirsch die Sache von Solidarność zu ihrer eigenen – konsequent weitete ihre Oppositionsgruppe den in Ost und West häufig entleerten Friedens-Begriff bereits in der Namensgebung ins Freiheitliche: Initiative für Frieden und Menschenrechte. Während Roland Jahn, späterhin Bundesbeauftragter für die Stasi-Akten, bereits 1982 mit einer kleinen polnischen Fahne, auf der »Solidarität mit dem polnischen Volk« geschrieben stand, per Fahrrad durch seine Heimatstadt Jena fuhr; das Resultat waren Verhaftung und eine Verurteilung zu 22 Monaten Haft, vor der ihn dann freilich internationaler Protest und westliche Medienberichterstattung bewahrten.

Alte Geschichten? Nicht unbedingt. Da sich doch Linien bis in die jüngste Gegenwart ziehen lassen, nicht zuletzt auch personell. So war es mit dem Grünen-Abgeordneten Werner Schulz ein ehemaliger DDR-Bürgerrechtler, der im Jahr 2001, als im Deutschen Bundestag der neue Kreml-Herrscher Putin seine Sirenenklänge aussandte, den Saal verließ – dem Schlächter von Tschetschenien wollte zumindest er *keinen* Beifall spenden. (Von besonderer Tragik, dass Werner Schulz dann 2022 ausgerechnet vor einer Feierstunde zum 9. November starb – tot zusammengebrochen im Schloss Bellevue. Und gleichzeitig von bemerkenswerter Niedrigkeit, dass der amtierende Hausherr in einem seiner routiniert-nachdenklichen Statements den Toten sogleich posthum vereinnahmte und ausgerechnet ihn, den engagierten Freiheitsfreund und langjährigen Putin-Kritiker, als »guten Ratgeber in allen Ost-West-Dingen« bezeichnete.)

Ob Werner Schulz, Wolfgang Templin oder Jürgen Fuchs – sie alle kannten ein Lied, Mitte der siebziger Jahre geschrieben vom legendären ostdeutschen Duo Christian Kunert und Gerulf Pannach, kurz vor ihrer Verhaftung durch die Staatssicherheit. »Frieden, das ist manchmal die Angst davor, / Dass die Ruhe nächtlich trügt, / Dass es klingelt vor der Früh. // Frieden, das ist manchmal Hundegebell / Wenn Armeekarawanen nachts durch tote Straßen fahren // Frieden, das ist manchmal nur der Vorwand für ein großes Land / Um in kleine Länder zu marschieren, / Das ist Frieden manchmal.«[21]

Ein Song, der sich wie ein lyrischer Kommentar aus unseren Tagen liest und der damals in den siebziger Jahren nie und nimmer auf einem der zahlreichen staatsoffiziellen »Friedensfestivals« im Ostblock hätte gespielt werden dürfen, danach jedoch auch im Westen so manchen Pazifisten irritierte. Dabei ist es geblieben – beim Angstmachen und Einmarschieren ebenso wie beim Stirnrunzeln derer, die es bis heute nicht gern hören, dass den Angstmachern und Einmarschierern etwas entgegengesetzt werden muss, das nicht in allen Fällen »friedlich« sein kann.

So musste sich noch im Herbst 2022 der Friedenspreisträger Serhij Zhadan in Deutschland dafür rechtfertigen, dass er zusammen mit seiner Rockband nicht nur unter Lebensgefahr humanitäre Güter ins umkämpfte Charkiw bringt, sondern selbstverständlich auch vor den Soldaten der ukrainischen Armee auftritt mit seinen Gedichten und Songs. »Dabei ist alles ganz einfach: Wir unterstützen unsere Armee nicht deshalb, weil wir Krieg, sondern weil wir unbedingt Frieden wollen. Nur ist die uns unter dem Vorwand des Friedens angetragene Form der Kapitulation nicht der

21 Pannach & Kunert, »Über den Frieden« (https://www.youtube. com/watch?v=C7f3TmyFWtw; letzter Zugriff: 10.1.2024).

geeignete Weg zu einem friedlichen Leben und zum Wiederaufbau unserer Städte. Warum also werden die Ukrainer so oft hellhörig, wenn europäische Intellektuelle und Politiker den Frieden zu einer Notwendigkeit erklären? Nicht etwa, weil sie die Notwendigkeit des Friedens verneinen, sondern aus dem Wissen heraus, dass Frieden nicht eintritt, wenn das Opfer der Aggression die Waffen niederlegt. Die Zivilbevölkerung in Butscha, Hostomel und Irpin hatte überhaupt keine Waffen. Was die Menschen nicht vor einem furchtbaren Tod bewahrt hat.«[22]

Wer Serhij Zhadans bisherige Essays kennt – von seinen Gedichten, Romanen und Erzählungen ganz zu schweigen –, hatte sich womöglich ein wenig gewundert, dass hier in der Frankfurter Paulskirche etwas vorgetragen wurde, das sich doch eigentlich von selbst verstand. Oder besser, im deutschen Konjunktiv: hätte verstehen müssen. Was es indessen nicht unbedingt tat in Teilen der öffentlichen Meinung eines Landes, wo man trotz der schieren Offensichtlichkeit des russischen Angriffskrieges weiterhin bereit zu sein scheint, »um fragwürdiger materieller Vorteile und eines falschen Pazifismus willen ein weiteres Mal das totale, enthemmte Böse zu schlucken«.[23]

Überlegenswert deshalb, ob es um die sogenannte »Aufarbeitungskultur«, um das berühmte »Lehren-aus-der-Geschichte-Ziehen« beim selbsternannten »Erinnerungsweltmeister« Deutschland wirklich zum Besten steht oder nicht stattdessen lediglich längst entleerte Formeln repetiert wer-

22 Serhij Zhadan, »Dankesrede zur Verleihung des Friedenspreises des Deutschen Buchhandels« (https://www.bpb.de/themen/europa/ukraine-analysen/nr-274/515020/dokumentation-dankesrede-von-serhij-zhadan-zur-verleihung-des-friedenspreises-2022/; letzter Zugriff: 10.1.2024).

23 Serhij Zhadan, »Dankesrede zur Verleihung des Friedenspreises des Deutschen Buchhandels«.

den, nicht zuletzt zum Distinktionsgewinn jener, die sich solcherart als ostentativ »friedfertig« gerieren können. Es sagt wohl – trotz »Zeitenwende«, inzwischen verändertem Diskurs, beträchtlicher ziviler Hilfsbereitschaft und der Ukraine schließlich dann doch »gewährter« Militärhilfe – so einiges über unser Land, dass es Auswärtiger wie jenes ukrainischen Dichters bedarf, um das Allerelementarste noch einmal klarzustellen, wieder und wieder: »Ohne Gerechtigkeit gibt es keinen Frieden.«[24]

In seiner umfangreichen Studie *Im Namen Europas. Deutschland und der geteilte Kontinent*, welche die Ambivalenzen bundesdeutscher Ostpolitik beschreibt, hatte der britische Historiker Timothy Garton Ash bereits im Jahr 1993 gefragt: »Würde ein neuer Willy Brandt nach weiteren zwanzig Jahren die Genugtuung erleben können, dass der Name Deutschland nicht nur zum Synonym für Frieden, sondern auch für Freiheit geworden wäre?«[25] Und bezeichnete diese »wünschenswerteste Variante« als »nicht sehr wahrscheinlich«. Angesichts des gegenwärtig trotz aller weitergehenden Beschwichtigungs-Litaneien zu beobachtenden Paradigmenwechsels in Richtung eines neuen, tatkräftigeren Menschenrechts- und Freiheitsbewusstseins mag Garton Ashs Schlusssatz dennoch eine Ermutigung sein: »Es gibt schlechtere Kombinationen als die von Skepsis und Hoffnung.«[26]

---

24 Serhij Zhadan, »Dankesrede zur Verleihung des Friedenspreises des Deutschen Buchhandels«.
25 Timothy Garton Ash, *Im Namen Europas. Deutschland und der geteilte Kontinent*, München 1993, 600.
26 Timothy Garton Ash, *Im Namen Europas. Deutschland und der geteilte Kontinent*, 602.

ANDREA STOLL

Freiheit als Herausforderung

Erste Grenzauer Predigt
zum Tag der Deutschen Einheit 2021

Lieber Holger Zaborowski, lieber Martin Ramb,
sehr geehrter Herr Abt Johannes Schaber, liebe Anwesende!

Was für ein Sieg der Freiheit, was für Glücksgefühle haben
sich am 9. November 1989 mit dem Fall der Mauer verbunden. Bis heute können sich fast alle Menschen in Deutschland, die ein aufnahmefähiges Alter erreicht hatten, daran
erinnern, wo und wie sie die Nachricht erfahren haben.

Yes, we can! Der Slogan Barack Obamas zur Erneue-
rung der amerikanischen Demokratie schien rückblickend
von den Deutschen erfunden worden zu sein: eine friedliche
Revolution, eine Entscheidung von unten, eine politische
Bewegung, die sich aus dem Herzen der damaligen DDR-
Bürger:innen heraus entwickelte und so ungeheuer an Kraft
gewann, dass sie Mauern niederreißen konnte.

Dabei waren alle vorhergehenden Bemühungen, aus
Deutschland wieder einen vereinten Staat zu machen, gescheitert. Der kalte Krieg der Supermächte legte viele Jahre
Eis über alle Freiheitsbestrebungen in Europa. Der Eiserne
Vorhang der sowjetischen Übermacht trennte den Osten
vom Westen des alten Kontinents und sorgte dafür, dass der
erste Aufstand der DDR-Bürger:innen am 17. Juni 1953 blutig niedergeschlagen wurde.

Was mit der deutschen Wiedervereinigung 1990 gelang, ließ anstelle des Gedenkens an den 17. Juni mit dem 3. Oktober nicht nur einen neuen Feiertag entstehen. Es klang und klingt bis heute wie ein politisches Märchen, das in den Folgejahren weit über Deutschland hinaus zum Mythos einer gelungenen Freiheitsbewegung wurde.

Einer Freiheit, die sowohl die Rolle der Bürger:innen als auch die des Staates aus einem auf der europäischen Aufklärung fußenden Demokratieverständnis heraus definierte, und Freiheit im Sinne Immanuel Kants als die Freiheit mündiger Bürger:innen verstand, die kraft ihres Verstandes fähig und willens waren, sich in die Gestaltung einer freiheitlich geformten Gesellschaft einzubringen, ohne Repressalien befürchten zu müssen.

Dass sich dabei die persönliche Freiheit des oder der Einzelnen nicht ohne politische Freiheit denken lässt, ist vielfach beleuchtet und von der Philosophin Hannah Arendt aus der Katastrophenerfahrung des 20. Jahrhunderts heraus auf den Punkt gebracht worden:

Will man die Menschen daran hindern, daß sie in Freiheit handeln, so muss man sie daran hindern, zu denken, zu wollen, herzustellen, weil offenbar all diese Tätigkeiten das Handeln und damit auch Freiheit in jedem, auch dem politischen Verstande mit implizieren.[1]

Mit dem Aufbegehren des 18. Jahrhunderts gegen den Feudalismus und eine ständestaatlich verordnete Obrigkeit ging damals in ganz Europa eine Forderung nach Individualismus und Selbstbestimmung einher, die wir bis heute als Grund-

---

1 Hannah Arendt, *Zwischen Vergangenheit und Zukunft. Übungen im politischen Denken I*, hrsg. von Ursula Ludz, München 1994, 204.

lage der bürgerlichen Emanzipation begreifen, ohne die unser demokratisches Politikverständnis nicht zu denken ist.[2] Die Historie der Libertas, wie Freiheit im Lateinischen genannt wird, umfasst dabei weit mehr als einen begrifflichen Raum. Sie ist uns Menschen existenziell, das Streben danach so notwendig wie das Atmen, die ihr innewohnende Kraft so elementar wie Geburt und Tod, denn sie macht Unmögliches genauso möglich, wie ihr Verlust einzelne Menschen, aber auch soziale und gesellschaftliche Verbindungen, in Abgründe stürzen und zerstören kann. Frei zu denken, frei zu handeln ist ein archaischer Topos, ein uralter Menschheitstraum, denn die Geschichte der Menschheit ist eine endlose Abfolge von Herrschaft und Knechtschaft, Macht und Ohnmacht, Unterdrückung und Aufbegehren. Dass sich dabei die Angst in die Seelen frisst und die Mentalität Einzelner, aber auch die ganzer Gemeinschaften, Völker und Nationen verändern kann, gehört ebenso zu den traurigen Wahrheiten wie die Gewissheit, dass es immer Menschen geben wird, die sich auch von den grausamsten Zumutungen und widrigsten Ereignissen nicht zerbrechen lassen.

Diese außergewöhnliche Resilienz, eine Form innerer Freiheit, die sich gegen äußere Widrigkeiten abzuschotten vermag, wurzelt nicht selten in einem tiefen Glauben an die Kraft der Humanität oder in einer bekennenden Spiritualität, die kraft eines lebendigen Glaubens an eine höhere Macht als unsere irdische Begrenztheit existenziell sein kann. Wenn wir hier Beispiele aus der deutschen Geschichte heranziehen und an Widerstandskämpfer:innen gegen das Dritte Reich denken, etwa an Dietrich Bonhoeffer oder den Provinzial der deutschen Dominikaner Laurentius M. Siemer, Anne

2 Vgl. Cornelia Klepp, »Freiheit in geregeltem Raum erlernen. Politische Bildung – ein historischer Abriss«, in: *Politik & Kultur* 4/2018, 20.

Frank oder Sophie Scholl, dann stellen wir fest, dass sie alle, so unterschiedlich ihre Leben auch verlaufen sind, in ihren Briefen und Tagebüchern einen Raum innerer Freiheit umrissen haben, zu dem keine äußere Gewalt heranreicht, und der zu dem Kostbarsten gehört, was Menschen in sich selbst entdecken können. Immer aber ist es ein Aufbruch zu sich selbst, der sich von äußeren Gewissheiten löst, der radikal das eigene Ich beleuchtet und bereit ist, das Leben über den Tod hinaus zu denken.

In ihrer Unbeirrbarkeit sind diese Menschen bis heute jüdische und christliche Leitbilder, so wie in anderen Teilen der Erde Persönlichkeiten wie der Dalai Lama oder Nelson Mandela leuchtende Vorbilder sind, wie buddhistische oder muslimische oder andere Glaubensinhalte Kraft und Zuversicht gegen totalitäre Unterdrückung schenken können, wenn sie auf der Grundlage einer alles andere überstrahlenden Humanität gelebt und gedacht werden.

Auch die schöne Erzählung von der deutschen Wiedervereinigung wurde von den im Osten Deutschlands vorwiegend protestantisch geprägten Kirchengemeinden mitgetragen. Gläubige Christ:innen boten Zufluchts- und Versammlungsorte, menschliche und theologische Unterstützung, auch wenn nicht alle Theolog:innen der Ostkirche von dem Gedanken an die deutsche Wiedervereinigung begeistert waren und das Aufweichen sozialer Verantwortlichkeit fürchteten.

Mit dem Einreißen der Mauer aber wurden ihre Bedenken genauso hinweggespült wie die anderer DDR-Bürger:innen, die sich in dem Mauerstaat aus ideologischen oder auch aus pragmatischen Grunden recht gut eingerichtet hatten und von jetzt auf gleich aus allen Zusammenhängen herausgerissen wurden.

Die nationale Wiedergeburt aus der Bewegung friedlicher Bürger:innen krönte das jahrzehntelange Bemühen, die Schande des Nationalsozialismus und seiner Verbrechen, allen voran dem des Holocausts und zwei von deutschem Boden ausgehenden Weltkriegen gegen seine Nachbarn in Europa, ein für alle Mal in die Abstellkammer der Geschichte zu verbannen und den Blick in eine verheißungsvolle Zukunft zu richten.

Mit der offiziellen Wiedervereinigung beider deutscher Staaten am 3. Oktober 1990 wurde die deutsche Einheit zum Symbol eines gelungenen Freiheitskampfes, ja der Freiheit schlechthin, die man zwar jahrzehntelang einsperren, individuell vernichten und massakrieren kann, deren Idee aber letztlich unzerstörbar ist und die sich im Bewusstsein Einzelner, im kollektiven Gedächtnis einer Kultur weiterträgt, über alle Mauern und Stacheldrahtzäune hinweg.

Ausgerechnet Deutschland, das in den vergangenen Jahrhunderten nie als Speerspitze revolutionärer Bewegungen gegolten hatte, sollte plötzlich zum internationalen Vorreiter freiheitlichen Willens und demokratischer Durchsetzungskraft werden.

Dabei wussten die politisch Eingeweihten auch damals, dass hinter dem Siegeszug einer demokratischen Bürgerbewegung über den sozialistisch agierenden Staat unter dem Patronat des damaligen Kremlchefs Michail Gorbatschow die schlichte ökonomische Tatsache stand, dass die Sowjetunion pleite war und in deren Folge auch die DDR mit ihren überalterten Industriestrukturen wirtschaftlich handlungsunfähig wurde.

Und so wollten viele Ostdeutsche nach dem 9. November 1989 nicht nur politisch frei, sondern auch wirtschaftlich am westlichen Konsumstandard orientiert leben, was zu einer Massenbewegung gen Westen und einem Ausbluten ganzer Ostregionen führte.

Der politische Versuch des Westens, die DDR-Wirtschaft in einer hastigen Übernahme, die von vielen ehemaligen DDR-Bürger:innen als überaus respektlos und feindlich

empfunden wurde, zu einer Wirtschafts- und Währungs-
union zusammenzuschmieden, erzeugte gerade unter den
älteren Bürger:innen viele Wendeverlierer, eine bisher in
Ostdeutschland so nicht gekannte Arbeitslosigkeit und eine
Wut auf den arroganten Westen, die sich in den äußeren
Polen des rechten und linken politischen Spektrums bün-
delte und mit dem Aufkommen von PEGIDA und AfD eine
Erosion des westdeutsch geprägten Parteiensystems einlei-
tete, deren Auswirkungen bis zur aktuellen Bundestagswahl
des vergangenen Wochenendes spürbar wurden.

Die politische Einheit war eine Sturzgeburt und sie sollte
alle Deutschen teuer zu stehen kommen. Die damals von
Helmut Kohl beschworenen blühenden Landschaften ließen
auf sich warten. Die immensen finanziellen Anstrengungen
sorgten für Verdruss im mit Arbeitslosigkeit und dem Nie-
dergang traditioneller Industrien kämpfenden Westen.

Das aggressive Vorgehen der Treuhand bei der Auflösung, Veräußerung und Zerschlagung der DDR-Betriebe
löste Verbitterung bei den dort lebenden Menschen aus, die
von jetzt auf gleich das Gefühl hatten, dass ihr eigenes Leben
und ihre jahrzehntelange Arbeit mit einem Schlag wertlos
geworden waren – nur weil sie auf der falschen Seite der
Mauer hatten leben müssen.

Zu den aufrichtigen Glücksgefühlen ehemaliger DDR-
Bürger:innen, endlich Verwandte und Freunde im Westen
wiederzusehen und ohne Vorschriften leben und reisen zu
dürfen, gesellte sich bei nicht wenigen auch ein Gefühl der
Orientierungslosigkeit, gesellten sich diffuse wie konkrete
Ängste vor Arbeitslosigkeit und Armut.

Die wenn auch restriktiven, so doch verlässlichen alten
Sicherungen gab es nicht mehr und neue waren nicht in
Sicht.

Dabei gab es vieles, worauf die ehemaligen Bürger:innen
der DDR stolz gewesen waren und was sie als elementares

Freiheitsgefühl empfunden hatten: allem voran die Gleichberechtigung der Frauen, die dank eines funktionierenden Kitasystems auch mit Familie unbesorgt arbeiten gehen und gleichen Lohn erwarten konnten; eine Situation, von der der Westen der Republik 1989 noch meilenweit entfernt war.

Warum war es westlichen Politiker:innen nicht möglich, den gesellschaftlichen Wert solcher Errungenschaften anzuerkennen?

Weil auch die neue deutsche Einheit auf dem Fundament der alten ideologischen Grabenkämpfe errichtet wurde und die so hart erkämpfte nationale Freiheit eines wiedervereinten Deutschlands nicht mit einer neuen Freiheit in den Köpfen einherging, sondern das alte Spiel von Herrschaft und Knechtschaft, Siegern und Besiegten als Keil in die neue deutsche Volksgemeinschaft trieb, Argwohn und Neid, Enttäuschung und Frustration hervorrief.

Von den Jubeltagen des Mauerfalls waren auf beiden Seiten allenfalls ambivalente Gefühle geblieben, ein Sowohlals-auch, das dem grundsätzlich guten Gefühl, an einem friedvollen »Nation Building« beteiligt gewesen zu sein, zahlreiche negative Empfindungen gegenüberstellte: zu hastig, zu teuer, zu wenig wertschätzend für das, was im Osten aufgebaut worden war, zu auszehrend für den Westen, dem bald das Geld für eigene Infrastrukturprogramme ausging, weil alles nach Berlin oder in die anderen Städte des Ostens floss.

Dem politischen Ziel, eine Diaspora gut ausgebildeter DDR-Bürger:innen zu verhindern, die allein den Westen als gelobtes Land im Blick hatten und der eigenen Heimat lieber heute als morgen den Rücken kehren wollten, wurde alles untergeordnet. Die Ansiedlung neuer und kapitalstarker Unternehmen und zukunftsweisender Industrien wurde für den Aufbau Ost zur wegweisenden Maxime, versprach sie doch, wie auch die Angleichung der Löhne auf Westniveau, endlich Freiheit, Brüder- und Schwesterlichkeit für alle Bürger:innen mit deutschem Pass.

Neben zahlreichen Wendeverlierer:innen gab es gerade auch bei der jüngeren Generation jede Menge Shooting-stars, die als Selbstständige oder als erfolgreich agierende Arbeitnehmer:innen erst im vereinten Deutschland persönlich durchstarten konnten und bis heute davon überzeugt sind, dass die deutsche Wiedervereinigung das Beste war, was ihnen in ihrem Leben passieren konnte.

All jenen aber, die mit wiederkehrenden Anfällen von Ostalgie zu kämpfen hatten, wurde durch die Aufarbeitung der vielfach verdrängten Stasi-Vergangenheit ihres Landes die dunkle Kehrseite ihres sozialistischen Gesellschaftsverständnisses präsentiert, das die Bespitzelung, das Aushorchen, Verunglimpfen, Inhaftieren und Mundtotmachen der Andersdenkenden als tragende Säule eines antidemokratischen und repressiven Staates zu Tage förderte, deren Riss quer durch die Gesellschaft ging und deren bleibende Zerrüttung Familien, Paare, Kolleg:innen und Freunde für immer auseinandertrieb. Die vielbeschworene Freiheit, sie hatte plötzlich einen bitteren Kern. Dass immer und zuerst das Fressen kommt und dann erst die Moral, so wie es Bertolt Brecht einst als Leitsatz sozialistischer Überzeugung propagiert hatte, erschien auch unter dem Blickwinkel kapitalistischer Interessen erschreckend aktuell. Das hehre Lied der Freiheit hatte ganz eindeutig eine sozialistisch vergangene und eine kapitalistisch aktuelle Botschaft – und beide zeigten gehörig Schlagseite.

Den innerdeutschen Schwierigkeiten diametral entgegengesetzt, strahlte die Sonne der deutschen Freiheit weit über Europa hinaus und lockte mit verheißungsvollen Strahlen Freiheitssehnsüchtige in aller Welt. Mit dem Auseinanderbrechen des Eisernen Vorhangs hatten sich die Koordinaten Europas verschoben. Deutschland hatte dabei eine Vorreiterrolle gespielt und die Freiheiten, die nun alle Bürger:innen des wiedervereinigten Landes genießen durften, schufen unvergessliche Bilder, die Menschen weltweit inspirierten und ermutigten, es ihnen nachzutun.

Das erste Menetekel, das dem deutschen Freiheitstraum folgte, war der furchtbare Bürgerkrieg im ehemaligen Jugoslawien, der von 1991 an fast ein Jahrzehnt tobte und die Idee einer Friedenssicherung durch militärische Friedenstruppen an ihre Grenzen führte.

Das deutsche Freiheitswunder aber blieb davon seltsam unberührt.

In den folgenden Jahren waren es vor allem die Entwicklungen der Globalisierung und Digitalisierung, die die ikonischen Bilder von Menschen, die Mauern überkletterten und Stacheldrahtzäune niederrissen, auch in die entferntesten Länder und Kontinente trugen.

Der Mythos der deutschen Einheit und friedlich eroberten Freiheit lief in einer digital bildermächtigen Endlosschleife um die Welt und wurde so zum Vorbild für Bürgerrechtsbewegungen weltweit: ein Vorreiter für das Aufbegehren Osteuropas gegen die Diktatur des Sowjetsozialismus; ein Vorbild für den Arabischen Frühling in Tunesien, Ägypten, Syrien, den Libanon; eine Inspiration für den südostasiatischen Widerstand gegen das allmächtige China; eine Verheißung für Tibet, Hongkong, Myanmar und viele andere.

Welche Hoffnungen verbanden sich mit diesem neuen Bild Deutschlands in aller Welt! Ein Land, dem das gelang, sollte doch prädestiniert dafür sein, die Freiheit auch in andere Kulturen zu tragen. Dieses Land sollte doch wissen, was es heißt, auf die Stimmen der Menschen zu hören und ihre Herzen für die Idee von Freiheit und einer demokratischen Verfassung zu gewinnen.

Der mit Gerhard Schröder eingeläutete und während der Merkel'schen Regentschaft stetig ausgebaute Wirtschaftsboom transportierte auch den Traum, dass politische Freiheit und persönlicher Wohlstand für alle Menschen erreichbar sei – eine Art Geschenkpackung im Verbund global agierender Wirtschaftsinteressen, der nicht nur Waren und Wohlstand rund um den Globus transportieren konnte, sondern auch die Idee der Freiheit und demokratischen Selbstbestimmung in entfernte Länder und andere Kulturen trug.

Die mit der neuen Größe Deutschlands gewachsene Rolle im geopolitischen Spiel der Nationen und Supermächte forderte ein verstärktes ziviles und militärisches Engagement in der Nato ein und ließ auch militärische Skeptiker glauben, dass Deutschlands neue Fähigkeiten nicht nur in der politischen Absicherung demokratischer Interessen, sondern darüber hinaus auch im »Nation Building« heillos zerstrittener Nationen liegen könnten.

Vor diesem Hintergrund war Deutschlands humanitäre Großleistung, Flüchtlinge aus Syrien in großem Stil ins Land zu lassen, Höhe- und Wendepunkt eines neuen Selbstverständnisses.

Was die Deutschen untereinander möglich gemacht hatten, galt nun auch für die Aufnahme der Fremden: WIR schaffen das! Wir sind stark genug, um abzugeben und im Sinnbild einer neuen Schwester- und Brüderlichkeit mit Menschen in Not zu teilen.

Der humanitäre Höhepunkt eines deutschen Selbstbewusstseins, das sich vor dem Einreißen von trennenden Mauern nicht fürchtet, markiert zugleich einen Wendepunkt, der in der Folge den Blick auf zahllose ungelöste Probleme im Inneren des Landes preisgab, die der Zustrom der Flüchtlinge in keiner Weise verursacht hatte, in der Ballung der zu lösenden Aufgaben aber wie unter einem Vergrößerungsglas offenlegte.

Die Fremdheit zwischen Ost- und Westdeutschen war auch Jahrzehnte nach dem Mauerfall nicht wirklich überwunden, obwohl eine aus Ostdeutschland stammende Bundeskanzlerin dieses Land sechzehn Jahre regiert hat. Für die, die sich sozial und politisch abgehängt fühlten, wurden die Fremden zur Zielscheibe eines latent gewachsenen Hasses auf die Welt, sich selbst und die deutsche Politik. Die neue Freiheit, sie rief konkrete Furcht und diffuse Ängste hervor – Ängste, die in Aggression und Hass umschlugen.

Essenzielle Grundregeln eines demokratischen Miteinanders werden zunehmend aus den Angeln gehoben. Vor allem das Internet als anonymer Raum für Hatespeech und Gewaltdrohungen erlebt seitdem eine Verrohung des zivilen Miteinanders, der auch mit neuen Mitteln der Strafverfolgung nur schwer beizukommen ist und die den demokratischen Grundkonsens unseres Landes zutiefst bedroht.

Wie Mehltau überlagern die alten Kränkungen und Missverständnisse den Umgang miteinander auch da, wo demokratisches Bemühen erkennbar bleibt.

Eine seltsame Lähmung hat sich in den letzten Jahren über unser Land gelegt, fast so, als ob sich die alten trennenden Mauern in Dornröschenhecken verwandelt hätten, die jede Durchsicht erschweren, Klarsicht verhindern und Entscheidungen schwermachen.

Im internationalen Vergleich ist Deutschland schon lange kein Klassenprimus mehr, sondern in zahlreichen zukunftsrelevanten Feldern auf die hinteren Ränge zurückgefallen. Auch wenn sich die deutschen Politiker:innen während der Herausforderungen der Pandemie redlich Mühe gaben, ist nicht mehr zu übersehen, dass die großen Aufgaben der Zukunft, ob es um Digitalisierung, Klimapolitik, soziale Gerechtigkeit oder Infrastruktur- und Bildungsförderung geht, von den in einer ungeliebten GroKo zusammengeschmiedeten Volksparteien viel zu lasch angegangen worden sind. Wichtige Gesetzesvorhaben wurden aus parteitaktischen Gründen wechselseitig blockiert – zum Schaden für unser

Land. Ob neue politische Konstellationen die Sache besser machen, bleibt abzuwarten.

Was für Deutschland im Ganzen gilt, betrifft auch jede Einzelne und jeden Einzelnen.

Es reicht nicht, Werte wie Toleranz, individuelle und politische Freiheit, Bildung, Demokratie, Solidarität, ökologische Integrität und Nachhaltigkeit nur verbal zu propagieren, solange die Strukturen der Zivilgesellschaft, die diese Werte erst lebbar machen, dem kurzfristigen materiellen oder emotionalen Lustgewinn geopfert werden.

Warum gehen die klügsten, die bestausgebildeten Köpfe schon lange nicht mehr in die Politik? Warum verharren auch die ökologisch Reflektiertesten lieber in einer Blase von Gleichgesinnten, statt sich auf die Straße zu stellen und die Menschen, die von allem zu viel oder zu wenig haben, um sich über Nachhaltigkeit Gedanken zu machen, persönlich zu überzeugen?

Vielen ist das zu mühsam geworden, weil der Faden schon lange gerissen ist, der überhaupt einzelne Anknüpfungspunkte erkennbar machen könnte. Hier wie dort sind die gemeinschaftlichen Werte unter die Räder gekommen; ein Grundkonsens dafür, was in einer Zivilgesellschaft unverzichtbar sein, was unverhandelbar sein sollte.

Haben wir uns alle vielleicht zu lange auf dem ikonischen Moment eines friedvoll vereinigten Deutschlands ausgeruht? Und schlafwandeln wir nicht alle in gefährlicher Weise so, wie es der große Historiker Timothy Gordon Ash für die Zivilgesellschaft vor dem Ersten Weltkrieg beschrieb, indem wir uns unseren ökologischen, pazifistischen und kulturellen Träumen hingeben, ohne uns der mühsamen Arbeit einer steten Vermittlung an jene zu unterziehen, die gerade ganz andere Sorgen haben, weil das Brot nicht reicht, weil sie von Gewalt und Hass bedroht oder in den Möglichkeiten ihrer Bildungsteilhabe restlos abgehängt wurden?

Wir sollten uns alle vor Augen führen, dass das vielbeschworene Auseinandergehen der sozialen Schere irgendwann ganz brechen kann, und es dabei längst nicht nur um die beschämende Vernachlässigung von Kindern und Alten geht. Unter der Endloskette unserer Versäumnisse schlummert ein Gewaltpotenzial, das irgendwann weder mit Geld noch mit guten Worten eingefangen werden kann, wenn wir nicht endlich wach werden und bereit sind, genauer hinzusehen und die Versäumnisse vergangener Jahre klar zu benennen.

Dass gerade ein so gutes Gelingen wie die friedliche Wiedervereinigung Deutschlands in der Folge zu Hybris und mangelnder politischer Tiefenschärfe führen kann, hat uns das grausame und gerade auch für Deutschland beschämende Ende des westlichen Engagements in Afghanistan schonungslos vor Augen geführt.

Weder die persönliche Freiheit eines einzelnen Menschen noch die politische Freiheit eines Landes sind Selbstläufer. Beides muss im Umfeld der bestehenden Verhältnisse stetig reflektiert und erneuert werden und kann letztlich nur aus starken zivilgesellschaftlichen Strukturen und der Bereitschaft der Einzelnen zu verantwortlichem Handeln heraus überlebensfähig bleiben.[3]

Was wäre, wenn jede und jeder sich täglich eine Viertelstunde von seiner Lieblingsbeschäftigung abknapsen würde, um entsprechend ihrem oder seinem Wunsch nach äußerer Freiheit auch einen inneren Freiheitsraum zu schaffen, der sie oder ihn abwägen lässt, was dafür wirklich nötig und was verzichtbar wäre?

Was wäre, wenn das Miteinander nicht nur im Blick auf die Freunde und Kolleg:innen, die uns nahestehen, sondern im Blick auf die, die wir weniger schätzen, neu erprobt würde?

3 Vgl. Christian M. Rutishauser, *Freiheit kommt von innen. In der Lebensschule der Jesuiten*, Freiburg i. Br. 2021, 111 ff.

Was wäre, wenn an die Stelle von Hierarchien ein offenes Konkurrieren um die besten Ideen treten würde? Demokratisch zu leben, ist ein hohes, ist ein sehr kostbares Gut. Wie viele Freiheitsträume sind weltweit zerschlagen worden … Deutschland darf ihn leben. Der 3. Oktober gibt uns Anlass genug, dafür zutiefst dankbar zu sein. Hören wir endlich auf, dieses Gelingen als selbstverständlich zu betrachten.

Robert Müller

Gemeinsam geteilte Wirklichkeit

I.

Das Z steht nicht für Russland, nicht für Russland als Nation, nicht als Volk beziehungsweise Volksgemeinschaft, nicht als Kultur. Das Z hatte bis zum 23. Februar 2022 keinerlei Bedeutung. Es steht dezidiert für die Invasion in der Ukraine, diesen durch nichts zu rechtfertigenden Krieg. Das Z steht für Imperialismus, Kolonialismus, Chauvinismus, für einen völkerrechtswidrigen Angriffskrieg, für Kriegsverbrechen gegen die Zivilbevölkerung nach außen und nicht zuletzt für Totalitarismus nach innen.

Dabei hat Putin die Invasion ausgerechnet mit der notwendigen Entnazifizierung der Ukraine gerechtfertigt. Ironischerweise erlaubt es die Form des Buchstabens Z, ihn durch einfache Mittel in ein Symbol zu verwandeln, das die Assoziation mit dem Hakenkreuz geradezu aufdrängt. Auf der Stirn dargestellt, bietet sich zudem die Assoziation mit dem wahnsinnigen Massenmörder Charles Manson an, der ein Hakenkreuz auf der Stirn tätowiert hatte.

Wir können gerade in Echtzeit beobachten, wie das Z kippt, in ein protofaschistisches Symbol. Ein Symbol, das zuallererst Putin selbst brandmarkt.

»Z«, 54 × 48 cm, 2022, Tempera auf Papier,
Bildvorlage von Platon (TIME)

Wolodymyr Selenskyj verkörpert im Moment wie kein anderer das ukrainische Volk. Damit ist weder Personenkult noch Heldenverehrung intendiert – es ist vielmehr eine mediale Gegebenheit.

Noch vor Kriegsbeginn fiel der noch recht junge und durchaus gutaussehende Mann durch eher sanfte Gesichtszüge auf; auch seine Gesichtsausdrücke waren eher weich, ohne Verbissenheit, ohne Bitterkeit; er wirkte frisch, wach, strahlend – er trug bis zum 23. Februar 2022 geradezu ein Babyface.

Schon im ersten Kriegsjahr schien das Gesicht von Präsident Selenskyj jedoch um 10 Jahre gealtert. Es ist von einer gewissen Härte geprägt – das machen natürlich nicht zuletzt auch die Militärfarben, der Bart. Vor allem aber ist dieses Gesicht müde, es ist von Anstrengung und von Erschöpfung gezeichnet. Der Krieg hat viel mit dem Antlitz des (Kriegs-) Präsidenten gemacht. Die Furchen unter den Augen, die Tränensäcke, die eingefallenen Wangen – dieses Gesicht ist mitgenommen, am Rande der Erschöpfung; zugleich verrät der Blick Standhaftigkeit, der Mund Trotz. Dieser Mann ist nicht gebrochen.

Die eher spezielle Maltechnik seines Porträts unterstützt diesen Eindruck. Der Untergrund besteht aus aufgeleimten Papierfetzen; darauf wird das Motiv übertragen und die Farbschichten werden aufgetragen – bevor diese wieder heruntergewaschen werden. Das Resultat sind verblichene Farben, verwaschene Konturen und an hundert Stellen zeigt sich der zerstückelte Untergrund – da, wo die Farbe auf den Leimfugen weniger hält als auf dem Papier drum herum. Was bleibt, sind geschundene Farben auf geschundenem Papier; was bleibt, ist ein Abbild, ein verblichenes Replikat, ein hallendes Echo, eine heruntergekommene Version des

»війни президент«, 135 × 91,5 cm, 2022, Tempera auf Papier,
Bildvorlage von Julia Kochetova (DER SPIEGEL)

Originalbildes. Dieser eher spezielle Malprozess empfindet den Verschleißprozess, den er hier zum Ausdruck bringen soll, regelrecht nach: Dieser Mann ist in Fetzen – aber er hält stand. Dieses Land ist in Trümmern – aber es hält stand. Das ukrainische Volk ist in seiner Existenz bedroht – aber es hält stand.

3.

Im Westen Europas bekommen wir die Auswirkungen dieses Krieges manchmal ganz konkret zu spüren. Die ukrainischen Flüchtlinge etwa, die in unseren Kommunen untergekommen sind – konkrete Gesichter mit konkreten Namen: Inna, Anatolii, Dmitriy, Anastasiia, Tolya zum Beispiel. Oder die deutlich gestiegenen Energiepreise, die hohe Inflation ganz allgemein, die latente Angst vor einer Ausweitung des Krieges.

Im Wesentlichen aber ist dieser Krieg in unseren Gesellschaften lediglich ein mediales Phänomen. Er ereignet sich in einer *multipolaren medialen Öffentlichkeit*. Sie ist multipolar erstens in dem Sinn, dass sie sich kaleidoskopartig aus verschiedensten Quellen und Kanälen zusammensetzt: offizielle Verlautbarungen der Kriegsparteien, deren jeweilige Propaganda; die Berichterstattung durch den Qualitätsjournalismus, journalistisch aufgearbeitet und eingeordnet, recherchiert, kommentiert, häufig abstrahiert; das Material aus Open-Source-Intelligence, Berichte und Aufnahmen direkt aus dem Kriegsgeschehen heraus, die für alle drei zugänglich auf diversen Internetplattformen kursieren, aber häufig nicht eingeordnet, häufig schwer zu verifizieren sind; und die Kommentare von jeder und jedem, ob qualifiziert oder nicht, in den sozialen Medien.

Die mediale Öffentlichkeit ist zweitens multipolar in dem

Sinn, dass sich dieser Krieg in den unterschiedlichen Meinungs- und Informationsblasen ereignet – und je nach Blase sehr unterschiedlich rezipiert wird.

Für die einen ist Russland der eindeutige Aggressor, die Ukraine ein überfallenes Land, das sich auf bewundernswerte Weise verteidigt, und die humanitäre sowie militärische Unterstützung des Westens ein Akt der Solidarität mit den Überfallenen. Für sie trägt Präsident Putin tatsächlich ein protofaschistisches Mal auf der Stirn. Präsident Selenskyj hingegen ist ein Posterboy für den Kampf um die Freiheit – von diesem Kampf gezeichnet und am Rande des Zusammenbruchs, aber doch standhaft. Dieses Unbeugsame, dieses Trutzige angesichts eines folternden, vergewaltigenden, mordenden Aggressors ist dann übrigens doch eine nicht unwichtige Ingredienz für Heldengeschichten.

Für die anderen ist Putin der Verteidiger eines existenziell bedrohten Russlands, Selenskyj bloß die Marionette des Westens, das ukrainische Volk seine Geisel, der Westen unter Führung der USA der eigentliche Aggressor – und es ist nicht das Z, sondern die Kompassrose auf der Flagge der Nato, die mit dem Hakenkreuz assoziiert wird, mindestens aber mit Imperialismus und der Aggression gegen ein eigentlich friedfertiges Russland. Hier würden das Putin-Porträt als Propaganda, das Selenskyj-Porträt als Heldenpomp und der Künstler vermutlich als »Systemhure« rezipiert.

Erschreckend ist, dass es zwischen diesen Wirklichkeiten keine Vermittlung gibt. Diese Blasen, diese Informations-, Meinungs-, ja Gesinnungsräume sind oft nahezu hermetisch. Wie bei vielen anderen großen Themen unserer Zeit – seien es die Coronapandemie, die Folgen des Klimawandels oder die Identitätspolitik in ihren verschiedensten Facetten – zeigt sich auch hier, wie sehr die Wirklichkeit im Begriff ist, auseinanderzubrechen. Die *gemeinsam geteilte Wirklichkeit* scheint sukzessive kleiner zu werden. Stattdessen scheinen immer größere Teile der Gesellschaft auf unterschiedlichen Wirklichkeitsschollen immer weiter auseinanderzudriften.

4.

Hier geht es nicht um den Wirklichkeitsbegriff im natur-wissenschaftlichen Sinn, auch nicht im strengen erkennt-nistheoretischen Sinn – diese Begriffe sind dem aktuellen naturwissenschaftlichen und geistesgeschichtlichen Stand ent-sprechend stabil. Aber sie haben auch fast nichts mit unse-rer *lebensweltlichen* Wirklichkeit zu tun. Diese speist sich weniger aus den neuesten Einsichten, die uns das James-Webb-Space-Telescope in die Zeit kurz nach dem Urknall gewährt. Sie speist sich weniger aus »Vernunftwahrheiten«, sondern vielmehr aus »Tatsachenwahrheiten«, um ein Wort von Hannah Arendt aufzugreifen.[1] Diese sind weich, kon-tingent, interpretationsfähig und -bedürftig, oft eine Frage der Perspektive und der subjektiven Einschätzung – und frustrierend selten so eindeutig, wie wir es gerne hätten.

So leiten wir beispielsweise auch unsere Bewertung des russischen Angriffskriegs auf die Ukraine und die Rolle des Westens eben nicht von harten wissenschaftlichen Fak-ten ab, sondern von interpretierbaren, unterschiedlich kon-notierbaren und vor allem diskutierbaren historischen Er-eignissen. Die Nato-Osterweiterung etwa: Fakt ist, sie hat stattgefunden. Alles darüber hinaus aber lässt durchaus eine gewisse Ambiguität zu. Sie war ein aggressiver Akt der Nato

---

1 Vgl. Hannah Arendt, »Wahrheit und Politik«, in: *Zwischen Ver-gangenheit und Zukunft. Übungen im politischen Denken I*, hrsg. von Ursula Ludz, München ³2015, 327–370; vgl. auch Myriam Revault d'Allonnes, *Brüchige Wahrheit. Zur Auflösung von Ge-wissheiten in demokratischen Gesellschaften*, Hamburg 2019, be-sonders 66 ff.

gegen Russland – dabei ging sie nicht von der Nato aus, sondern von den ehemaligen Ostblockstaaten, was nach jahrhundertelanger Erduldung russischen Großmachtstrebens durchaus nachvollziehbar ist, und der freien Bündniswahl hat schließlich auch Russland zugestimmt; sie verstärkt Russlands Sicherheitsbedenken vor einem Einmarsch. Dabei hat die Nato vertraglich vereinbart, nie dauerhaft Truppen in den östlichen Gebieten zu stationieren und hat dies auch nie getan (bis zur Krimannexion 2014 natürlich); Russland wurde aber zugesichert, dass sich die Nato nicht nach Osten erweitern würde. Das mag vielleicht sogar in Gesprächsprotokollen so dokumentiert worden sein, aber vertraglich festgelegt wurde es nicht; der Westen habe Russland gedemütigt und war im Umgang mit dessen historischer Niederlage rücksichtslos und unsensibel. Das stimmt zweifellos, aber diejenigen, die dem Westen hier vorwerfen, seine Interessen verfolgt zu haben, sind gleichzeitig diejenigen, die den russischen Angriffskrieg damit rechtfertigen, Russland würde nur seine legitimen Interessen verfolgen. Dagegen ist die westliche Arroganz dann doch vergleichsweise harmlos.

Diese lebensweltliche Wirklichkeit speist sich aus Variablen, wenn man so sagen will, aus Wahrheiten, die sich durch eine nicht gänzlich wegreduzierbare Variabilität auszeichnen. Diese Wirklichkeit ist zugleich eine *politische* – nicht Politik im engen Sinne, sondern: das Politische als das in einer Öffentlichkeit sich vollziehende zwischenmenschliche Miteinander im Allgemeinen. *Diese* Wirklichkeit ist Matrix von Gesellschaft: Sie ist die Grundlage, auf der sich das zwischenmenschliche Miteinander im gesellschaftlichen Kontext vollzieht; sie ist – paradox, aber nur scheinbar – zugleich sein Resultat, eben das, was in diesem öffentlich sich vollziehenden zwischenmenschlichen Miteinander zu einem gemeinsamen, geteilten Deutungsrahmen gerinnt. Diese Wirklichkeit ist deswegen von entscheidender Bedeutung für eine Gesellschaft und ein funktionierendes gesellschaftliches Miteinander. Und ebendiese Wirklichkeit ist brüchig geworden. Sie wird von immer weniger Menschen geteilt. Darum ist die Fragmentierung dieser Wirklichkeit ein so eminent wichtiges Thema unserer Zeit.

5.

Der Hintergrund, vor dem sich die Fragmentierung der Wirklichkeit ereignet, ist das digitale Informationszeitalter. Es ist geprägt von immer größeren Informations- und Kommunikationsmassen, die in einer immer höheren Geschwindigkeit auf einen jeden von uns einprasseln. Diese »Informationsvermassung«, diese »Spamisierung«, um Formulierungen des Philosophen Byung-Chul Han aufzunehmen,[2] prägt unsere Lebenswirklichkeit in einem immer stärkeren Maß und zunehmend auch strukturell: Man kann sich ihr immer weniger entziehen, selbst wenn man wollte; vorausgesetzt, man will zu einem Mindestmaß an gesellschaftlichen Vollzügen teilhaben. Das Informationszeitalter ist eine bedeutende Signatur unserer Zeit. Sie unterscheidet das Leben in der Gegenwart signifikant von dem Leben vor 30 oder 40 Jahren.

Paradoxerweise ereignet sich nun gerade in einer von Informationsüberfluss geprägten Zeit eine zunehmende Informationsverknappung: Viele Menschen leben zunehmend in einer Informationsblase, in einem in sich geschlossenen Weltdeutungskonstrukt, in dem sie nur noch gleichen und ähnlichen Meinungen und Gesinnungen wie der eigenen begegnen. In einer Zeit, in der alle alles wissen können, in der man zu einem bestimmten Themenkomplex beliebig vie-

---

2 Vgl. Byung-Chul Han, *Topologie der Gewalt*, Berlin 2011, besonders 136–145.

le Informationen aus unterschiedlichsten Quellen mit verschiedensten Perspektiven erhalten kann, reduziert sich der Informationsfluss auf die Echos der immer gleichen Meinungen. Meinungen, die weitgehend widerspruchslos bleiben – weil anderslautende und dementsprechend womöglich korrigierende Meinungen entweder gleich herausgefiltert oder sofort niedergeschrien werden – und sich dadurch stetig gegenseitig verstärken. In diesen Echoräumen ist das Sich-Radikalisieren nicht etwa die Ausnahme, sondern eine normale, weil folgerichtige Dynamik. Einerseits inhaltlich: weil es eben keine widersprechenden, korrigierenden Inhalte gibt. Andererseits methodisch: Kritisches Denken wird in einer widerspruchslosen Welt regelrecht abtrainiert und durch pawlowsche Reflexe, durch schlichte Reiz-Reaktions-Muster ersetzt.

Ironischerweise gerieren diese sich nach außen hin gerade als kritisches Denken, als »Selberdenken« oder gleich »Querdenken«. Der Impuls, automatisch das Gegenteil vom Mainstream zu vertreten, ist aber nicht kritisch. Er ist für sich genommen vor allem plump. So ist es etwa verblüffend, wie aus »Putinverstehern« mit der Zeit »Kriegsversteher« werden und dann »Kriegsverbrechenversteher«. So seien die Massaker von Butscha bloß Propaganda, weil im Krieg der Feind immer zur Bestie stilisiert wird; oder russische Soldaten verüben Kriegsverbrechen, weil eben in jedem Krieg Kriegsverbrechen verübt würden. Wenn man lange genug der Binnenlogik solcher Echoräume ausgesetzt ist, kann man letztlich sogar für die Verschleppung ukrainischer Kinder Verständnis aufbringen und für die systematische und flächendeckende Bombardierung von Wärmekraftwerken während des Winters.

Die zunehmende Blasenbildung – und deren zunehmende Geschlossenheit – ist einer der treibenden Faktoren hinter der Fragmentierung der Wirklichkeit.

6.

Dabei ist daran nicht vieles neu. Die geschlossenen Weltbilder gab es schon immer. Nur waren die Kreise, in denen sie hyperventiliert wurden, meistens eben auch eher überschaubar. Der Stammtisch war schon immer eine Arena für die krudesten Weltbilder. Der Unterschied ist, dass diese heute in ihrer digitalen Form auf Millionen Endgeräte gesendet werden; dass ein Algorithmus sie denen zusortiert, die eine Affinität dazu haben, und gleichzeitig andere Inhalte aussortiert; dass vielen für die immer noch einigermaßen neuen Medien oft die nötige Medienkompetenz fehlt. Und vielleicht ist unser Heute eben doch dieses nötige Gran komplexer als das gute alte Früher, sodass die einfachen Botschaften – aufgrund ihrer Ordnung und Orientierung suggerierenden Eigenschaften – bei einer immer größeren Zahl von Menschen verfangen.

Was heute neu ist: dass theoretisch alle alles wissen können; theoretisch stehen heute alle möglichen Wirklichkeiten gleichberechtigt, ja *gleich-gültig* nebeneinander. Gerade das stellt für viele eine Überforderung dar, eine auf Dauer gestellte, für das Leben in der entfalteten Moderne *strukturelle* Überforderung. Eine Überforderung, der man gar nicht anders denn durch Selektieren und Simplifizieren Herr werden kann. Nicht die Existenz sich gegenseitig ausschließender Wirklichkeiten ist neu oder sonderlich problematisch – sondern ihre fatale Gleichzeitigkeit.

Schon seit den Tagen von Friedrich Nietzsche wird mit den alle Gewissheiten zersetzenden Eigenschaften modernen Lebens gehadert. Nietzsche bringt diese wesentliche Signatur der Moderne auf die Formel »Gott ist tot«. Und für den Nietzsche der mittleren Schaffensphase, der den tollen Menschen diese Erkenntnis ausrufen lässt, hat sie zunächst auch maximale Erschütterungsgewalt.[3] Erst der spätere Nietzsche überschlägt sich im Triumphalismus über die Befreiung des »höheren Menschen« vom Korsett ewiger Wahrheiten. Gegen Ende des 19. Jahrhunderts beschreibt er, wie für eine kleine gebildete Elite der epochenspezifische Skeptizismus in Nihilismus umschlägt. (An dem weit überwiegenden Teil der Menschen gehen die wissenschaftliche Revolution und ihre erkenntnistheoretischen Implikationen noch lange vorbei.) Und Nietzsche hat auch nur einen kleinen Kreis *souveräner Individuen* im Sinn, wenn er schreibt, dass es eine Frage der Kraft sei, »wie weit man in einer sinnlosen Welt zu leben aushält: weil man ein kleines Stück von ihr selbst organisirt« [sic].[4]

Dass man alles wissen kann; dass es für viele Menschen zur Alltagserfahrung (!) geworden ist, unablässig demonstriert zu bekommen, wie derartig komplex die Welt und die Zusammenhänge in ihr sind; dass es für alle möglichen sich widersprechenden Deutungen eine Fülle von Meinungen und Behauptungen, von Narrativen und Plausibilitäten gibt – all das kann einen ähnlich gelagerten Effekt haben: die Gleich-Gültigkeit aller möglichen Wirklichkeiten führt zu einer grundlegenden Skepsis ihnen gegenüber. Was kann man denn noch glauben, wenn alles irgendwie stimmen kann? Oder wenn alles auch Fake News sein kann? Wie kann man dem Anspruch kritischen Denkens überhaupt noch gerecht werden, wenn man der ganzen Komplexität der Zusammenhänge Rechnung tragen will? Der Skeptizismus kippt wiederum in Nihilismus. Das digitale Informationszeitalter ist lediglich die Fortführung der durch endlose Relativierungen alle Gewissheiten auflösenden Ei-

---

3 Vgl. Friedrich Nietzsche, *Die fröhliche Wissenschaft* (KSA 3), hrsg. von Giorgio Colli und Mazzino Montinari, München 1999, § 125, 480–482.

4 Friedrich Nietzsche, *Nachlaß 1885–1887* (KSA 12), hrsg. von Giorgio Colli und Mazzino Montinari, München 1999, 366.

gendynamik der Moderne mit anderen Mitteln. (Nicht zuletzt schrieb Nietzsche über den Tod Gottes auch, dass es lange Zeit brauchen werde, bis dieses »ungeheure Ereigniss« [sic] in all seinen Implikationen zu den Menschen durchgedrungen ist.)

7.

Der Skeptizismus kippt in Nihilismus – oder in Fundamentalismus. Angesichts der Überforderungen durch das digitale Informationszeitalter agieren wir im Zuge unserer Wirklichkeitskonstruktion zunehmend im Krisenmodus. In diesem Krisenmodus – also dann, wenn wir nicht mehr wissen, was wir noch glauben können und was nicht; wenn wir angesichts der Komplexität der Welt zunehmend ratlos sind; wenn wir in Orientierungslosigkeit zu versinken drohen; erst recht, wenn wir uns ob der eigenen Identität verunsichert, ja infrage gestellt fühlen – wächst unser Bedürfnis nach *Selbstbildstabilisierung* und *Weltbildstabilisierung*. Dieses Bedürfnis ist für die (unbewusste) Entscheidung, was wir für wahr halten und was nicht, relevanter als »objektive« Gründe, Fakten und Sachargumente. Wir erschaffen ein Narrativ, ein ideologisches Konstrukt, das uns die Welt so ordnet, wie wir sie brauchen, und uns in ihr den Platz und die Rolle zuweist, wie wir sie brauchen. Die Fakten, die Indizien, die Begründungen biegen und glätten, selektieren und kompilieren wir uns so zurecht, dass sie dieses Konstrukt stützen, ihm die nötige Stabilität verleihen beziehungsweise ihm zumindest nicht widersprechen.

Wenn die eigene Identität nicht hinreichend gefestigt ist, droht angesichts des Informationszeitalters die absolute Beliebigkeit, oder das Abgleiten in einen Fundamentalismus – zum Zweck des Selbstschutzes. Die Gesinnungsverfestigung in den verschiedenen Informations- und Meinungsblasen weist durchaus Parallelen zum religiösen oder ideologischen Fundamentalismus auf. Man glaubt mehr oder weniger unhaltbare beziehungsweise willkürliche Behauptungen, einfach weil sie in diesen Blasen kursieren, weil sie aus der Binnenlogik dieser Blasen heraus sinnvoll erscheinen, ja sich regelrecht aufdrängen. Sie sind aber eben *nur* aus dieser Binnenlogik heraus sinnvoll. Den Rest der Informationen, die alternativen Deutungsmöglichkeiten, die Gegenanzeigen schneidet man heraus. Von der Fundamentalismusforschung lässt sich sicher viel über die aktuellen Entwicklungen in den durch die sozialen Medien wesentlich befeuerten Informations- und Meinungsblasen lernen.

8.

Dieser Fundamentalismus, diese übersteuerte Selbstbild- und Weltbildstabilisierung, ist nicht zuletzt eine Gefahr für die Freiheit, die wir in den europäischen Gesellschaften für selbstverständlich halten. Denn die Stabilisierung erfolgt häufig über Feindbildkonstruktionen, die Trennung der Gesellschaft in Gut und Böse und die eigene Aufwertung durch die Herabwürdigung des anderen.[5] In einem solchen Mindset können Putin- oder Selenskyj-Porträts – übrigens ganz unabhängig von Anspielungen auf das Hakenkreuz – gar nicht mehr anders denn als Parteinahme im heraufziehenden Kulturkampf rezipiert werden. Alles wird zum ideologischen Kampfmittel, weil alles nur noch entlang von Frontlinien gedacht und gedeutet wird. Gerade hier setzen ja zumeist auch populistische Parteien und Bewegungen an, mit

5 Vgl. dazu ausführlich Robert Müller, *Ressentiment. Wiege des Populismus*, Dresden 2019.

ihrer Freund-Feind-Logik, ihren kruden Weltbildern und oft so peinlichen Vereinfachungen. Hier setzen die gezielten Desinformationskampagnen durch Troll-Armeen und »Putin-Bots« an – und gehen eine verheerende Verbindung mit einem oft himmelschreienden Defizit an Medienkompetenz ein. Hier setzen Medienkonzerne an (aktuell wird prominent der Fall Fox News vor amerikanischen Gerichten verhandelt), wenn sie die Berichterstattung und die damit einhergehende Wirklichkeitskonstruktion bedingungslos den Marktmechanismen und der Generierung maximaler Profite unterwerfen; also wenn sie gezielt Fehlinformationen als Journalismus verkaufen, um genau das zu berichten, was die Zuschauer sehen wollen, weil das nachweislich die Quoten erhöht. Hier wird die Spaltung der Gesellschaft aktiv vorangetrieben durch das unablässige Befeuern von Gegenwirklichkeiten. Das Zersplittern der Wirklichkeit wiederum verstärkt diese Spaltungstendenzen nur und bringt sie somit erst recht hervor.

Doch gesplitterte Wirklichkeit ist auf der anderen Seite lediglich ein Symptom – Symptom einer grundlegenden Dysfunktion, eines tiefgreifenden Unbehagens, einer aus dem Gleichgewicht geratenden Gesellschaft. Sie bringt zum Ausdruck, dass sich weite Teile ihrer Mitglieder nicht mehr von ihr repräsentiert fühlen; dass sie das Gefühl haben, nicht mehr an ihren Vorzügen Anteil zu haben; dass die Institutionen, die sie tragen, an die Grenzen ihrer Funktionsfähigkeit kommen. Ohne diese Voraussetzung hätten die Populisten mit ihren Gegenwirklichkeiten keine hinreichende Hebelwirkung für derartige Spaltungstendenzen, wie sie in vielen westlichen Gesellschaften zu beobachten sind.

Geteilte Wirklichkeit – oder besser: dass eine kritische Masse an Menschen innerhalb einer Gesellschaft eine gemeinsame Wirklichkeit teilt – ist eine essenzielle Voraussetzung für Freiheit. Sie ist die Bedingung der Möglichkeit einer offenen, demokratischen, rechtsstaatlich verfassten Gesellschaft. Gemeinsam geteilte Wirklichkeit ist die notwendige Grundlage, auf der sich Freiheit entfaltet. Sie ist darum ein hohes Gut, das nicht leichtfertig verspielt werden darf.

Im Rahmen einer stabilen geteilten Wirklichkeit können Porträts auch einfach Porträts sein; Kunstwerke, die mehr Fragen aufwerfen als Ausrufezeichen setzen, die zum Nachdenken ermuntern, zum Nachhaken, zum Widerspruch – die jedenfalls zum Austausch anregen, statt zum gegenseitigen Ausschluss. Nicht mehr und nicht weniger.

»Sichtbar machen, was mich beunruhigt.«

FERDINAND FRIESS im Gespräch
mit THOMAS MENGES und MARTIN W. RAMB

Ferdinand Friess wird am 4.5.1940 in Bad Kreuznach in eine Schmuckhändler-Familie geboren. Von 1957–1959 besucht er eine Goldschmiedeschule in Pforzheim, macht Abitur in seiner Heimatstadt und erhält 1962 den Gesellenbrief als Juwelengoldschmied. 1962/63 studiert er ein Semester Bildhauerei an der Städelschule Frankfurt. Wegen der schweren Erkrankung des Vaters steigt er in den familiären Betrieb ein. 2001 verkauft er die Juwelenmanufaktur. Seitdem arbeitet er als freiberuflicher Künstler und betreibt regelmäßig Studien in Zeichnen und Malen an der Europäischen Kunstakademie (EKA) in Trier.

Nach einem Semester Bildhauerei an der Städelschule haben Sie den elterlichen Schmuckhandel übernommen; seit 2001 widmen Sie sich ganz der Malerei. Wie sind Sie inzwischen mit Ihren künstlerischen Interessen umgegangen?

Ich habe während meines Berufslebens von 1963–2001 ständig Geschäftsreisen in ganz Westdeutschland unternehmen müssen und habe dabei sehr viele Museen und Kirchen besichtigt. Gemalt habe ich selten, aber immer gezeichnet.

Moderne Malerei will oftmals nichts als Malerei – l'art pour l'art – sein. Was sind Ihre Gründe, eine andere Position zu beziehen?

Ich könnte es mir leicht machen und sagen: »Ich kann es nicht anders.« Kunst ist heute wohl in der totalen Bandbreite des Lebens aufspürbar. Philosophie und Fantasie wollen alles erklären. Viele Künstler hecheln hinterher, und ein elitärer, wahnwitziger Kommerz profitiert. Ich aber möchte sichtbar machen, was mich beunruhigt – Gewalt und Ungerechtigkeit –, und versuche meinen Weg des Aufschreis mit der figürlichen Darstellung.

Die Gewalt, die sich Menschen zufügen, ist ein zentrales Thema Ihrer Malerei. Ein Beispiel ist Ihr großformatiges Gemälde »Schlaf-Mohn DROGEN-macht« (Abb. 1). Der untere Teil des Bildes besteht aus einem idyllischen Schlafmohnfeld; aber auf dem schwarzen Hintergrund ist – nur in hellen Umrissen eingeritzt – der Oberkörper eines schwer bewaffneten Soldaten mit Helm zu erkennen. Welche Reaktion wollen Sie hervorrufen?

In allen Geschichtsschreibungen erfahren wir von Mördern und Samaritern – und den vielen Schattierungen dazwischen, den daraus entstehenden Problemen und den Verflechtungen zwischen Tätern und Opfern.

Bei dieser Arbeit sehen die Betrachterinnen und Betrachter vordergründig schöne Pflanzen, die den Drogentod bringen. Und sie sehen die todbringenden Waffen eines Soldaten, der die Mohnanbauer wiederum bekämpft und zugleich von ihnen abhängig wird – eine Spirale von Verführung und Gewalt.

Welche Reaktion? Ich hoffe auf mehr Nachdenken, weniger Gleichgültigkeit, vielleicht auf mehr Aktivität gegen die Routine unseres Alltags.

Eine weitere Facette Ihrer Arbeit bildet die Auseinandersetzung mit der NS-Zeit. Das Bild »Teddy 1942 – Das Gleis in Auschwitz« (Abb. 2) zeigt im Vordergrund rechts einen großen Uniformierten mit Nazi-Emblemen, links ein kleines Mädchen mit Mütze und kurzem Mantel; verbunden sind beide durch einen Teddy, dessen Arme sie in den Händen halten. Sie haben die Gesichter nur grob gemalt; das Gesicht des Uniformierten scheint in Auflösung begriffen. Beide gehen auf einer Straße. Oder ist es am Gleis in Auschwitz? Im Hintergrund sind wehende Nazi-Flaggen zu sehen – direkt auf den Betrachter zu. Für diesen wird die Irritation noch größer, wenn er unter dem Teddy im Bild die darunter errichtete Ansammlung von Teddybären wahrnimmt. Ihr Bild lässt den Betrachter im Unklaren: Warum dieser womöglich doch friedliche gemeinsame Weg von Kind und uniformiertem Nazi? Warum die Jahreszahl 1942 im Titel?

1942 war das grauenhafte Verbrechen der Nazis in vollem Gange. Ich habe die Jahreszahl stellvertretend gewählt, da ich zu dieser Zeit ungefähr so alt war wie das Mädchen

auf dem Bild. Ist der Todesweg mit dem Kind wirklich friedlich? Eher ist, so meine ich, dies doch zynisch, da die Brillen, Koffer, Taschen, Teddybären vor dem »Duschen in der Gaskammer« auf einen Haufen geworfen wurden. Wut und Tränen kommen in mir hoch – und der eindringliche Wunsch, dass wir dieses Verleugnen von Menschenwürde nie vergessen. Es gibt noch eine andere Wahrheit: dass ein Kind gerettet wird. Dies war sehr selten.

Ihr Bild gewordener Kommentar zur immer wieder tödlichen Flucht über das Mittelmeer nach Europa ist Ihr Gemälde »www.will-kommen.de« (Abb. 3). Hinter verschlungenem NATO-Draht mit Widerhaken erkennt man ein kleines, aufgerichtetes Kind, das eine orangefarbene Rettungsweste trägt. Mund und Augen sind geöffnet, es schaut aus dem Bild heraus. Rechts oberhalb des Kindes sieht man den Kopf einer jungen Frau, deren Mundpartie durch die stützende linke Hand verdeckt wird. Sind ihre Augen auf das Kind unter ihr gerichtet? Ihr vom Stacheldraht unverdecktes Haupt ist von einer solchen Anmut, dass man christliche Darstellungen von Maria mit Jesuskind assoziiert. Stimmen Sie der Beobachtung von einer Ambivalenz von Gewalt und Zärtlichkeit in diesem Bild zu?

Ja, das Bild erweckt in uns widersprüchliche Gefühle. Der Stacheldraht steht für die Frage, ob die Kommenden willkommen sind. Mutter und Kind erwecken einerseits bei solidarisch denkenden Menschen den Helfer- und Beschützerreflex – ein Gefühl, das alle ergreift, wenn wir die unzähligen Kunstwerke von Maria und dem Jesuskind betrachten. Uns erfasst Liebe und Wärme. Die stetigen Besuche von Museen und Kirchen haben sicher zu diesem Bild beigetragen. Das Bild heißt in meinem Umkreis »Madonna«.

Wie begegnen wir andererseits wirklichen Flüchtlingen,

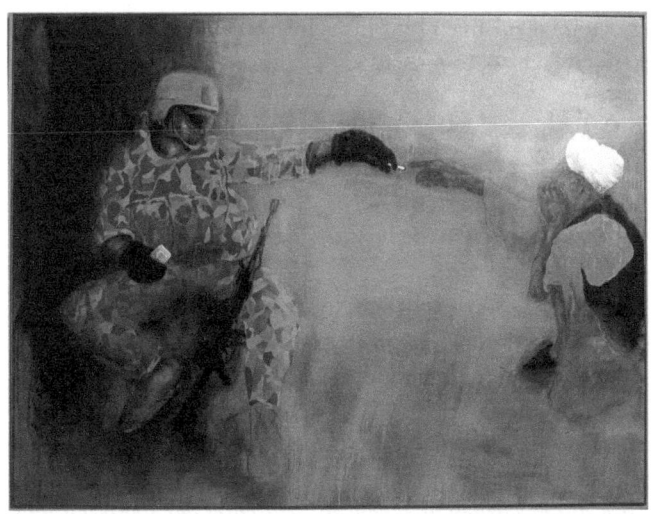

vor denen wir unsere vergängliche Habe mit Stacheldraht
meinen schützen zu müssen? Ist Menschenwürde dann noch
ungeteilt?

Blut spielt in manchen Ihrer Bilder eine wichtige Rolle – in
gemalter, aber auch in realer Weise. Sie haben Ihr eigenes
Blut schon als »Farbe« eingesetzt, wie Sie uns erzählt haben.
Blut gilt symbolisch als Sitz der Lebenskraft und der Seele.
Wieso zieht sich in Ihren Bildern diese »Blutspur« durch?

Ja, Rot ist meine Farbe. Ich benutze sie fast immer, weil
sie unsere Lebenskraft symbolisiert – und wenn sie »aus-
läuft«, zeigt sie Gewalt. Die provokative Darstellung von
grausamer »Blutspur« soll zum Nachdenken, zur Umkehr,
letztlich zum Frieden führen. Beispiele finden wir bei Goya,
Dix, Kollwitz, Picasso, Salcedo, Banksy und anderen. Ob
das etwas bewirkt, ist nicht bewiesen, aber auch nicht das
Gegenteil; es bleibt die Hoffnung.

Zu meinem Eigenblut im Schriftbild »Vater unser« – das kam einfach so, es musste sein, ich kann es nicht erklären.

Ihre bewusst politischen Bilder sparen bislang den russisch-ukrainischen Krieg aus, selbst wenn der gegenwärtige Papst von einer Art Drittem Weltkrieg spricht. Gibt es Gründe dafür oder arbeiten Sie bereits an einem solchen Bild?

Ja, ein solches kritisches politisches Bild ist schon länger in meinem Kopf und jetzt in Arbeit. Wie immer bei mir gibt es Zweifel, ob es mir gelingt. Mal sehen …

Sie sind evangelischer Christ. Das Christentum glaubt, dass die Welt der Barmherzigkeit bedarf, um Erlösung zu finden. Ihre Bilder wirken aber wie ein Aufschrei der Verzweiflung. Sind Ihre Bilder für Sie religiös?

Mit der Art, wie wir Menschen oft im Namen unseres Christentums handeln, hadere ich: zu wenig Nächstenliebe, zu wenig Menschlichkeit. So auch mein Tun und Lassen. Was halte ich dagegen? Meinen Bild gewordenen Aufschrei, ein paar provozierende Bilder.

Barmherzigkeit und Erlösung versuche ich zu begreifen, sind mir aber ein zu »bequemer Sessel«. Ich verzweifle oft, wenn wieder ein Versuch zur Barmherzigkeit, zur Solidarität scheitert. Ich verzweifele, da Menschen sich immer wieder über andere erheben, sich in einer Machtposition wähnen, anderen ihre Weltsicht aufzuzwingen, um sie zu unterdrücken – nicht nur physisch, auch geistig, auch kommerziell. Einfach widerlich! In einigen Bildern kann ich nur zynisch dagegenhalten.

Meine Bilder religiös? Ich weiß es nicht. Ich hoffe, dass meine christliche Prägung mir hilft und mir Kraft gibt für meinen Aufschrei.

Sie haben spät mit dem Malen angefangen und trotzdem in relativ kurzer Zeit ein stattliches Werk geschaffen. Haben Sie Pläne, was mit Ihren Bildern in Zukunft geschehen soll?

Ach, diese Frage! Klingt nach »post mortem«, macht mich aber irgendwie gelassen, und zugleich werden Wünsche angestoßen. Also: die Bilder zeigen, an möglichst vielen Orten, darüber diskutieren, auch provozieren – in der Hoffnung, etwas zu bewirken. Und später meine Arbeiten einer Stiftung, einem Museum oder Ähnlichem zu überlassen. Das wäre schon mein Traum.

Die Gemälde

Abb. 1: Schlaf-Mohn DROGEN-macht, Leinwand, Acrylfarben, Kratztechnik, Beleuchtung von der Rückseite, ca. 2014, 260 × 190 cm

Abb. 2: Teddy 1942 – Das Gleis in Auschwitz, Leinwand, Acrylfarben, ca. 2005, 160 × 210 cm

Abb. 3: www.will-kommen.de, Leinwand, Acrylfarben, Kreide, Kohle, Spray, 2015, 85 × 190 cm

CHRISTIANA IDIKA

Der Nexus von Freiheit und moderner Sklaverei in Europa

Einführung

Dieser Beitrag geht von der Prämisse aus, dass die jüngste Flüchtlingskrise und die daraus resultierenden moralischen Verletzungen, die die Geflüchteten in den Flüchtlingslagern, in Hafteinrichtungen und im Mittelmeer erleiden, nicht als Flüchtlingskrise, sondern als Krise der europäischen Werte – insbesondere des Wertes der Freiheit – gesehen werden sollten und als solche einen wichtigen Bereich der Verletzung der Menschenwürde darstellen. Ob Europa eine Verpflichtung gegenüber den Flüchtlingen hat, ist nach wie vor umstritten. Nichtsdestotrotz haben die Grenzregime der Europäischen Union Bedingungen der Ausbeutung und Verletzung der Menschenwürde der Flüchtlinge geschaffen.[1] Die Freiheit bleibt ein Eckpfeiler der europäischen Werte, da sie der Dreh- und Angelpunkt der liberalen Ideen ist. Deshalb impliziert Liberalismus Freiheit. Freiheit von äußerem Zwang und die Freiheit zur Ausübung bestimmter Rechte stelle zentrale europäische Werte dar. Die Freiheit als liberaler Wert ist mit der Menschenwürde verbunden. Die Aktivitäten und menschlichen Ereignisse, die an den

---

1 Vgl. Salil Parekh, *No Refuge. Ethics and the Global Refugee Crisis*, Oxford 2020.

Grenzen und in den Haftanstalten stattfinden, stellen jedoch den Wert der Freiheit und die Menschenwürde in Frage.

Der Beitrag geht wie folgt vor: Im ersten Teil werden die Begriffe »Freiheit« und »moderne Sklaverei« geklärt. Des Weiteren wird anhand des von Hans Joas und Klaus Wiegandt herausgegebenen Buches *Die kulturellen Werte Europas* aufgezeigt, wie sich Freiheit und Sklaverei gegenseitig konstituieren. Darüber hinaus wird erörtert, wie sich diese Konstitution auf die moderne Sklaverei bezieht. Im zweiten Teil des Beitrags wird anhand der Beispiele der unmenschlichen Bedingungen in den Flüchtlingslagern und Hafteinrichtungen sowie der Toten im Mittelmeer, die auf die Grenzregime zurückzuführen sind, die gegenwärtige Krise veranschaulicht, die eher als eine Krise der europäischen Werte als eine Flüchtlingskrise gesehen werden sollte. Der Abschnitt wird zeigen, dass diese Orte die Orte der Verletzung und der fraglichen Krise sind. Im dritten Abschnitt schließlich geht es um die Notwendigkeit einer neuen Vision Europas angesichts der Flüchtlingsbedingungen.

Freiheit und moderne Sklaverei

Der Begriff der Freiheit als politisches und normatives Konzept hat Wissenschaftler auf der ganzen Welt beschäftigt. Es handelt sich um ein abstraktes Konzept, das jedoch nicht losgelöst von praktischen Belangen ist. Sein Verständnis hat die politische Geschichte und moderne Gesellschaften geprägt. Aufgrund der Beschaffenheit des Begriffs ist es schwierig, eine umfassende Konzeptualisierung vorzunehmen. Die Hobbes'schen und Kant'schen Vorstellungen von Freiheit als Freiheit von äußerem Zwang und als Freiheit, die eigenen Entscheidungen autonom zu treffen, sind kritisiert worden, weil sie nicht umfassend genug sind. Sowohl die Freiheit von äußerem Zwang als auch die Freiheit, Entscheidungen zu treffen, werden nur in einem sozialen Kontext verwirklicht, wodurch ein dritter Freiheitsbegriff hinzukommt, nämlich der der sozialen Freiheit.[2] Ein funktionierendes Konzept besteht jedoch darin, Freiheit in ihren drei Dimensionen zu verstehen: als persönliche Freiheit, als Bürgerfreiheit und als souveräne Freiheit. Persönliche Freiheit ist die Freiheit von Einschränkungen, also die Freiheit, das zu tun, was man will; bürgerliche Freiheit ist die Fähigkeit, in Gemeinschaftsangelegenheiten mitzubestimmen; und souveräne Freiheit ist die Fähigkeit, in Bezug auf sich selbst und andere zu tun, was man will.[3]

Die Idee, dass die individuelle Freiheit und die für ihre Verwirklichung notwendigen gesellschaftlich-politischen Bedingungen von europäischen Denkern seit Langem als Voraussetzung für ein gutes Leben wahrgenommen werden, ist ein bestimmendes Merkmal der europäischen Identität. In dem von Hans Joas und Klaus Wiegandt herausgegebenen Buch *Die kulturellen Werte Europas* schreibt Orlando Patterson, dass das Ende des Kalten Krieges in einer Zeit, in der die Welt in eine freie und eine unfreie Welt geteilt war,[4] nicht nur ein politischer oder ideologischer Sieg war, sondern auch ein Triumph dessen, was er als den zentralen europäischen Wert identifiziert: nämlich der Freiheit. Die Freiheit nimmt bei der Definition liberaler Werte somit eine zentrale Stellung ein. Der Triumph dieses Wertes zeigte

2 Vgl. Axel Honneth, *Das Recht der Freiheit. Grundriß einer demokratischen Sittlichkeit*, Berlin 2011.
3 Vgl. Orlando Patterson, »Freiheit, Sklaverei und die moderne Konstruktion der Rechte«, in: *Die kulturellen Werte Europas*, hrsg. von Hans Joas und Klaus Wiegandt, Frankfurt a.M. 2005, 164–218.
4 Vgl. Orlando Patterson, *Freedom in the Making of Western Culture*, o.O. 1991.

sich in der gesamten ehemaligen Sowjetunion und erst recht in jüngster Zeit in der arabischen Welt – nämlich im sog. »Arabischen Frühling« –, in Lateinamerika und in Afrika. Es ist nicht schwer, eine Verbindung zwischen dem Kampf um diesen höchsten europäischen Wert in diesen Regionen und der daraus resultierenden Flüchtlingskrise in Europa und anderswo herzustellen. Auch der derzeitige Krieg in der Ukraine wird im Namen der Freiheit geführt. Freiheit als europäischer Wert schließt die Freizügigkeit ein, die eng mit der Europäischen Union (EU) verbunden ist.

Patterson verknüpfte das Konzept der Freiheit mit der Idee der Macht,[5] sodass persönliche Freiheit dann die Freiheit von der Macht eines anderen oder die Freiheit, nicht an der Verfolgung des eigenen Wohlergehens gehindert zu werden, oder die Freiheit, nicht von einem anderen beherrscht zu werden, impliziert. Innerhalb des Rahmens der Freiheit als Souveränität wird sie zu einer Ausübung von Macht über sich selbst und andere (Selbstbeherrschung). Bürgerliche Freiheit bedeutet die uneingeschränkte Teilhabe an der kollektiven Macht des Staates, wie sie in liberal-demokratischen Prozessen zum Ausdruck kommt. Darüber hinaus könnte dieser Freiheitsbegriff mit Unabhängigkeit in Verbindung gebracht werden. In diesem Sinne kann man die Geschichte des Kolonialsystems und die Kämpfe der kolonialisierten Völker um die Unabhängigkeit, den Apartheidskampf in Südafrika und die Bürgerrechtsbewegung in den Vereinigten Staaten betrachten. Die gemeinsame Ausübung der Freiheit als Gemeinschaft impliziert gleichzeitig die Machtausübung fremder Völker, wie die Geschichte des Kolonialismus zeigt, sodass der Kolonisator zum Freien und der Kolonisierte zum Unterworfenen, zum Versklavten wurde. Es ist einfa-

---

5 Vgl. Orlando Patterson, »Freiheit, Sklaverei und die moderne Konstruktion der Rechte«, 169.

cher, die Verfassung des anderen Europas in diesem Licht zu sehen. Es macht auch Sinn, an das Szenario des Kalten Krieges zu erinnern, der zwischen der freien und der unfreien Welt stattfand. Obwohl Patterson nicht nachweisen konnte, warum er glaubt, dass die Idee der Freiheit in nicht westlichen Kontexten nicht existiert – ein Thema, das in anderen Artikeln behandelt werden könnte –, argumentierte er, dass Freiheit mit der Idee der Sklaverei koexistiert. Ausgehend von seinem Buch *Freedom in the Making of Western Culture* zeigte Patterson auf, dass die soziale Konstruktion von Freiheit erst durch die Idee der Sklaverei möglich wurde. Für ihn muss es die Idee der Sklaverei geben, bevor man an Freiheit denken kann. Frei zu sein bedeutet, Macht über den Unfreien – den versklavten Menschen – auszuüben. Die Qualen des Sklavendaseins müssen notwendigerweise die Freiheit erstrebenswert machen. Es kann jedoch nicht so sein, dass es erst einen Sklaven geben muss, bevor ein anderer frei sein kann.

Im Übrigen hat Hegel in seiner Dialektik zwischen Herr und Sklave die gleichen Schlussfolgerungen gezogen. Die Beziehung zwischen Sklaven und Herren ist wechselseitig konstituiert, und zwar aufgrund einer Machtasymmetrie, wie sie Honneth als Ergebnis des Fehlens gegenseitiger Anerkennung beschreibt.[6] Versklavt zu sein bedeutet gleichzeitig, unfrei zu sein. Mehr noch als die Vorstellung, nicht frei zu sein, bedeutet Sklaverei die Reduzierung eines Menschen auf ein »Objekt, über das Eigentumsrechte ausgeübt werden«,[7] was Aimé Césaire auch als Verdinglichung bezeichnet.[8] Sklaverei im Kontext des Kapitalismus und seines

6 Vgl. Axel Honneth, *Kampf um Anerkennung. Zur moralischen Grammatik sozialer Konflikte*, Frankfurt a.M. 1994.
7 J. O'Connell Davidson, »Trafficking, Modern Slavery and the Human Security Agenda«, in: *Human Security Journal* 6 (2008), 8–15.
8 Vgl. Aimé Césaire, *Über Kolonialismus*, Berlin 1968.

Ablegers, des Neoliberalismus, ist nicht nur die Verdinglichung von Menschen, sondern auch die Kommodifizierung, die dazu führt, dass versklavte Menschen als Ware betrachtet werden. Das Wort »Sklave« bezeichnet mehr oder
weniger einen sozialen Status, der Menschen in bestimmten
Situationen zugewiesen wird, z.B. Menschen, die in Kriegen
oder zur Bestrafung gefangen genommen werden.[9] Diese
Definition ist jedoch nicht erschöpfend und beschreibt die
moderne Sklaverei nur am Rande.

Die moderne Sklaverei unterscheidet sich von der traditionellen Sklaverei, die eine Form der Bindung und Ausbeutung, des Status und der Kastensysteme ist, wie sie in der
Antike oder in Indien anzutreffen war. Sie unterscheidet
sich auch von religiösen Formen der Sklaverei, bei denen
Menschen Gottheiten geweiht sind, wie etwa in Afrika süd-
lich der Sahara. Die modernen Formen der Sklaverei sind
aufgrund ihrer subtilen Ausprägungen besonders pervers.
Sklave zu sein bedeutet, unter der Herrschaft eines anderen zu stehen und nicht in der Lage zu sein, in der oben
beschriebenen Weise zu handeln und Freiheit zu erfahren.
Man kann also davon ausgehen, dass Sklaverei die Abwesenheit von Freiheit in ihren drei Dimensionen ist.

In der heutigen Zeit ist das Wort »Sklave« rechtlich in-
akzeptabel. Auf der UN-Konferenz zum Thema Menschenhandel 2008 in Wien sagte Antonio Maria Costa, dass der
transatlantische Sklavenhandel nach 200 Jahren eingestellt
wurde und dass die Welt dieses Übel bekämpfen sollte, da
im 21. Jahrhundert dafür kein Platz mehr sei. Die moderne

9 Vgl. Vgl. Andrea Nicholson/Minh Dang/Zoe Trodd, »A Full
Freedom. Contemporary Survivors' Definitions of Slavery«, in:
Human Rights Law Review 18 (2018), 689–704; Orlando Pat-
terson, *Freedom in the Making of Western Culture*, o.O. 1991;
Stephan Pamie, »Introduction«, in: *Slave Cultures and Cultures of
Slavery*, ed. by Stephan Pamie, Knoxville, TN, 1995, IXX–LVII.

Sklaverei zeigt sich in einer Reihe von stellvertretenden Kategorien und vielfältigen Formen der Ausbeutung. Obwohl die Konturen einer begrifflichen Definition der modernen Sklaverei unscharf bleiben, umfasst sie den Menschenhandel, einen Prozess der Anwerbung, des Transports und der Kontrolle mit dem Ziel der Ausbeutung. Costa bezeichnete dieses moderne Verbrechen als Sklaverei.

Darüber hinaus umfasst die moderne Sklaverei auch Zwangs- und Kinderarbeit, Leibeigenschaft und unterbezahlte Arbeit. In diesen unterschiedlichen Kontexten üben der Ausbeuter, der Menschenhändler und der Arbeitgeber Macht über die Ausgebeuteten, die Opfer von Menschenhandel und die Zwangsarbeiter aus. Europa steht bei der weltweiten Schätzung der Zwangsarbeit an zweiter Stelle und beherbergt mehr als vier Millionen von ihnen.[10] In diesem Beitrag wird die These vertreten, dass die Migrationspolitik die Bedingungen für die Ausbeutung von Migranten, Flüchtlingen und Asylbewerbern in Europa noch verschärft. Dies wird am Beispiel der Grenzpolitik in Europa aufgezeigt.

Die Flüchtlingskrise als Krise des europäischen Wertes der Freiheit

Die Migrationspolitik und die Grenzregelungen in Europa haben zu Tausenden von Toten im Mittelmeer geführt und günstige Bedingungen für die Ausbeutung und Unfreiheit

---

10 Vgl. *Global Estimates of Modern Slavery. Forced Labour and Forced Marriage*, ed. by International Labour Organization (ILO), Walk Free, and International Organization for Migration (IOM), Geneva 2022 (https://cdn.walkfree.org/content/uploads/2022/09/12142341/GEMS-2022_Report_EN_V8.pdf; letzter Zugriff: 24.4.2024).

der verschiedenen Gruppen von Menschen geschaffen, die auf dem Weg nach Europa sind, seien es Menschenhändler, Wirtschaftsmigranten, Asylbewerber oder Flüchtlinge. Das Erstarken von Extremismus und Populismus in den europäischen Ländern hängt mit dem starken Zustrom von Migranten zusammen und verschärft die Identitätskrise. Die Migration hat die Demografie Europas verändert und verändert sie immer noch. Der Zustrom von Flüchtlingen in die Länder der Europäischen Union zwischen 2011 und heute erreichte 2015 seinen Höhepunkt. Er gibt Anlass zu großer Sorge. Die Mitgliedstaaten können ihre Kapazitäten nicht überschreiten, was den normativen Kern der Europäischen Union vor enorme Herausforderungen stellt. Die ehemalige deutsche Bundeskanzlerin Angela Merkel bezeichnete das Flüchtlingsproblem ausdrücklich als eine der größten Herausforderungen für die EU, die zu einer Krise der europäischen Integration und der Grundsätze der offenen Grenzen führt. Dies ist nicht nur eine Frage der Alters- und Geschlechterverteilung. Es geht auch um die allgemein wahrgenommene Vorstellung von europäischer Identität, einschließlich des Christseins, und somit, mit anderen Worten, um die Infragestellung des bestehenden europäischen Selbstverständnisses. Migrationspolitiken und Grenzregime bezeichnen Regelungen, Mechanismen, Einrichtungen, Strukturen, Systeme, Diskurse, Programme und Praktiken, die zur Kontrolle der Migration eingesetzt werden.[11] Wie widersprechen diese Politiken und Regime dem zentralen europäischen Wert und begünstigen gleichzeitig den Anstieg der modernen Sklaverei in Europa?

11 Vgl. Fırat Genç/Gerda Heck/Sabine Hess, »The Multilayered Migration Regime in Turkey. Contested Regionalization, Deceleration, and Legal Precarization«, in: *Journal of Borderlands Studies*, 34 (2019), 489–508.

Wissenschaftler glauben, dass das Schengener Abkommen das erste Opfer der Krise sein könnte, da einige Mitgliedstaaten an ihren Grenzen Barrieren errichten, um die Bewegung von Flüchtlingen zu verhindern, nachdem sie Europa erreicht haben.[12] Seit Herbst 2015 haben Frankreich, Deutschland, Österreich, Dänemark, Schweden und Norwegen das Schengener Abkommen vorübergehend ausgesetzt und Grenzkontrollen eingeführt. Das Schengener Abkommen erlaubt eine vorübergehende Aussetzung unter außergewöhnlichen Umständen wie den jetzigen. Es wurde deutlich, dass das Abkommen, das als Symbol der Freiheit gilt, den Umgang mit einem Ereignis wie dem Zustrom von Flüchtlingen nach Europa in den letzten Jahren erschwert. Grenzen sind Kontrollen an ausgewiesenen Grenzübergangsstellen und Grenzüberwachung, vor allem zu Lande und zu Wasser. Der Begriff »Grenzen« geht über die Territorialität hinaus. Er umfasst auch Kontrollpunkte an Bahnhöfen.[13] Einige Autoren beziehen politische, soziale und wirtschaftliche Grenzen mit ein, die in den meisten Fällen eine Hierarchie der Rechte zwischen verschiedenen Bevölkerungsgruppen schaffen.[14]

12 Vgl. Jean-Claude Garcia-Zamor, *Ethical Dilemmas of Migration. Moral Challenges for Policymakers*, 2018.

13 Vgl. Bastian Ambrosius Vollmer/Franck Düvell, »Grenzen und Migration – eine dynamische Interdependenz«, in: *Grenzforschung. Handbuch für Wissenschaft und Studium*, hrsg. von Dominik Gerst, Maria Klessmann und Hannes Krämer, Baden-Baden 2021, 316–330.

14 Vgl. Marijana Hameršak/Sabine Hess/Marc Speer/Marta Stojić Mitrović, »The Forging of the Balkan Route. Contextualizing the Border Regime in the EU Periphery«, in: *Movements. Journal for Critical Migration and Border Regime Studies* 5 (2020), 9–29, 13, sowie Sabine Hess/Vassilis Tsianos, »Europeanizing Transnationalism! Provincializing Europe! – Konturen eines neuen Grenzregimes«, in: *Turbulente Ränder. Neue Perspektiven auf*

Ab 2020 haben neun EU-Mitgliedstaaten Grenzzäune errichtet, um Flüchtlinge an der Einreise in den EU-Raum zu hindern. Dabei handelt es sich um Außen- und Binnengrenzen, die gegen das Schengener Abkommen verstoßen. Außerdem erhöhen diese Grenzen die Unsicherheit, unter der Flüchtlinge, Asylbewerber und Migranten leiden. Es gibt Todesfälle im Mittelmeer, unmenschliche Inhaftierungen an den Außengrenzen wie z.B. in Libyen und an den Binnengrenzen. Die Bedingungen in den Haftanstalten an den Grenzen führen dazu, dass Häftlinge fliehen. Wenn sie aber fliehen, werden sie oft als Sklaven gefangen genommen. So berichtet Oxfam, dass in von der EU geförderten Haftanstalten in Libyen Milizen nachts eindringen und Flüchtlinge wegschleppen, um von ihren Familien Lösegeld zu verlangen. In einem *Spiegel*-Bericht heißt es, dass internationale Flüchtlinge angekettet und gezwungen werden, als Hausangestellte, Fabrikarbeiter und auf Baustellen zu arbeiten. Laut demselben Bericht werden sie als Sklaven verkauft, wobei die Männer zur Zwangsarbeit und die Frauen zur Prostitution gezwungen werden. Man könnte argumentieren, dass diese Vorfälle außerhalb der EU-Region liegen, aber das Haftzentrum in Libyen wird von der Europäischen Union als Externalisierung ihrer Grenzen finanziert. Außerdem behindern diese Grenzen, Zäune und Haftanstalten die Freizügigkeit. Auch die Politik der Quoten und Entschädigungen für Flüchtlinge macht sie zu Objekten wie im Fall der Kommodifizierung von Sklaven in der Ära des transatlantischen Sklavenhandels.

Der Migrationsdiskurs ist davon geprägt, wie Europa über die Welt denkt, was mit historischen Entwicklungen zusammenhängt. Es gibt eine spezifische Schnittmenge zwi-

Migration an den Grenzen Europas, hrsg. von Transit Migration Forschungsgruppe, Bielefeld 2007, 23–38, 27.

schen Migrationspolitik, Kolonialismus und Postkolonialismus, insbesondere im Diskurs über die Bewegungen vom globalen Süden in den globalen Norden. Europa als Maßstab der Modernisierung und die liberale Demokratie, deren zentrales Prinzip die Freiheit ist und die die Grundlage der Entwicklung bildet,[15] machen Europa weiterhin zu einem Bezugspunkt. Folglich ist der Ripple-Effekt ein Pull-Faktor, der eher ideologisch als politisch ist. Der neokoloniale Diskurs prägt den Wunsch zu migrieren und begünstigt die Ungleichheit der Machtverhältnisse bei den Bewegungsmöglichkeiten. Das Ergebnis ist überwältigend: die Stärkung der modernen Sklaverei angesichts der versprochenen, aber gescheiterten Freiheit.

Fazit

Die Grenzen und Zäune, die darauf abzielen, die Bewegungen von Flüchtlingen zu kontrollieren und einzuschränken, und die in der Folge zu verschiedenen Formen der Verletzung der Menschenwürde innerhalb und außerhalb der EU-Staaten führen, zeigen, dass die nach dem Ende des Kalten Krieges versprochene Freiheit gescheitert ist. Die Flüchtlingskrise in Europa ist in der Tat die Krise der europäischen liberalen Werte. Eine Möglichkeit, sie zu lösen, besteht jedoch nicht in der Erhöhung der Grenzen und der Einrichtung von Haftanstalten, deren Folge die Verletzung der Freiheit der Migranten ist, also eines zentralen europäischen Wertes. Vielmehr könnte Europa sein eigenes Selbstverständnis überdenken. Diese Schlussfolgerung bietet kein Ausweg aus dem europäischen Dilemma. Vielmehr ist sie

15 Arturo Escobar, *Encountering Development. The Making and Unmaking of the Third World*, Princeton 1995.

ein Versuch, einen Beitrag zu dem Gespräch über Europa zu leisten, das derzeit notwendig ist. Europa wird stabil werden, wenn es sein soziales Selbstverständnis und die Asymmetrien zwischen »wir« und »sie« wirklich überdenkt. Dabei geht es nicht immer um die finanziellen Auswirkungen der Aufnahme von mehr oder weniger Flüchtlingen, Migranten oder Asylbewerbern. Vielmehr geht es um die Konstitution von »wir« und »sie«, die »sie« als Eindringlinge, als Störer einer angenommenen Homogenität betrachtet. Derselbe Diskurs, der Europa und die europäischen Werte als das Erste und Beste und die Herkunftsländer von Migranten, Flüchtlingen und Asylsuchenden als das Letzte und Schlimmste konstruiert hat, prägt gleichzeitig die Hoffnung der Migranten, Flüchtlinge und Asylsuchenden, dass Europa ihr Überleben und ihre Zukunft sein könnte. Zäune und Grenzen können Migranten, Flüchtlinge und Asylsuchende nicht davon abhalten, jedes Risiko einzugehen, um nach Europa zu kommen.

Freiheit, Bildung, Menschenwürde

GESINE SCHWAN im Gespräch mit HOLGER ZABOROWSKI

Liebe Frau Schwan, Freiheit ist ein Schlüsselwort der anti-ken, aber insbesondere auch der modernen politischen Philo-sophie. Wie definieren Sie Freiheit? Sie bezeichnen sich selbst als freiheitsliebenden Menschen. Warum ist für Sie Freiheit besonders wichtig?

Es gibt die berühmte Unterscheidung der »Freiheit von« von der »Freiheit zu«. Diese lasse ich hier mal beiseite. Für mich ist Freiheit eine individuelle, soziale und politische Praxis von Menschen, die sich zum Teil allein, zum Teil, indem sie sich zusammentun, nach Gesichtspunkten des Gemeinwohls individuell verantwortlich verhalten und vor allen Dingen entsprechend ihrer Gewissensentscheidung handeln können. Das ist zentral: zusammenarbeiten in der Gestaltung des eigenen Lebens. Freiheit ist bei mir daher politisch konnotiert, nicht vor allem ökonomisch. Die in-dividuelle Gewissensfreiheit ist die Basis, aber sie ist auf Gemeinsamkeit mit den Mitmenschen und ein gemeinsames Leben gerichtet.

Welche Gefährdungen von Freiheit sehen Sie im heutigen politisch-gesellschaftlichen Kontext?

Natürlich viele. »Freiheit« ist eigentlich immer ein schwieri-ges und forderndes Konzept, denn Freiheit verlangt von den Menschen viel Nachdenken darüber, was ein guter und ge-wissenhaft zu beschreitender Weg ist. Freiheit verlangt den selbstreflektierten Umgang mit den eigenen Leidenschaften, den eigenen Wünschen und Schwächen, den Umgang mit den eigenen Interessen und einer gerechten, fairen, verantwortungsvollen Balance zwischen eigenen Vorteilen, auch Launen und den berechtigten Ansprüchen der anderen. Sie verlangt also eine kultivierte Menschlichkeit und auch eine Einsicht und die Bereitschaft, sich alles sehr genau zu überlegen, und dann den Mut zu haben, nach dem, was man für richtig hält, zu handeln, sich dafür gegebenenfalls auch der Kritik auszusetzen. Das könnte man konzentrieren in der Idee einer starken Persönlichkeit, die das ermöglicht, stark im intellektuellen und im emotionalen Sinne, nicht zuletzt der Selbstbeherrschung.

Aber sind diese Persönlichkeiten im digitalen Zeitalter nicht besonders gefährdet? Will man solche freien Menschen haben? Fördert man sie?

Ich denke, dass wir in unseren Gesellschaften im Vergleich zum 17., 18. oder 19. Jahrhundert, auf die gesamte Gesellschaft bezogen, sehr viel mehr starke Persönlichkeiten haben als früher, als die Bereitschaft, sich der Obrigkeit zu unterwerfen, aus verständlichen Gründen größer war und auch mangelnde Bildung dazu führte, dass man sich in der Regel nicht gegen ungerechte Herrschaft auflehnte. Aber mir scheint auch, dass es heute viele Faktoren gibt, die diese Persönlichkeiten nicht stärken, sondern schwächen. Denken Sie an die neoliberale und marktradikale Politik und die Schwächung des Staates durch ökonomische Machtkonzentration über die nationalen Grenzen hinweg, die die sozialen Unterschiede so scharf haben werden lassen. Wir sind angewiesen auf eine ausgleichende Politik, die die sozialen Unterschiede, die durch den freien Markt entstehen, wieder einfängt. Die Schwächung des Staates hat dazu geführt, dass

Konflikte kaum noch kanalisiert werden können. Und das ist natürlich für die Praxis der Freiheit schädlich.

Ich glaube, dass die deutsche Politik in den letzten 16 Jahren einen falschen Weg gegangen ist, weil Freiheit natürlich auch bedeutet, Konflikte und streitbare Diskussionen über den richtigen Weg zu führen. Das alles hat nicht stattgefunden. Das sind sicher grundlegende Gefährdungen.

Bildungssystem

Freiheit setzt, wie Sie betont haben, auch Bildung voraus. Damit wären wir beim Bildungssystem. Welche Aufgaben sehen Sie für die Schulen oder für die Universitäten heute? Kommen diese Bildungseinrichtungen ihren Aufgaben nach?

Die aktuelle Situation zum Beispiel hier in Berlin ist schon sehr miserabel. Es fehlen allein schon viele Lehrer. Da kann man sich gar nicht den Luxus erlauben, auch noch nach der Art der Bildung zu fragen. Aber das muss man natürlich trotzdem tun. Hier zeigt sich eine geringe Wertschätzung von Bildung und eine Borniertheit, die furchtbar ist.

Bildung stand in der philosophischen Tradition immer in einem systematischen Zusammenhang mit dem Verständnis der Gesellschaft. Man bildet nicht für Robinson auf der Insel, sondern man bildet für ein Leben in einer Gesellschaft. Zumindest implizit hat man darüber immer reflektiert. Inhaltlich kann das trotzdem bei Wilhelm von Humboldt anders aussehen als in der katholischen Soziallehre.

Und welche Herausforderungen sehen Sie heute?

Gerade heutzutage muss man sich fragen, was Menschen brauchen, um für mindestens 50 Jahre ihr Leben in dieser

Welt gestalten zu können. Gibt es irgendwelche Konstanten, auf die man sich stützen kann und auf die man bauen muss? Und diese, so meine ich, gibt es. Nämlich das globale Zusammenrücken und das Zusammenkommen von großer Vielfalt. Damit ist die Notwendigkeit verbunden, sich zu orientieren, sich selbst und die anderen in der Vielfalt zu verstehen. Deswegen definiere ich, abstrakt gesprochen, Bildung im Wesentlichen als Arbeit an der Selbstverständigung und an der Verständigung mit anderen, als Entwicklung und Stärkung von Verständigungsfähigkeit.

Was genau meinen Sie mit »Verständigungsfähigkeit«? Es geht dabei vermutlich um mehr als ein bloß intellektuelles Verstehen.

Ich begreife Verständigungsfähigkeit einerseits als etwas Kognitives und Analytisches, nämlich als die Fähigkeit, Verschiedenheiten, die verschiedenen Codes von sozialen Gruppen zum Beispiel, oder auch Zusammenhänge in der Natur zu verstehen, aber andererseits auch als den Willen dazu, auf den anderen Menschen zu hören, ihn zu verstehen und von ihm zu lernen. Das ist schon innerhalb einer Familie bei den verschiedenen Mitgliedern, die zu unterschiedlichen Generationen gehören, oft schwierig. Selbst mit meinem Mann, mit dem ich so viel gemeinsame Welt teile, gibt es manchmal über bestimmte Begriffe eine Auseinandersetzung, weil er etwas anderes damit assoziiert als ich.

Das ist ein zentraler Aspekt von Bildung. Natürlich muss man dann verschiedene Sprachen im wörtlichen und übertragenen Sinne lernen. Man muss auch an sich selbst arbeiten. Es gehört eine große Stärkung der individuellen Selbstwertschätzung dazu, um diese Orientierung, verbunden mit Selbstkritik, zu ermöglichen. Bildung ist daher auch immer ein Stärkungsprozess. Das alles müsste grundsätzlich von allen, die im Bildungsbereich tätig sind, bedacht werden. Menschen müssen letztlich sich selbst bilden. Sie können dabei jedoch begleitet und unterstützt werden. Bildung kann nicht ge- oder verkauft werden wie eine Ware, wie ein Paar Schuhe. Man kann zwar ein Zertifikat von Harvard erhalten und dann eine Stelle bekommen. Aber das sagt noch nichts über Bildung.

Wenn es so wichtig ist, dass Bildung die Freiheit stärkt, und wenn diese gestärkte Freiheit auch eine zentrale Voraussetzung für politisches Handeln ist, warum steht dann nach Ihrer Einschätzung die Bildungspolitik so sehr am Rande? Sie spielt doch gar nicht die Rolle, die sie spielen sollte. Und würde das nicht viele soziale und politische Probleme der Gegenwart erklären?

Bildungspolitik wurde immer, auch von der SPD, stiefmütterlich behandelt und oft auch technokratisch oder rein berufsbezogen verstanden. Der ganze Bologna-Prozess ist von der Begründung her, finde ich, völlig defizitär und wurde im Rahmen eines neoliberalen Verständnisses von Bildung durchgeführt. Es ging um Ausbildung für die Unternehmen und für den Weltmarkt. Es haben mir später so manche Unternehmer zugestanden, dass man möglichst früh Abitur machen sollte, um dann schnell ausgebildet und in die Kultur der Unternehmen integriert zu werden. Dahinter stand auch die psychologische Behauptung, dass man nur bis Anfang 30 innovativ sei und danach nicht mehr.

Wie konnte es dazu kommen? Es ist doch bekannt, wie wichtig es ist, einen Menschen zu bilden und dann auch entsprechend Bildungsinstitutionen einzurichten.

Bildung hat wie andere Gemeinwohlinteressen keine konkrete konfliktfähige Lobby. Diese verallgemeinerbaren Interessen haben die geringste Lobby. Sie sind irgendwie zu diffus. Vielleicht hat an Bildung nur jemand Interesse in dem Sinne, wie ich das beschrieben habe, der die Chance hatte, sie auch selbst zu erfahren und die Vorteile oder auch die schönen Erfahrungen mit ihr zu genießen. Für mich selbst ist die Verständigung mit Menschen, die sehr unterschiedliche Positionen oder Sichtweisen einnehmen, ein tolles Erlebnis. Das ist für viele andere aber gar nicht so, obwohl der Alltag solche Verständigung dauernd erfordert. Vielleicht sind es im Zweifelsfall die Frauen und die Mütter, die sich immer wieder um dieses Verständnis bemühen. Männer weichen vielleicht leichter in Streit aus.

Bildung ist nicht nur berufsbezogen, sondern betrifft auch die großen Fragen nach dem Sinn unserer Existenz. Diese Frage klingt vielleicht ein wenig abgehoben, aber man kann ihr letztlich nicht entgehen.

Ich bin davon überzeugt, dass Menschen in ihren bildbaren Jahren sich auch diese Frage sehr ernsthaft stellen müssen und auch stellen: Was mache ich aus meinem Leben? Wann und wie ist es sinnvoll? Ich habe in der Einführungsvorlesung am Otto-Suhr-Institut der Universität immer auf diese Frage hingewiesen: Was mache ich, wenn ich mit 28 Jahren todkrank werde? Welche Fragen stelle ich mir dann? Aber auch: Was mache ich, wenn ich mit 80 ans Sterben denken muss? Welche Fragen stelle ich mir dann?

Die Frage, was ich aus meinem Leben gemacht habe, ist keine Luxusfrage. Sie macht die Ausbildung in einem praktischen Beruf nicht überflüssig. Im Gegenteil. Aber sie ist hilfreich, um diesen praktischen Beruf auch mit Engagement auszuüben. Übrigens interessiert man sich neuerdings auch für Bildung im kommunalen Kontext. Kommunen sind auch Orte von Bildung. Ich werde interessanterweise vermehrt dazu eingeladen, darüber zu sprechen. Denn die Kommunen stellen fest, wie wichtig es ist, dass Menschen sich verständigen können. Man kann diese Verständigung nicht mehr autoritär erzwingen.

Vor allem, wenn man das Anliegen der Partizipation ernst nimmt. Bildung bedeutet dann auch, die Fähigkeit zur Partizipation zu stärken.

Ich würde noch einen Schritt weitergehen. Aber das ist nicht originell: Durch Partizipation bilde ich mich. Das ist auch meine Erfahrung in den Kommunalen Entwicklungsbeiräten. Man hört einander zu, lernt verschiedene Perspektiven kennen und bildet sich so auch. Partizipation heißt dann auch, ins Detail zu gehen, anhand eines Beispiels etwas vertieft kennenzulernen und sich darüber zu verständigen.

Im Grunde müssten wir noch mal ganz neu über unsere Bildungsinstitutionen nachdenken. Wie kann oder soll schulisches Leben in der Zukunft aussehen? Dabei müssten wir vor allem fragen: Welche Bedeutung kommt nicht nur den technischen Hilfsmitteln, sondern der Persönlichkeit des Lehrers oder der Lehrerin zu? Wir müssten, denke ich, Programme haben, um die besten jungen Leute dazu zu gewinnen, Lehrerinnen und Lehrer zu werden und um sie dann bestmöglich zu bilden und auszubilden.

Das ist natürlich ein alter Gedanke jeder Schulreform, dass sie mit einer »Lehrerreform« verbunden sein muss. Wir brauchen nicht nur Geld im Bildungsbereich, sondern Geld für mehr Personen.

Ist dann aber die Krise der Freiheit, die wir im Moment haben, im Grunde nicht eine Bildungskrise?

Ja. Aber die Bildungskrise ist auch eine Krise der Freiheit. Wissen Sie, ich sehe das als einen Zusammenhang. Sie können das immer von der einen und von der anderen Sache her betrachten. Wenn Menschen keinen Sinn für Freiheit im Sinne von Gewissensfreiheit, aber auch für Freiheit im Sinne der Neugier und des Erforschens haben, sieht es problematisch aus für die Bildung.

Warum wird dies nicht lauter in der Gesellschaft diskutiert?

Man muss dafür auch einen inneren Problemsinn haben. Ich erlebe das mit meinem Buch *Politik trotz Globalisierung*. Auf dem Buchmarkt hat das bisher eher einen mageren Erfolg, obwohl es die zentralen aktuellen Themen behandelt, und zwar meines Erachtens auch in einer Sprache, die verständlich ist. Allerdings sagt schon mein Mann, der eben Praktiker ist, an der Weltbank tätig war und praktische Entwicklungszusammenarbeit betrieben hat, dass die Texte doch nicht ganz leicht zu lesen sind. Darüber bin ich natürlich betrübt, weil ich hoffte, das Buch könnte etwas bewegen.

Es kann aber auch sein, dass es vielleicht in ein paar Jahren etwas bewegt, weil viele Menschen das behandelte Problem in seiner Dringlichkeit noch nicht sehen: Was bedeutet es, in einer globalisierten Ökonomie, die vielleicht jetzt ein wenig entglobalisiert werden wird, und in einer Dominanz der kapitalistischen Dynamik Politik zu treiben? Kann man das? Wie legitimiert sich Politik? Für mich ist das *die* fundamentale Frage, aber vielen ist sie gar nicht präsent. Selbst die, die in der Politik stehen, sehen ihre Bedeutung häufig nicht.

Frau Schwan, wir haben über Freiheit gesprochen und die Bildung zur Freiheit. Ein anderer zentraler Begriff für Ihr politisches Denken, aber auch für unsere Verfassungsordnung, ist der Begriff der Menschenwürde. Viele der Krisen, über die wir anfangs gesprochen haben, sind auch Krisen, die massive Auswirkungen auf die Menschenwürde haben oder die in einem Zusammenhang mit der Würde des Menschen stehen. Vielleicht können Sie etwas über Ihr Verständnis von Würde sagen. Warum ist dieser Begriff für Sie so zentral?

Menschenwürde ist sicherlich ein Schlüsselbegriff für mich. Schon als Kind habe ich darunter gelitten, wenn ich erlebt habe, dass Menschen gedemütigt wurden, also nicht einfach ungerecht behandelt, sondern richtig gedemütigt wurden. Demütigung ist ein zentraler Gegenbegriff zur Würde. Ich habe das auch in der Schule erlebt, dass Mitschüler, insbesondere in der Mathematik, an die Tafel gerufen wurden und eine Aufgabe lösen sollten, was ihnen nicht gelang. Dann sind sie wieder beschämt auf ihren Platz zurückgekehrt. Da ist tief drin in mir etwas bewegt worden. Aber solche Demütigung findet man leider an vielen Stellen in unserer Gesellschaft. Natürlich folgen auch aus ungerechten Verhältnissen Demütigungen. Aber es ist nicht dasselbe, wie wenn ein Mensch so konkret von einem anderen gedemütigt wird. Der israelische Autor Avishai Margalit hat ein wichtiges Buch dazu geschrieben …

Die Politik der Würde.

Ja, genau. Das Buch habe ich vor einigen Jahrzehnten mit großem Gewinn gelesen. Er hat den Gegensatz zwischen Würde und Demütigung, finde ich, sehr gut ausgeführt.

Nun zum Grundgesetz. Der Satz »Die Würde des Menschen ist unantastbar« ist natürlich kein indikativischer, sondern ein normativer Satz. Er richtet sich im Wesentlichen an den Staat, an die Gesellschaft eher indirekt. Diese Würde, die faktisch überall angetastet wird, besagt zunächst, dass Menschen erst einmal ohne jede Vorleistung eine Würde haben. Würde folgt nicht aus Leistung. Auch Menschen mit Demenz haben daher ihre Würde, und sie müssen auch entsprechend behandelt werden.

Wie würden Sie denn Würde definieren? Gibt es überhaupt eine Definition?

Wenn man sie religiös verstehen würde, das ist für mich natürlich wichtig, dann ist das eine »Ausstattung« durch Gott, den Schöpfer. Alle Menschen als Gotteskinder verfügen über diese Ausstattung und sollen deshalb respektvoll behandelt werden. Im Wesentlichen heißt das für mich, dass ihre Freiheit, ihre Selbstbestimmung respektiert wird und dass sie nicht instrumentalisiert werden dürfen. Wenn man sie anders, ohne Bezug auf Gott, versteht, wird man ebenfalls sagen müssen, dass sie besonders in der Freiheit, in der Selbstbestimmung gründet. Nur dass dahinter nicht der Glaube an eine gemeinsame Gotteskindschaft steht, der mir auch emotional wichtig ist. Wenn Menschen nicht mehr über sich selbst bestimmen können, sei es aus materiellen oder psychischen oder anderen Gründen – zum Beispiel, wenn sie im Gefängnis sitzen –, geht ihnen allerdings die Würde nicht einfach verloren. Es gibt auch eine Ungleichheit der Lebensverhältnisse, die die Menschenwürde, die in der Verantwortung des Subjekts liegt, nicht direkt tangiert. Ungleichheit hat allerdings – oft implizit – dann eine Auswirkung auf die Menschenwürde, wenn sie zu Machtmissbrauch oder zu Demütigungen führt. Die Würde zu schützen und nicht zu verletzen, ist nicht nur oberstes Gebot des Staates, sondern aller Menschen untereinander. Das folgt dann nicht aus dem Grundgesetz, sondern aus überstaatlichen Menschenrechten. Dazu hat die Politik auch beizutragen. Würde beginnt mit der Verfassung und Gesetzen, die sie schützen, und geht weiter mit der Kultur und den kulturellen Beziehungen der Menschen untereinander. Ich finde, dass ein politisches System im Wesentlichen die Aufgabe hat, die Würde des Menschen in allen ihren Dimensionen zu schützen und zu wahren.

Universale Geltung der Menschenwürde

Wir sind lange in der politischen Debatte davon ausgegangen, dass das, was sie eben geschildert haben, universale Ansätze sind. Es gelte für alle Menschen. Zunehmend werde diese Geltung auch weltweit anerkannt. Doch jetzt sehen wir trotzdem das Erstarken autoritärer politischer Systeme, die wichtige Freiheitsrechte infrage stellen und insofern auch die Menschenwürde. Wie erklären Sie sich das? Ist das nur ein kurzer Moment in der doch längerfristig positiven Entwicklung einer Kultur von Freiheit und Menschenwürde? Oder zeigt sich darin eine fundamentalere Krise des politischen Denkens und Lebens? Gehen wir vielleicht einfach im Westen von einem bestimmten Verständnis von Würde aus, das in anderen Teilen der Welt – in China oder in arabischen Ländern – gar keine oder eine ganz andere Bedeutung hat?

Nein, ich bin nicht dieser Meinung. Ich denke, ein willkürlich verurteilter Chinese fühlt sich genauso entwürdigt, in seiner Selbstbestimmung nicht respektiert, wie ein willkürlich verurteilter Deutscher. Eine wichtige Frage wäre, ob die, die gegen die liberale Welt vorgehen, das subjektiv aufgrund einer Entwürdigung tun, die sie selbst erfahren haben.

Diskutiert werden in jüngster Vergangenheit auch die Grenzen der Freiheit. Inwiefern ist die Freiheit des Menschen immer auch begrenzt? Und gehört die Anerkennung der Grenzen der Freiheit nicht auch zur Würde des Menschen?

Freiheit kann nicht absolut sein, weil wir nicht allein leben. Sie ist mit Verpflichtungen verbunden, die aus der gleichen Freiheit aller Menschen folgen. Manche Impfgegner betonen nur ihre eigenen Rechte. Aber Freiheit ist immer auch die Freiheit des oder der anderen, auch dessen, dass ich sie nicht anstecken darf. Vielleicht ist es auch so, dass die aktuelle Krise der liberalen Demokratie mit einem einseitigen egozentrischen Freiheitsverständnis zusammenhängt, das sich in den letzten Jahrzehnten als »liberal« eingebürgert hat. Viele Menschen haben zuletzt in erster Linie gedacht, sie hätten Ansprüche, aber keine Verpflichtungen. Das hatte sicher Auswirkungen. Aber ich glaube, dass zugleich die unglaublichen Ungleichheiten, die sich im Zuge des herrschenden Neoliberalismus gesteigert haben, zu diesem Gefühl der Entwürdigung, das viele für sich empfinden, beigetragen haben. Das bezieht sich nicht nur auf Materielles, sondern es geht eben auch darum, ob man über die eigenen Lebensbedingungen mitbestimmen kann. Das ist in meiner Sicht sogar noch zentraler.

Zeigen die vielen Debatten über die Würde nicht, dass es ein schwieriger, schwer zu definierender Begriff ist? Man kann Würde einmal so und einmal ganz anders verstehen. Sollte man auf diesen Begriff nicht besser verzichten?

Insgesamt ist »Würde« kein eindeutiger Begriff. Man weiß, dass es schwer ist, Gerichtsurteile mit der Würde des Menschen zu begründen. Es wird immer wieder versucht. Aber ich glaube, man kann auf diesen Begriff nicht verzichten. Alle großen Begriffe sind allerdings immer auch uneindeutig: Freiheit, Gerechtigkeit, Solidarität et cetera. Nichts davon ist eindeutig. Und deswegen setze ich auch da an, dass die zentrale Möglichkeit, die Würde wiederherzustellen und damit auch gegen extremistischen Populismus anzugehen, also gegen das Gefühl, gedemütigt zu sein, in der Selbstbestimmung nicht anerkannt zu werden, neue Wege politischer Teilhabe sind, die gut durchdacht sein müssen, um das Gefühl der Selbstwirksamkeit und Freiheit wieder- oder allererst herzustellen. Sie sind entscheidende Mittel gegen Kränkungen und Ressentiments – nicht nur Rentenausgleiche, also nicht nur sozialpolitische Maßnahmen.

Die Würde der Flüchtlinge

Mit dem Begriff der Würde berühren wir auch das Thema Ihres letzten Buches, nämlich die Flüchtlingsfrage. Europa versagt gerade auch angesichts der vielen Krisen, die zur Migration führen. Jeden Tag sterben immer noch Menschen, die sich auf die Flucht nach Europa gemacht haben. In den Schlagzeilen ist das oft nicht mehr zu lesen. Wir haben uns, so scheint es, daran gewöhnt.

Ich gehe übermorgen zu einer symbolischen Tauffeier eines Schiffes von »SOS Humanity« – früher »SOS Méditerranée«. Die haben ein Schiff erworben, das auf den Namen »SOS Humanity« getauft wird. Damit wollen sie wieder im Mittelmeer auf Rettungsfahrt gehen. Das ist nach wie vor akut. Übrigens gibt es weiter überall Pushbacks, auch in Polen.

Jetzt wird zwar gerühmt, wie Polen Ukrainer aufnimmt. Das ist auch gut und richtig. Aber an der belarussischen Grenze schickt die Regierung die Flüchtlinge aus anderen Ländern immer noch zurück. Im Winter sind sie damit oft zum Tode verurteilt, aber auch im Sommer ist ihre Situation sehr schwierig in den unzugänglichen Wäldern an der Grenze. Ich erhebe hier Vorwürfe gegen die Europäische Union und auch gegen Deutschland unter der Regierung Merkel. In dieser Frage gibt es eine verheerende Politik, die meines Erachtens mit dazu beigetragen hat, dass die Europäische Union in Afrika sehr an Reputation verloren hat.

Inwiefern?

Die afrikanischen Staaten haben genau gesehen, dass die Europäische Union seit der Zunahme der Flüchtlingszahlen zunehmend die afrikanischen Staaten missbraucht und instrumentalisiert hat, um die Flucht von Afrikanern zu unterbinden, indem sie vor allen Dingen gefordert hat, die Grenzen dichtzumachen. Das ist völlig gegen die Interessen der Afrikaner, die genauso wie die Europäer die Grenzen möglichst offenhalten wollen. Ganz abgesehen davon, dass Grenzen in der afrikanischen Geschichte und Kultur eine andere Rolle spielen als bei uns. Oder die Europäer kooperieren mit Unrechtsregimen, die auch wieder neue Fluchtbewegungen auslösen. Diese Politik ist kurzsichtig und unmenschlich und richtet sich gegen die Menschenrechte, gegen das Völkerrecht.

Das ärgert mich umso mehr, als dass das nicht aus einer tragischen Situation folgt, sondern aus politischer Feigheit. Der Grund für dieses Verhalten liegt in Gleichgültigkeit gegenüber dem Leid und in mangelnder Fantasie. Denn eine menschliche Flüchtlingspolitik ist möglich. Es ist von größter Bedeutung, in diesem Bereich etwas zu ändern – um der Menschlichkeit willen, aber auch um der Autorität der Europäischen Union willen. Denn die kann nicht überzeugend über Menschenrechtsverletzungen von Russland in der Ukraine klagen, wenn sie selbst Menschenrechte verletzt. Gegenüber der Türkei hatte sie keine Autorität, weil sie genauso Menschenrechte verletzt, zwar nicht, indem sie Leute willkürlich ins Gefängnis sperrt, aber indem sie sie eben im Mittelmeer ertrinken lässt. Das ist auch schlimm. Das ist eine belastende Problematik.

Europa

Was erwarten Sie von der Europäischen Union angesichts der Flüchtlingskrise? Wie müsste sie reagieren?

Hier hat die Europäische Union nur eine Chance, sich auch im globalen Feld für ihre Werte einzusetzen, wenn sie mit der Heuchelei aufhört, mit dem Predigen von Werten, die sie selbst nicht einhält. Deswegen ist das ganz dringlich. Das ist kein Nebenthema. Ich habe immer darauf gesetzt, dass mit einer anderen deutschen Bundesregierung die Chancen größer sind. Das stimmt auch. Die alte Bundesregierung ist, zumal mit der CSU, nicht bereit gewesen, dieses Thema anzugehen. Frau Merkel hatte kein wirkliches Interesse an einer menschlichen Regelung. Sie hat, nachdem sie die Grenze 2015 zu Recht offengelassen hat, kurz danach sofort wieder eine Politik der Abschottung betrieben. Darüber bin ich sehr ärgerlich.

Auch die Europäische Union ist in einer Krise. Welche Bedeutung hat sie? In welche Richtung entwickelt sie sich Ihrer Ansicht nach?

Die Europäische Union ist nach dem Zweiten Weltkrieg entstanden und gehört ganz klar zu den vielversprechenden Folgen des Zweiten Weltkriegs. Sie hat eine sehr positive Entwicklung genommen. Es ist aber nicht so, dass in dieser Union alle Regierungen demokratisch sind. Die jeweilige Gesellschaft muss man da freilich noch mal von den Regierungen unterscheiden. Die gegenwärtige polnische Regierung ist definitiv nicht demokratisch. Sie ist zum Beispiel gegen die Unabhängigkeit der Gerichte und somit gegen wichtige Rechtsstaatsprinzipien. Auch fördert sie Ressentiments und ist nicht bereit, zu Abmachungen von globaler Reichweite wirklich beizutragen. Die ungarische ist ebenfalls nicht demokratisch. Wir müssen also sehen, dass die Europäische Union in diesen Bereichen Probleme hat, obwohl das Aufnahmekriterium zunächst die demokratische Rechtsstaatlichkeit war. Wir haben alle nicht angenommen, ich auch nicht, dass Länder, die einmal zu einer Demokratie geworden sind, sich wieder autoritär oder autokratisch entwickeln können.

Das sind in der Tat erschütternde Entwicklungen. Ist die Europäische Union vielleicht zu schnell gewachsen? Haben die westlichen Länder die besondere geschichtliche Situation in Mittel- und Osteuropa nicht verstanden? Was sind mögliche Lösungen? Es gibt die Idee einer Neugründung von innen, eines Europa der verschiedenen Geschwindigkeiten. Dann würden sich innerhalb der EU bestimmte Länder zusammentun, um gemeinsam bestimmte Wege in der Flüchtlingspolitik zu gehen.

Das ist wahrscheinlich die einzige Möglichkeit, bestimmte Reformen voranzubringen und zu zeigen, dass es geht und dass man es dann auch so wie vorgemacht machen soll. Der Grund für das jahrelange Scheitern ist, dass es bei der Frage der Migration immer einen erheblichen Prozentsatz von Menschen in unseren Gesellschaften gibt, die sagen: »Das Hemd ist mir näher als der Rock.« Und es gibt immer eine fremdenfeindliche Gruppe von Menschen. Aber ich glaube, dass zusätzlich das rein politische Spiel, gerade auch in der Demokratie, der Wettbewerb um die Macht, einiges dazu beigetragen hat, weil sich zumindest das Migrationsthema über vorhandene Ressentiments und Vorurteile gegenüber Ausländern sehr gut benutzen lässt, um zu hetzen und um bei Wahlen Mehrheiten für sich zu gewinnen. Die dänische Vorsitzende der Sozialdemokratie hat das offenkundig für ihre Mehrheit ausgenutzt. Das fand ich beschämend. Und dazu kommt, dass es in den Gesellschaften eine erhebliche Ressentimentbereitschaft gibt, aus gewachsenen Vorurteilen, weil es so große Ungerechtigkeiten und Ungleichheiten gibt. Mit Hetze gegen Migranten – überhaupt gegen Schwache – kann man immer aufputschen. Und dann sind durch den Syrienkrieg und andere Kriege die Fluchtbewegungen nach Europa stärker geworden. Es gab in dieser Situation keine innereuropäische Solidarität. Die Grenzländer wurden im Stich gelassen, Italien, auch Spanien, Malta und Griechenland. Das alles ist ein Konglomerat, das uns zeigt, finde ich, dass die Europäische Union keineswegs so ein menschenrechtliches Vorbild ist, als das sie sich immer darstellt. Die mit ihr verbundene Lebensweise wird intern von vielen immer noch gerne gesehen, aber die Lebensweise ist nicht dasselbe wie die Beachtung der Menschen- und Bürgerrechte.[1]

---

1 Dieses Gespräch erschien zunächst in: Gesine Schwan, *Warum ich die Hoffnung nicht aufgebe. Ein Gespräch mit Holger Zaborowski*, Ostfildern 2023, 99–136 (mit Kürzungen). Die Herausgeber danken dem Patmos Verlag für die freundliche Genehmigung, dieses Gespräch in diesen Band aufzunehmen.

THOMAS SCHUMACHER

Obrigkeitshörigkeit oder Widerstand?

Biblische Impulse für
gesellschaftlich-politisches Zusammenleben

Hinführung

Was soll ich tun? In dieser Grundfrage spiegeln sich die Spielräume menschlicher Freiheit. Und diese Freiheit, verstanden als Wahlfreiheit, impliziert die Möglichkeit, sich in vielfältiger Weise und im Hinblick auf unterschiedliche Bezugsobjekte zu verhalten. Nun mag gewiss der Blick in Speisekarten, Theaterprogramme oder Warenhausregale schon Kopfzerbrechen und mitunter Diskussionen entstehen lassen, und doch dürfte es kaum schwerfallen, sich noch komplexere Entscheidungssituationen vorzustellen. Gerade wenn es um ethisch weitreichendere und die Freiheitsvollzüge anderer tangierende Entscheidungen geht, dann stellt sich die Frage nach Handlungskriterien in einer sehr viel grundsätzlicheren Weise. Hier gilt nämlich die an Immanuel Kants philosophische Ethik angelehnte und längst zum Kalenderspruch avancierte Volksweisheit: Die Freiheit des Einzelnen endet dort, wo die Freiheit des bzw. der anderen beginnt. Der sich darin ausdrückende Gedanke steht nun in einer gewissen Nähe zu dem Augustinus-Wort »dilige, et quod vis fac«, zu Deutsch: »liebe und, was du willst, das tue«. Was also in dem von Kant inspirierten Sinnspruch mit Blick auf die Grenzen der Freiheitsspielräume formuliert

wird, das verbindet der Bischof von Hippo mit dem Grund-
motiv der Liebe bzw. mit dem Ideal eines Handelns aus der
Liebe. Im einen Fall geht es um die Grenzen der Freiheit, im
anderen darum, dass die entsprechende Grundhaltung jede
Grenzsetzung im Interesse des Nächsten überflüssig werden lässt. Denn in einer Haltung der Liebe ist der Nächste
letztlich um seiner selbst willen bejaht, angenommen und
respektiert.

Zum Verhältnis von Gottesbeziehung und Lebensvollzug

In christlicher Tradition verbindet sich nun aber sowohl mit
dem Thema der Freiheit als auch mit dem Liebesmotiv eine
religiöse Dimension. In sprachlich prägnanter Weise drückt
diese sich im Doppelgebot der Liebe aus, bei dem sich diese
Grundhaltung bzw. ein entsprechender Grundvollzug sowohl auf Gott als auch auf den Mitmenschen bezieht: »Du
sollst den Herrn, deinen Gott, lieben mit deinem ganzen
Herzen und deiner ganzen Seele, mit deiner ganzen Kraft
und deinem ganzen Denken, und deinen Nächsten wie dich
selbst.«[1] Dieses sogenannte »Doppelgebot der Liebe«, das
seine Wurzeln in der jüdischen Tradition hat[2] und das in
christlicher Rezeption geradezu zum *identity marker* eines
christlichen Lebensstils avancierte, verbindet Gottesbeziehung und zwischenmenschliche Relationen.

Doch damit ist die Frage nach einer Verhältnisbestim-
mung von Gottes- und Nächstenliebe noch keineswegs beantwortet. Hier helfen sicher solche Texte weiter, in denen

---

1 Lk 10,27.
2 Vgl. hierzu besonders Dtn 6,5 und Lev 19,18 sowie die entsprechende jüdische Auslegungstradition (exemplarisch TestBen 3,3;
TestIss 5,2).

deutlich wird, dass die Gottesbeziehung der *Ermöglichungsgrund* zwischenmenschlicher Beziehungen ist, dass also göttliche Erwählung – es sei etwa an die Bundestheologie oder die Exodustradition gedacht – zum Grunddatum eines sich daran orientierenden Verhaltens des Menschen wird. Die Zuwendung Gottes markiert damit den Maßstab einer analogen Grundhaltung im interpersonalen Bereich. In sehr prägnanter Weise bringt Paulus diese theologische Rückbindung menschlichen Verhaltens auf den Punkt, wenn er im Galaterbrief schreibt: »Nicht mehr ich lebe, sondern Christus lebt in mir.«[3] Diese Aussage verdeutlicht, dass die für Paulus zutiefst prägende religiöse Erfahrung, die Christusbeziehung, ihm zum Lebensgrund geworden ist. Und dementsprechend folgert er, dass er all das, was seine Existenz und seine Lebensvollzüge kennzeichnet, auf dem Fundament der geschenkhaften Zuwendung Gottes, näherhin der Liebe und Befreiung durch Christus, vollzieht.[4] Vor diesem Hintergrund lässt sich also die Frage nach dem Verhältnis von Gottes- und Nächstenliebe beantworten: Die Gottesbeziehung ist gemäß diesem biblischen Deutungsstrang das tragende Fundament und die innere Prägekraft der Nächstenliebe.

---

3 Gal 2,20.
4 Im Hintergrund dieser Textdeutung steht die Lesart von Papyrus 46, der ältesten Handschrift, die diese Passage des Galaterbriefs überliefert. Zur weiteren Begründung für die Ursprünglichkeit dieser Variante und zu ihrer Interpretation vgl. Thomas Schumacher, »Den Römern ein Römer. Die paulinischen Glaubensaussagen vor dem Hintergrund des römisch-lateinischen *fides*-Begriffes«, in: *Glaube. Das Verständnis des Glaubens im frühen Christentum und in seiner jüdischen und hellenistisch-römischen Umwelt* (= *Wissenschaftliche Untersuchungen zum Neuen Testament* 373), hrsg. von Jörg Frey, Benjamin Schließer und Nadine Ueberschaer, Tübingen 2017, 299–344, besonders 334–335.

Was bedeutet dies nun aber für Situationen, in denen Gottesbeziehung und zwischenmenschliche Relationen zueinander in Spannung geraten? Oder anders formuliert: Kann die Bindung an Gott gegen Ansprüche im interpersonalen Bereich ins Feld geführt werden? Damit ist die Frage nach einer theologischen Begründung von Einspruch und Widerstand gestellt. Im Hinblick auf solche Konstellationen wird man gewiss an jenes Wort aus der Apostelgeschichte denken, wonach man »Gott mehr gehorchen [solle] als den Menschen«.[5] Im Konfliktfall kommt also der Gottesbindung eine solche Tragweite zu, dass sie gegen ihr entgegenstehende Forderungen von menschlicher Seite angeführt werden kann. Es verwundert also kaum, wenn auf diesen Schrifttext zurückgegriffen wurde – und zwar gerade auch im Kontext politischer Auseinandersetzungen –, um Einspruch, Protest und Widerstand zu legitimieren. Prominent geworden sind hier die Euthanasiepredigten des Münsteraner Bischofs Clemens August Graf von Galen aus dem Sommer 1941, der explizit auf Apg 5,29 Bezug nimmt,[6] aber es kann auch an die Bedeutung erinnert werden, die diese Schriftstelle für Dietrich Bonhoeffer hatte.[7]

---

5 Apg 5,29.
6 Vgl. etwa die in der Überwasserkirche gehaltene Predigt vom 20.7.1941: Peter Löffler (Hrsg.), *Bischof Clemens August Graf von Galen, Akten, Briefe und Predigten 1933–1946. Bd. 2: 1939–1946* (= *Veröffentlichungen der Kommission für Zeitgeschichte*, Reihe A: Quellen, Bd. 42), Paderborn u.a. 1996, 855–863, besonders 862.
7 Vgl. etwa Dietrich Bonhoeffer, *Konspiration und Haft 1940–1945* (= *Dietrich Bonhoeffer Werkausgabe* 16), hrsg. von Jørgen Glenthøj, Ulrich Kabitz und Wolf Krötke, Gütersloh 1996, 521–522; Christian Gremmels/Heinrich W. Grosse (Hrsg.), *Dietrich Bonhoeffer. Der Weg in den Widerstand*, Gütersloh 2004, besonders 68–70.

Daneben gibt es nun jedoch auch eine gegenläufige Tradition, die eine durchaus problematische Wirkungsgeschichte aufweist.[8] Die Rede ist von Röm 13,1–7, also jener Textpassage, in der Paulus seiner Adressatengemeinde die Haltung der Unterwürfigkeit gegenüber politischen Obrigkeiten nahezulegen scheint. Dort ist nämlich zu lesen: »Jedermann sei untertan der Obrigkeit, die Gewalt über ihn hat.«[9] Und mit Blick auf die Steuereintreiber des *Imperium Romanum* formuliert Paulus begründend: »denn in Gottes Auftrag handeln jene, die Steuern einzuziehen haben«.[10]

Der gesamte Textabschnitt bildet nicht nur einen Gegenpol zu dem widerstandslegitimierenden Diktum der Apostelgeschichte, sondern hat – wie bereits angedeutet – eine äußerst problematische Rezeption erfahren. Er wurde herangezogen, um politische Macht zu legitimieren und Herrschaftsausübung zu begründen. Dies führt den ehemaligen Basler Neutestamentler Oscar Cullmann zu der Einsicht: »Mit wenigen Worten des NT ist soviel Missbrauch betrieben worden wie mit diesen.«[11] Cullmann formuliert dies »unter dem Eindruck der NS-Zeit«,[12] denn ähnlich wie die beiden genannten Rezeptionsbeispiele des Mottos »man

---

8 Zur Wirkungsgeschichte von Röm 13,1–7 vgl. besonders Ulrich Wilckens, *Der Brief an die Römer. 3. Teilband: Röm 12–16* (= *Evangelisch-Katholischer Kommentar zum Neuen Testament* 6.3), Zürich/Braunschweig 1989, 43–66.

9 Röm 13,1.

10 Röm 13,6.

11 Oscar Cullmann, *Der Staat im Neuen Testament*, Tübingen 1961, 41.

12 Cilliers Breytenbach, *Der Römerbrief als Vermächtnis an die Kirche. Rezeptionsgeschichten aus zwei Jahrtausenden*, Neukirchen-Vluyn 2012, 246.

muss Gott mehr gehorchen als den Menschen«,[13] also Clemens August Graf von Galen und Dietrich Bonhoeffer, so hat just in derselben Zeit auch Röm 13 seine legitimierende Kraft – wenn auch in gegenteiliger Richtung – entfaltet. Und Karl Steinbauer, ein Mitglied der »Bekennenden Kirche«, schrieb im Rückblick auf jene Zeit: »Der böse, überhebliche Weg nach 1933 und der furchtbare katastrophale Zusammenbruch unseres Volkes und Reiches ist wesentlich eine Folge davon, dass wir als Kirche Römer 13 nicht mehr recht verstehen und auslegen konnten.«[14]

Annäherungen an Röm 13,1–7[15]

Doch wie ist nun mit dieser wirkungsgeschichtlich problematischen Passage umzugehen, wie ist sie zu interpretieren? Hier sind zunächst jene Versuche zu erwähnen, die darauf ausgerichtet waren, Röm 13,1–7 zu entschärfen, indem man diese Passage als sekundären Einschub – und damit eben nicht als eine auf Paulus selbst zurückgehende Aussage – zu werten versuchte. Doch angesichts der handschriftlichen Textüberlieferung und der motivisch-begrifflichen Einbettung von Röm 13,1–7 in seinen unmittelbaren Kontext können diese Erklärungsansätze kaum überzeugen. Viel eher wirken sie wie gut gemeinte Domestizierungsversuche einer problematischen Textstelle.

13 Apg 5,29.
14 Karl Steinbauer, *Vom Gehorsam des Glaubens. Mosepredigten*, München 1946, 6.
15 Die folgenden Überlegungen sind passagenweise erstmals veröffentlicht in: Thomas Schumacher, »Christusbeziehung und politischer Widerstand. Paulinische Impulse ausgehend von Röm 13,1–7«, in: *»Wachet und betet«. Mystik, Spiritualität und Gebet in Zeiten politischer und gesellschaftlicher Unruhe*, hrsg. von Oliver Dürr, Ralph Kunz und Andreas Steingruber, Münster 2021, 121–134.

Weitaus prägender für den Diskurs um Röm 13 wurden hingegen jene Stimmen, die auf die Zeitbedingtheit dieser Aussagen hinwiesen und betonten, dass Paulus hier keine staatskirchenrechtlich auswertbaren Festsetzungen treffen wollte.[16] So richtig diese Feststellung auch sein mag, so problematisch erweist sich dieser Zugang jedoch für die Frage, wie sich die besagte Textpassage für eine heutige Rezeption fruchtbar machen lässt. Diese Schwierigkeit spiegelt sich letztlich darin wider, dass Röm 13,1–7 im mitteleuropäischen Raum kaum noch als relevant für ein christliches Verhalten in politisch-gesellschaftlichen Kontexten wahrgenommen wird.

Dennoch bleibt der Eindruck bestehen, dass der fragliche Textabschnitt wie ein Fremdkörper wirkt – und zwar gerade mit Blick auf die Argumentationsführung des Römerbriefs und die paulinische Theologie insgesamt. Dieser Eindruck verschärft sich noch im Lichte der neueren Paulusforschung, die verstärkt die politischen Subtexte und antiimperialen Spitzen, die sich im paulinischen Schrifttum ausmachen lassen, wahrgenommen hat.[17] Und dies gilt in besonderer Weise auch für den Römerbrief, etwa bei den Aussagen, die sich auf die Inthronisation und Herrschaft Christi beziehen und die geradezu wie Gegenentwürfe zu den imperialen Machtansprüchen der römischen Kaiser wirken. Ähnliches gilt übrigens auch für die Aussagen, die Christus als Frie-

---

16 Vgl. hierzu grundlegend Ernst Käsemann, »Römer 13,1–7 in unserer Generation«, in: *Zeitschrift für Theologie und Kirche* 56 (1959), 316–376, sowie zur exegetischen Diskussion Stefan Krauter, *Studien zu Röm 13,1–7. Paulus und der politische Diskurs der neronischen Zeit* (= *Wissenschaftliche Untersuchungen zum Neuen Testament* 243), Tübingen 2009.

17 Vgl. exemplarisch die Einordnung dieser Forschungsperspektive bei Wiard Popkes, »Zum Thema ›Anti-imperiale Deutung neutestamentlicher Schriften‹«, in: *Theologische Literaturzeitung* 127 (2002), 850–862.

densstifter begreifen, denn damit wird ein zentraler politischer Topos, der mit Kaiser Augustus und der Ideologie der *Pax Augusta* bzw. der *Pax Romana* eng verknüpft war, aufgegriffen und in ein christologisches Gegenkonzept umgeformt: Es ist nicht der römische Kaiser, sondern Christus, der als eigentlicher Herrscher anzusehen ist.[18] Im Lichte dieser antiimperialen Akzente, die gerade auch im Römerbrief greifbar sind, wirkt Röm 13,1–7 mit seinen positiven und herrschaftslegitimierenden Aussagen höchst erklärungsbedürftig. Daher suchte man nach Deutungsansätzen, wie sich diese Textpassage mit der politischen Grunddimension der paulinischen Theologie verbinden ließe. Dabei bildete sich unter anderem eine Lektüre von Röm 13,1–7 heraus, bei der man diesen Text als ironische und groteske Überspitzung las oder nach dem *hidden transcript*, also nach unterschwelligen Allusionen fragte.

Sind die römischen Steuereintreiber »Diener Gottes«?

Anstelle dieser Erklärungsansätze soll im Folgenden jedoch eine sprachliche Offenheit – oder vielleicht präziser: eine philologische Unbestimmtheit – dieses Textes diskutiert und ausgewertet werden. In der Regel bezieht man nämlich Röm 13,6 auf die steuereinziehenden römischen Behörden und Instanzen, sodass diese als »Diener Gottes« – bzw. vom Griechischen her eigentlich eher: »Liturgen Gottes« (*leitourgoi theou*) – bezeichnet würden. Philologisch betrachtet ist diese Deutung zwar möglich, keineswegs aber zwingend. Die Syntax der fraglichen Aussage ist nämlich

---

18 Vgl. hierzu exemplarisch Stefan Schreiber, *Die Anfänge der Christologie. Deutungen Jesu im Neuen Testament*, Neukirchen-Vluyn 2015, 31–45.

dafür offen, die Steuer*zahlenden* – also konkret die Mitglieder der römischen Gemeinde – als »Diener Gottes« angesprochen zu sehen. Denn das griechische Wort *leitourgia* bezeichnet einen Dienst, einen Beitrag oder eine Leistung für das Gemeinwesen. Unter dem »Staatsdiener« wäre hier also nicht ein Beamter zu verstehen, der im direkten Auftrag des Staates handelt, sondern vielmehr eine Person, die einen Beitrag zum Gemeinwohl leistet. »Also: Ein ›Liturge‹ dient *dem* Gemeinwesen in bestimmten Bedürfnissen [...], aber ist gerade nicht Diener *des* Staates, in dessen Auftrag er handeln würde, sondern ist höchstens Diener *am* Staatswesen.«[19]

Zu diesem semantischen Befund tritt nun noch die syntaktische Besonderheit hinzu, dass im Falle eines präzisierenden Genitivs – so wie er auch in Röm 13,6 vorliegt – dieser nicht zur Bezeichnung desjenigen dient, dem ein entsprechender Dienst geleistet wird, sondern vielmehr präzisiert, in wessen Auftrag dieser Dienst vollzogen wird. Wenn Paulus also von »Liturgen Gottes« (*leitourgoi theou*) spricht und man dabei den semantischen Akzent von *leitourgos* bedenkt, dann drückt er damit den Gedanken aus, dass jener im Interesse des Allgemeinwesens vollzogene Dienst – eben konkret: das Entrichten der Steuern – im Auftrag Gottes ausgeführt wird. Die Christusgläubigen werden also gewissermaßen »zu Dienern Gottes [...] am Gemeinwesen«.[20]

---

19 Norbert Baumert, *Christus – Hochform von ›Gesetz‹. Übersetzung und Auslegung des Römerbriefs* (= *Paulus neu gelesen*), Würzburg 2012, 266.

20 Norbert Baumert, *Christus – Hochform von ›Gesetz‹. Übersetzung und Auslegung des Römerbriefs*, 266.

Zur historischen Kontextualisierung

Wie liest sich eine solche Aussage aber nun vor dem Hintergrund der historischen Situation zur Abfassungszeit des Römerbriefs? Oder präziser noch: Welche gesellschaftlich-politischen Fragestellungen dürften die Erstleserinnen und Erstleser dieses Textes angesprochen oder gesehen haben?

Die Situation der stadtrömischen Christen
unter Kaiser Claudius

Geht man vom derzeit vertretenen Forschungskonsens aus, wonach die Abfassungszeit des Römerbriefs im Frühling des Jahres 56 n. Chr. zu datieren ist,[21] dann entsteht dieses Schreiben bald nach dem Tod des Kaisers Claudius, also jenes römischen Herrschers, unter dem die stadtrömische(n) Christengemeinde(n) erstmals in den Fokus imperialer Aufmerksamkeit geraten war(en).[22] Im Jahr 49 n. Chr. hatten nämlich Spannungen, wohl vor allem zwischen nicht christusgläubigen Juden und christusgläubigen Juden, für so viel Aufsehen und Unruhe in der Stadt Rom gesorgt, dass Kaiser Claudius eine Exilierung – zumindest wohl der führenden Köpfe dieser Auseinandersetzungen – verfügte.[23] Dieser tiefe

21 Vgl. zur Datierung die gängige Einleitungsliteratur, exemplarisch Stefan Schreiber, »Der Römerbrief«, in: *Einleitung in das Neue Testament*, Bd. 6, hrsg. von Stefan Schreiber und Martin Ebner, Stuttgart 2008, 277–302, 288, Oda Wischmeyer, »Römerbrief«, in: *Paulus. Leben – Umwelt – Werk – Briefe*, hrsg. von Oda Wischmeyer und Eve-Marie Becker, Tübingen 2021, 429–469, 448.
22 Vgl. Sueton, *Claud.* 25,4; vgl. hierzu auch Cass. Dio, *Hist. Rom.* LX 6,6; Orosius, *Hist.* VII 6,15–16 sowie auch Apg 18,2.
23 Vgl. in diesem Zusammenhang auch das Versammlungsverbot für Juden aus dem Jahr 41/42 n. Chr., das Claudius kurz nach seinem

Einschnitt ins Leben der christlichen Gemeinde Roms dürfte zur Abfassung des Römerbriefs im Jahr 56 n. Chr., also nur sieben Jahre später, noch sehr präsent gewesen sein, denn schließlich hatte die als »Claudiusedikt« bekannte Maßnahme nicht nur zu einer deutlichen Destabilisierung des stadtrömischen Christentums geführt – davon zeugt der Römerbrief zuletzt selbst[24] –, sondern sie war auch bis zum Tod des Claudius eineinhalb Jahre vor Abfassung des Römerbriefs nicht zurückgenommen worden. Damit lag die Frage, wie man in Zukunft auf solche oder ähnliche Maßnahmen reagieren sollte – ja überhaupt, wie man sich innerhalb der römischen Gesellschaft verorten sollte – auf der Hand.

Die Stimmung zu Beginn der neronischen Herrschaft

Doch zur Abfassungszeit des Römerbriefs im Jahr 56 n. Chr. war Kaiser Claudius schon seit eineinhalb Jahren tot, und sein jugendlicher Nachfolger, Kaiser Nero, hatte jüngst den Caesarenthron bestiegen. Wie der weitere Fortgang der Geschichte zeigen sollte, führten der verheerende Brand Roms im Jahr 64 – also acht Jahre später – und die offizielle Beschuldigung der Christen als Brandstifter zu einem erneuten Tiefpunkt im Verhältnis der noch jungen religiösen Bewegung zur staatlichen Obrigkeit.

Doch diese Ereignisse liegen im Jahr 56 n. Chr. noch deutlich in der Zukunft. Als Nero nämlich im Jahr 54 n. Chr. seine Herrschaft antritt, ruhen zunächst hohe Erwartungen auf ihm, und dazu gehörten auch recht große Hoffnungen

---

Herrschaftsantritt im Jahr 41 n. Chr. verfügt hatte; vgl. Cass. Dio, *Hist. Rom.* LX 6,6.

24 Vgl. hierzu besonders Röm 9–11, wo mehrfach die Unterlegenheitssituation von Juden gegenüber Völkerchristen thematisiert ist.

im Bereich des Steuerwesens. Denn wenn man Tacitus, dem römischen Historiographen jener Zeit, Glauben schenken darf, dann soll Nero aufgrund der Klagen, die ihm wegen der teils überbordenden Forderungen der Steuerpächter zugetragen wurden, mit dem Gedanken gespielt haben, die indirekten Steuern gänzlich abzuschaffen.[25] Diese Pläne zu einer »Steuerreform« sollten aber erst im Jahr 58 n. Chr. – also zwei Jahre nach dem Römerbrief – konkreter werden, sodass für die Abfassungszeit des Römerbriefs davon auszugehen ist, dass die Proteste und Steuerunruhen, von denen Tacitus berichtet, die gesellschaftliche Realität noch stark geprägt haben dürften. Vermutlich hat sich die Frage eines angemessenen Verhaltens und der Positionierung fiskalischen Obrigkeitsinstanzen gegenüber daher auch den Mitgliedern der römischen Gemeinde deutlich gestellt.

Die argumentative Stoßrichtung von Röm 13,1–7

Was impliziert dieser historische Kontext nun für die Bewertung von Röm 13,1–7? Oder anders gefragt: Wie dürften die Erstleserinnen und Erstleser in Rom diese Textpassage wohl wahrgenommen haben? Führt man sich in diesem Zusammenhang vor Augen, dass die stadtrömische(n) Gemeinde(n) durch das Claudiusedikt erstmals die Erfahrung gemacht haben, dass die Herrschaftsstrukturen des *Imperium Romanum* ein nicht zu unterschätzendes Gefahrenpotenzial darstellten, und bedenkt zugleich, dass auf gesellschaftlich-politischer Ebene die hohen Steuerlasten ganz wesentlich zu einer angespannten Grundstimmung beitrugen, die sich gar in Unruhen und Protesten entlud, dann dürfte für die stadtrömischen Christusgläubigen die Grundfrage, wie man sich

25 Vgl. Tacitus, *Ann.* 13,50–51; Sueton, *Nero* 10,1.

selbst in dieser Situation verhalten sollte, durchaus virulent gewesen sein. Denn auf der einen Seite wollte man gewiss keine weiteren Maßnahmen wie das Claudiusedikt evozieren, auf der anderen Seite stellte der Protest im Bereich des Steuerwesens eine zu dieser Zeit gesellschaftlich tragfähige Option dar. Wenn Paulus in diesem Textabschnitt also das Steuerzahlen der Christusgläubigen als einen Dienst am Gemeinwesen – und zwar näherhin sogar einen Dienst im Auftrag Gottes – qualifiziert, dann nimmt er damit einen negativen und auf Protest hinauslaufenden Grundimpuls auf, lenkt ihn um und kanalisiert ihn in eine konstruktive Richtung. Auf diese Weise wird das Steuerzahlen zu einem positiven Beitrag der Christusgläubigen am Gemeinwesen aufgewertet, eine Haltung, die bei der imperialen Gegenseite idealerweise dazu führen sollte, dass die Christusbewegung als gesellschaftlich konstruktive Gruppe wahrgenommen wird.

Zur kontextuellen Einbindung

Im Lichte dieser Überlegungen tritt nun eine argumentative Parallele zu dem direkt voranstehenden Textabschnitt, also zu Röm 12,14–21, deutlich hervor. Dort nimmt Paulus auf das Thema »fluchen« Bezug und fordert die Empfängergemeinde(n) dazu auf, Feinde zu segnen und sie nicht zu »verfluchen«.

Das Thema Fluch im antiken Kontext

Doch was ist mit dem Begriff »fluchen« genau gemeint? Paulus denkt dabei an eine in antiken Kulturen geläufige Praxis, bei der man Feinde, Gegner oder Konkurrenten mit einem Schadenszauber belegt, um sie auf diese Weise ihrer gegnerischen Kraft und ihres feindlichen Einflusses zu berauben.[26] Die archäologischen Zeugnisse dieser Praktiken sind zahlreich und dürften auch in Rom zur Abfassungszeit des Römerbriefs einen selbstverständlichen Usus dargestellt haben. Die damit verbundenen Handlungen muss man sich in etwa so vorstellen: Wenn es darum ging, feindlich gesinnte Personen oder Gegner unschädlich zu machen – und dabei ist vom unbekannten Dieb über den Nebenbuhler bis hin zum sportlichen Konkurrenten fast alles denkbar –, dann fertigte man für gewöhnlich eine Fluchtafel, eine sogenannte *defixio*, an. Dazu ritzte man einen Schadenszauber in ein Bleitäfelchen, rollte oder faltete dieses zu einem Bündel zusammen und legte es an besonderen Orten wie Gräbern oder Ähnlichem ab, oder verbrannte es teilweise auch: »Nimm Blei von einer Kaltwasser-Leitung, mach eine Tafel daraus und schreib auf sie mit dem Erzgriffel, wie folgt, und lege sie zu einem vorzeitig Gestorbenen (ins Grab)«[27] – so ist auf einer alten, antiken Handlungsanweisung beispielsweise zu lesen.

Die Position des Paulus
zum Thema Fluch und Schadenszauber

Und wie äußert sich Paulus nun zu dieser Praxis? Zunächst legt er seinen römischen Adressatinnen und Adressaten nahe, den Feind nicht zu verfluchen, sondern ihn zu segnen.

26 Vgl. zum Folgenden Thomas Schumacher, »Feurige Kohlen und die Macht der Feindesliebe. Überlegungen zum Fluchmotiv in Röm 12,14–21«, in: *Antike Fluchtafeln und das Neue Testament. Materialität – Ritualpraxis – Texte (= Wissenschaftliche Untersuchungen zum Neuen Testament 474)*, hrsg. von Michael Hölscher, Markus Lau und Susanne Luther, Tübingen 2021, 381–408.
27 Papyrus London, BL gr. 121 (PGM VII), 1397–1399.

Damit empfiehlt er also eine Ersatzhandlung, von der er offenbar annimmt, dass sie ein ganz ähnliches Ziel erreicht, wie man es eben von den genannten Bleitäfelchen und den Fluchpraktiken erhoffte: nämlich eine Einstellungs- oder Verhaltensänderung bei Verfolgern und Feinden. Besonders greifbar wird die paulinische Empfehlung, wenn am Ende von Kapitel 12 der Gedanke ausformuliert wird: »Wenn dein Feind Hunger hat, gib ihm zu essen, wenn er Durst hat, gib ihm zu trinken.«[28] Für Paulus scheint offenbar die Grundstrategie und Handlungsmaxime gegenüber feindlich Gesinnten und Gegnern in dem Diktum zu liegen: »Lass dich nicht vom Bösen überwinden, sondern überwinde das Böse mit Gutem.«[29] Die gute Tat wird damit zu einer Art Ersatzhandlung, die zu einer Verhaltens- oder Einstellungs-änderung auf gegnerischer Seite führen kann und soll. Und dabei scheint der entscheidende Bezugspunkt für ein solches Verhalten – wie eben das Beispiel des hungernden und dürstenden Feindes deutlich macht – eine entsprechende Not- oder Bedürfnislage beim Gegenüber darzustellen. Die Gabe von Nahrungsmitteln an den hungernden und dürstenden Feind wird damit zur Ersatzhandlung, die an die Stelle von Fluchpraktiken tritt bzw. als alternative – oder besser: als konträre – Verhaltensweise gedacht wird.

Intratextuelle Bezüge im Römerbrief

In diesem Punkt berühren sich nun die paulinischen Aussagen zum Thema Fluchpraktiken mit denen zur Steuerproblema-tik, denn in beiden Argumentationsführungen geht es letzt-lich um die Frage eines konstruktiven Verhaltens, mit dem

28 Röm 12,20.
29 Röm 12,21.

sich feindliche Grundhaltungen überwinden lassen. Insofern korrespondiert der hungrige Feind aus Röm 12,20 durchaus mit dem Steuerhunger des Staates, sodass der Schlusssatz aus Kapitel 12 – also: »Lass dich nicht vom Bösen überwinden, sondern überwinde das Böse mit Gutem«[30] – geradezu wie ein die beiden Abschnitte verbindendes Leitmotiv wirkt. Ja, dieses Diktum scheint auch die weiteren Aussagen zu prägen, die sich an Röm 13,1–7 anschließen und im Liebesmotiv (13,8–10) gipfeln. Und das bedeutet für die Passage Röm 13,1–7 wie auch für die flankierenden Abschnitte, dass es Paulus um ein positives Verhalten und Engagement geht, welches letztlich auf eine alternative, neue Lebenskultur abzielt. Insofern entsprechen die Grundlinien von Röm 12,14–21, von Röm 13,1–7 und Röm 13,8–10 genau dem, was Paulus zu Beginn von Röm 12 in einer überschriftartigen These für die nachfolgenden Ausführungen – im Blick ist dabei der ganze Bogen bis mindestens Röm 15,7 – formuliert,[31] nämlich dass seine Adressatinnen und Adressaten sich nicht dem Lebensstil und den Verhaltensmaßstäben dieser Welt angleichen und konform machen sollen. Stattdessen ermutigt er sie dazu, einen anderen, einen alternativen Lebensstil zu etablieren und einzuüben, der letztlich in der Gottesbeziehung gründet und damit die göttliche Neuschöpfung in der Welt erkennbar werden lässt.

Fazit und Ausblick

Was bedeutet dies nun für die Frage nach einer theologischen Einordnung des immer wieder als problematisch wahrgenommenen Textabschnitts in Röm 13,1–7 und des-

---

30 Röm 12,21.
31 Röm 12,1–2.

sen obrigkeitshöriger Rezeptionstradition? Und natürlich auch: Wie ließe sich diese Passage auf der Basis der vorherigen Überlegungen für gegenwärtige Diskussionen über einen christlichen Beitrag zum gesellschaftlich-politischen Zusammenleben fruchtbar machen? Zunächst sei noch einmal deutlich herausgestellt, dass sich Röm 13,1–7 kaum für eine unkritische Herrschaftslegitimation eignet. Der Eindruck, dass das Diktum der Apostelgeschichte, man müsse Gott mehr gehorchen als den Menschen, im Widerspruch zu Röm 13,1–7 zu lesen ist, erweist sich bei einem genaueren Blick auf den Text als irrig. Vielmehr handelt es sich um eine Aufforderung, jene Spielräume auszuloten, die dazu beitragen, selbst mit Obrigkeitsinstanzen, die dem Christentum gegenüber kritisch eingestellt sind, in eine konstruktive Beziehung zu treten. Paulus diskutiert hier nicht die Frage, ob bzw. unter welchen Umständen es auch vor dem Hintergrund einer christlichen Ethik geboten sein kann, andere Mittel als die hier vorgeschlagenen zu ergreifen. Der Text lässt, ganz ähnlich wie die Bergpredigt, weitgehend offen, unter welchen Umständen die hier angeregte Praxis der positiven Beteiligung an ihre Grenzen stößt. Oder um es ganz prägnant zu formulieren: Paulus erörtert hier nicht die *ultima ratio* eines Tyrannenmordes, sondern erwägt die konstruktiven Möglichkeiten von Beteiligung und Aushandlungsprozessen. Auf diese Weise lassen sich christliche Grundüberzeugungen zu einer Stimme im öffentlichen Diskurs ausgestalten, die auf einen Beitrag zum Gemeinwohl abzielt, dem Frieden dient und zu einer christlich geformten Kultur des Zusammenlebens beitragen kann. Der christlichen Stimme im gesellschaftlichen Diskurs kommt damit ein eigenes Profil, ein Proprium, zu.

Und um auch einen letzten, wichtigen Aspekt noch einmal in aller Deutlichkeit herauszuheben: Mit dieser Handlungsanregung bindet Paulus christliche Verhaltensmuster für das Gespräch mit Politik und Gesellschaft an innergemeindliche Handlungsmaximen zurück, die letztlich dem Grundtenor der Bergpredigt folgen. Es geht um eine Überwindung des Bösen dadurch, dass man ihm im eigenen Verhalten positive Akzente und konstruktive Angebote entgegensetzt. Auch dem Gegner soll mit Wohlwollen begegnet werden, aggressive Emotionen sollen nicht das zwischenmenschliche Zusammenleben prägen, negative Handlungsimpulse sollen umkanalisiert und zum Guten hin gewendet werden. Damit zielt Paulus letztlich darauf ab, eine neue, christlich geprägte Kultur des Zusammenlebens einzuüben und zu etablieren. Und diesen Impuls lohnt es sich auch in unserer gegenwärtigen Situation aufzunehmen und zum Kerngedanken eines christlichen Beitrags zur Gestaltung der Gesellschaft zu machen.

ABT JOHANNES SCHABER OSB

»Freiheit und Bindung« oder »Freiheit in Bindung«?

Das benediktinische Lebensmodell zur Einübung in die menschliche Freiheit

Einleitung

Meine Abtei ist bekannt für ihre imposante barocke Klosteranlage[1] mit geschätzten 1000 Fenstern, bei der diejenigen im Erdgeschoss durch ein schmiedeeisernes Gitter geschützt sind. Immer wieder werde ich von Touristen und Klostergästen gefragt, ob ich mir wegen der Fenstergitter nicht wie in einem Gefängnis vorkomme. »Ja«, muss ich wahrheitsgetreu antworten, »da haben Sie schon recht« [ich greife in meine Hosentasche], »aber ich habe den Schlüssel!« Die Klosteranlage mit ihrer räumlichen Umgrenzung durch die Klostermauer ist das weithin sichtbare Monument[2] unserer benediktinischen Lebensform in der Stabilität einer lebenslangen Bindung an eine Gemeinschaft und den Ort, die dem Zweck dient, unser Leben ganz an Gott zu binden und auf ihn hin

---

1 Vgl. Johannes Schaber, *Heilig ist dieser Ort. Die Benediktinerabtei Ottobeuren im Bild*, Lindenberg 2019.

2 Abt Rupert Ness (1710–1740), der Erbauer der barocken Klosteranlage von Ottobeuren, ließ 1717 im Bibliothekssaal eine Tafel anbringen mit dem Wortspiel *munimentum – monumentum*: »Hoc Musis Palatium, Religioni munimentum, sui monumentum posuit R[upertus] A[bbas] M[onasterii] O[ttenburani].«

179

auszurichten. Der Lebensweg in solch einer Bindung an Gott will in die Freiheit führen. Freiheit in Bindung? Geht das?

Nach Meinung des protestantischen Basler Kirchenhistorikers und engen Freundes von Friedrich Nietzsche, Franz Overbeck (1837–1905), wohl nicht. Mit seinem Namen ist eine zentrale Komponente des christlichen Glaubens verknüpft: »dass das Christentum ursprünglich eschatologisch bestimmt war – als Erwartung der Wiederkunft Christi.«[3] Die Haltung des eschatologisch ausgerichteten Urchristentums zum Leben drückte sich in der Erwartung des nahen Weltenendes und in der Distanz zur sündigen Welt durch Weltverneinung, Weltentsagung und Weltflucht aus, die in der Bereitschaft zum Martyrium wie zu einer asketischen Lebensweise konkret wurde.[4] Als die Wiederkunft Christi und seines kommenden Reiches jedoch immer länger ausblieb, verweltlichte das Christentum durch das neue Verhältnis zum römischen Staat nach 313 n. Chr. zu weltlicher Kultur und Bildung, durch die Entstehung kirchlicher Institutionen und Organisationen, durch die Schaffung einer theologischen Literatur und den Beginn christlicher Kirchengeschichtsschreibung. Overbeck sah darin die Preisgabe der Ideale des Urchristentums.[5] Aber nicht die gesamte Kirche verweltlichte, sie hatte für Overbeck auch Teile in sich, die am eschatologischen Ideal der Urzeit festhielten, und dazu gehört vor

3 Dieter Schellong, »Noch einmal: Franz Schütz – Unerledigte Anfragen an die Theologie«, in: *Franz Overbecks unerledigte Anfragen an das Christentum*, hrsg. von Rudolf Brändle und Ekkehard W. Stegemann, München 1988, 139–166, 146.
4 Franz Overbeck, *Werke und Nachlaß 6/1. Kirchenlexicon. Materialien »Christentum Kultur«*, hrsg. von Barbara von Reibnitz, Stuttgart/Weimar 1996, 66f.
5 Franz Overbeck, »Ueber die Christlichkeit unserer heutigen Theologie«, in: ders., *Werke und Nachlaß 1. Schriften bis 1873*, Stuttgart/Weimar 1994, 155–256, 170f.

allem das Mönchtum.[6] Overbeck ist davon überzeugt, dass alles Große, das zwischen dem 4. Jahrhundert und der Reformation im 16. Jahrhundert geschehen ist, entweder von den Klöstern bewirkt wurde oder zumindest mit ihnen in Zusammenhang steht.[7] Das Mönchtum erstand just in dem Moment, als das Christentum eine Verbindung mit dem Staat einging und sich unter den veränderten Bedingungen in der Welt einrichtete, mit dem Ziel, gegen diese Verbindung die weltflüchtige, asketische und auf die Wiederkunft Christi eingestellte urchristliche Grundhaltung lebendig zu erhalten. Die Verweltlichung der Kirche sei, so Overbeck, einfach nur die Kehrseite der Ausbreitung des Christentums.[8] Infolge dieser Beobachtung spricht er davon, dass die christliche Kirche fortan in zwei Teile zerfallen sei, in eine Welt- und eine Asketenkirche.[9]

Vorbildlich, wegweisend und prägend war die frühe ägyptische Periode des Mönchtums, in der das Ideal für das asketische Einsiedlertum (*Antonius*, 25, 356) aufgestellt worden war.[10] Dennoch gingen auch Teile des Mönchtums bereits in

6 In dem knappen Jahrzehnt zwischen 1864 und 1873 hat sich Overbeck immer wieder mit dem Mönchtum befasst: Franz Overbeck, »Über die Anfänge des Mönchtums«, in: ders., *Werke und Nachlaß 1. Schriften bis 1873*, 13–37; ders., »Askese und die Anfänge des Mönchtums«, in: ders., *Werke und Nachlaß 9. Aus den Vorlesungen zur Geschichte der Alten Kirche bis zum Konzil von Nicaea 325 n. Chr.*, Stuttgart/Weimar 2006, 609–622; ders., »Ueber die Christlichkeit unserer heutigen Theologie«, in: ders., *Werke und Nachlaß 1. Schriften bis 1873*, 155–256, 213.

7 Vgl. Franz Overbeck, »Askese und die Anfänge des Mönchtums«, 622, Anm.; vgl. ders., »Ueber die Christlichkeit unserer heutigen Theologie«, 214.

8 Franz Overbeck, »Ueber die Anfänge des Mönchtums«, 15 f., vgl. 19.

9 Franz Overbeck, »Askese und die Anfänge des Mönchtums«, 622.

10 Vgl. Franz Overbeck, »Ueber die Anfänge des Mönchtums«, 19–37.

seinem Ursprung und erst recht in seiner Geschichte einen »Pakt« mit der Welt ein und verfehlten deshalb ihre ursprünglichen Ideale. Die Voraussetzungen für den Verfall sieht Overbeck im ägyptischen Ursprung des Mönchtums in der ersten Hälfte des 4. Jahrhunderts angelegt, und zwar beim Übergang vom hohen weltflüchtigen Ideal der Asketen, Anachoreten und Einsiedler, das dem Einzelnen erlaubte, nach seinem Vermögen und Ermessen zu leben,[11] zum Leben in Mönchsvereinen von Anachoreten bzw. dann in Mönchsgemeinschaften, den Zönobien, die durch eine gemeinsame Wohnung, eine Klosterregel und ihre Organisation die Mönche zu einem einheitlichen Ganzen verband und damit die persönliche Freiheit und den Eigenwillen des Einzelnen beschnitt.[12] Diese Form des Mönchtums ist an den Namen des *Pachomius* (292–348) geknüpft. Da sich hier die Anachoreten nun unter einer Regel zu einer Gemeinschaft zusammengefunden haben, in der weltliche Organisationsformen und nicht mehr weltflüchtige Ideale gelten, sieht Overbeck am Anfang des Mönchtums schon auch sein Ende vorgezeichnet.[13] Für ihn können nur Einsiedler, die sich nicht an eine Gemeinschaft und eine Regel binden, wahre Freiheit erreichen und leben.

Im Mönchtum gibt es aber noch einen anderen Lebensentwurf, der gerade in der Bindung an eine Gemeinschaft unter Regel und Abt einen Weg zur Freiheit sucht. Für Benedikt von Nursia (480–547) ist das Leben unter Regel und Abt das zentrale Charakteristikum für ein Leben in der Nachfolge Jesu. Benedikt hat seine Regel um das Jahr 530 für seinen Konvent auf dem Monte Cassino geschrieben. Ich sehe einen großen Reiz in der Beantwortung der Frage, ob seine Regel, die eine weltweit respektable Wir-

---

11 Vgl. Franz Overbeck, »Ueber die Anfänge des Mönchtums«, 33.
12 Vgl. Franz Overbeck, »Ueber die Anfänge des Mönchtums«, 34–36.
13 Franz Overbeck, »Ueber die Anfänge des Mönchtums«, 36f.

kungsgeschichte hervorgebracht hat,[14] auch Antworten auf Probleme und Herausforderungen unserer Zeit geben kann. Und inwieweit diese Regel, die eine lebenslange Bindung verlangt, die Möglichkeit zu einem Weg in die menschliche Freiheit eröffnen kann. Das aber bedeutet, der freie Mensch ist auf dem Weg der Entdeckung seiner Freiheit.[15]

Benedikt unterscheidet vier Arten von Mönchen, zwei gute und zwei widerliche.[16] Die Mönchsart, für die er seine Regel geschrieben hat und die er für die beste hält, ist die der *Zönobiten*: »Sie leben in einer klösterlichen Gemeinschaft und dienen unter Regel und Abt.«[17] Damit sind die drei für ihn zentralen Kriterien für das wahre Mönchtum genannt: Gemeinschaft – Regel – Abt. Die *Einsiedler* charakterisiert Benedikt dadurch, dass sie sich nicht der ersten Begeisterung für das Mönchtum hingeben, sondern »durch Bewährung im klösterlichen Alltag und durch die Hilfe vieler« hinreichend geschult sind »für den Einzelkampf in der Wüste«.[18] »Ohne den Beistand eines anderen können sie jetzt zuversichtlich

14 Vgl. Mariano Dell'Omo, *Geschichte des abendländischen Mönchtums vom Mittelalter bis zur Gegenwart. Das Charisma des hl. Benedikt zwischen dem 6. und 20. Jahrhundert*, Sankt Ottilien 2017; Christoph Dartmann, *Die Benediktiner. Von den Anfängen bis zum Ende des Mittelalters*, Stuttgart 2018; Georg Jenal, *Sub Regula Benedicti. Eine Geschichte der Söhne und Töchter Benedikts von den Anfängen bis zur Gegenwart*, Wien/Köln/Weimar 2018; Mirko Breitenstein, *Die Benediktiner. Geschichte, Lebensformen, Spiritualität*, München 2019.

15 Vgl. die jesuitische Parallele: Christian M. Rutishauser, *Freiheit kommt von innen. In der Lebensschule der Jesuiten*, Freiburg/Basel/Wien 2021.

16 Die Regula Benedicti (RB) wird zitiert mit Kapitel und Vers nach folgender Ausgabe: Michaela Puzicha, *Kommentar zur Benediktusregel. Im Auftrag der Salzburger Äbtekonferenz*, St. Ottilien 2002, hier RB 1, 6 und 11.

17 RB 1, 2.

18 RB 1, 5.

mit eigener Hand und eigenem Arm gegen die Sünden des Fleisches und der Gedanken kämpfen, weil Gott ihnen hilft.«[19] Auch die Einsiedler wertet Benedikt positiv, aber man wird erst eigentlich dann zum Anachoreten, wenn man wie durch einen Schmelzofen durch die Schule einer klösterlichen Gemeinschaft gegangen ist[20] und ein gewisses Maß an menschlicher und geistlicher Reifung erlangt hat. Die *Gyrovagen und Sarabaiten* verabscheut Benedikt deshalb, weil sie ziellos von Kloster zu Kloster umherziehen, sich aushalten lassen, nur tun, wozu sie gerade Lust haben und auf Kosten anderer leben. Sie unterliegen den Launen ihres Eigenwillens und den Gelüsten ihres Gaumens.[21]

Das zönobitische Mönchtum, die beste Form des Mönchslebens, zeichnet sich nach Benedikt dadurch aus, dass der Mönch in einer Gemeinschaft unter Regel und Abt lebt. Wir sehen hier bei Benedikt von Nursia und Franz Overbeck zwei grundverschiedene Möglichkeiten, das Verhältnis von Freiheit und Bindung zu bestimmen: Overbeck betont das weltflüchtige Ideal der Asketen, Anachoreten und Einsiedler, das dem Einzelnen erlaube, in Freiheit nach seinem Vermögen und Ermessen zu leben; Benedikt bevorzugt den Zönobiten, der sich im Gehorsam an eine Ordensregel bindet und sich einem Oberen unterwirft, um in der menschlichen und geistlichen Reifung zur Freiheit zu finden.

Lebensbindungen

Der heilige Benedikt rechnet damit, dass wer ins Kloster eintritt, auch ein Leben lang darin verbleibt und dort stirbt:

19 RB 1, 5.
20 RB 1, 6.
21 RB 1, 11.

Doch muss er [der Neue beim Versprechen seiner Gelübde, J.S.] wissen, dass er, auch nach dem Gesetz der Regel, von diesem Tag an weder das Kloster verlassen noch das Joch der Regel von seinem Nacken abschütteln darf; er hatte ja lange genug Zeit zu überlegen, ob er es von sich weisen oder auf sich nehmen wolle.[22]

Der Weg, der über die Bindung und den Gehorsam zu Gott führt, ist zunächst eng,[23] aber er führt in die von Gott geschenkte Freiheit. Das scheint dem heutigen Lebensgefühl zu widersprechen.

Walter Schaupp fragt, ob in heutiger Zeit Bindungen auf Dauer noch gelebt werden (können). Er sieht lebenslange Bindungen wie das Versprechen von Ehepaaren, die Gelübde von Ordensleuten oder den Zölibat von Priestern unter dem Vorzeichen unseres modernen Lebensgefühls und heutiger Leitbilder in der Krise.[24] Die Gründe liegen zum einen in der Ausdifferenzierung der Lebensmodelle vom bindungslosen Single-Dasein bis hin zu diversen zeitlich begrenzten Lebensabschnitten mit je neuen Lebensentwürfen oder Lebenspartnern:

Gleichzeitig haben Menschen immer größere Schwierigkeiten, sich definitiv zu binden und die Perspektive einer lebenslänglichen Bindung wird subjektiv als drohendes Gefängnis erlebt und löst entsprechende Ängste und Widerstände aus. Schließlich fällt auf, dass im Vergleich zu früher einmal eingegangene Bindungen mit immer grö-

---

22 RB 58, 15f., vgl. RB 29.
23 RB Prolog 48.
24 Walter Schaupp, »Bindung auf Dauer? Eine Krise und ihre Herausforderungen«, in: Mirjam Schambeck (Hrsg.), *Lebensentscheidung – Projekt auf Zeit oder Bindung auf Dauer? Zu einer Frage des Ordenslebens heute*, Würzburg 2004, 18–33.

ßerer Selbstverständlichkeit und scheinbarer Leichtigkeit beendet werden – die Revision wird zunehmend zur Normalität.[25]

Es öffnen sich Gegensätze zwischen traditionellen Lebensformen und dem heutigen Lebensgefühl und damit auch zwischen dem biblisch-theologischen und dem neuzeitlichen Freiheitsbegriff:[26]

- Heute: Vielfalt an Lebensentwürfen <> Traditionell: ein Lebensprojekt.
- Heute: Individualisierung und Pluralisierung <> Traditionell: Stabilität in einer Gemeinschaft (*stabilitas in congregatione*).[27]
- Heute: Flexibilität und Mobilität, Globalisierung und Digitalisierung[28] <> Traditionell: Stabilität an einem Ort (*stabilitas in loco*).[29]

25 Walter Schaupp, »Bindung auf Dauer? Eine Krise und ihre Herausforderungen«, 18.
26 Zur Diskussion vgl. die Beiträge in: Thomas Söding/Bernd Oberdorfer (Hrsg.), *Kontroverse Freiheit. Die Impulse der Ökumene* (*Quaestiones disputatae* 284), Freiburg/Basel/Wien 2017.
27 Zum Begriff der Gemeinschaft vgl. Zygmunt Bauman, *Gemeinschaften*, Frankfurt a.M. 2017, 7–9; Hartmut Rosa, *Theorien der Gemeinschaft zur Einführung*, Hamburg 2010, 9; Louis Antonio Tagle, *Glaube – Liebe – Hoffnung. Vom Christsein in einer globalisierten Welt*, Kisslegg 2014, 30f.
28 Vgl. Hartmut Rosa, *Beschleunigung. Die Veränderung der Zeitstrukturen in der Moderne*, Frankfurt a.M. 2005; ders., *Resonanz. Eine Soziologie der Weltbeziehungen*, Frankfurt a.M. 2016; dazu Josef Römelt, *Erfüllung im Diesseits. Wie Gegenwartsutopien die christliche Heilsbotschaft herausfordern*, Freiburg/Basel/Wien 2021, zu Rosa 114–192.
29 Vgl. Michaela Puzicha, »Beständigkeit. Mönchsein. Gehorsam. Die Versprechen der benediktinischen Profess«, in: dies., »*... die gemeinsame Regel des Klosters« (RB 7, 55). Aufsätze und Vorträge zur Benediktusregel II*, St. Ottilien 2017, 119–144.

– Heute: Konstruktionen und Dekonstruktionen von Identitäten als Ausdruck der Freiheit <> Traditionell: Annahme eines Lebensentwurfs, der durch menschliche und geistliche Reifung zur Freiheit führt (Resilienz, Sinn-Ganzes, Sinn-Einheit einer Lebenserzählung).[30]
– Heute: Offenhalten möglichst vieler Optionen <> Traditionell: Vollendung einer Lebensoption und Einwilligung in die eigene Endlichkeit.
– Heute: Selbstoptimierung, Selbstperfektionierung <> Traditionell: Vollendung in Gott.[31]
– Heute: Neugierde, Offenheit und Bereitschaft für Neues <> Traditionell: Gewohnheiten, Traditionen, Konventionen, Harmonieideal.[32]

Warum haben Menschen heute ihre Not mit endgültigen, auf Dauer angelegten Bindungen? Ein Grund liegt in dem Verlust bzw. Wegbrechen des metaphysischen Ordnungsrahmens und in der neuzeitlichen Wende zum Subjekt:

Welt und Kosmos haben für den neuzeitlichen Menschen keinen Sinn mehr aus sich selbst heraus und stellen kein geordnetes Ganzes mehr dar, in welches der Mensch sich mit seinem Sinnbedürfnis hineinstellen könnte. Der Kosmos, dem der Mensch begegnet, ist nicht mehr Ort des

30 Vgl. Karlheinz Ruhstorfer, »Selbstursprünglichkeit der Freiheit?«, in: Christoph Böttigheimer/René Dausner (Hrsg.), *Die Erbsündenlehre in der modernen Freiheitsdebatte* (*Quaestiones disputatae* 316), Freiburg/Basel/Wien 2021, 184–211.
31 Vgl. Holger Zaborowski, »Ikonisches Existieren. Zur Hermeneutik des Menschseins«, in: ders., *Spielräume der Freiheit. Zur Hermeneutik des Menschseins*, Freiburg/München 2009, 19–58.
32 Vgl. Richard Sennet, *Der flexible Mensch. Die Kultur des neuen Kapitalismus*, Berlin 2000.

Guten und des Schönen, sondern wird zur Summe empirischer Kausalzusammenhänge.[33]

Wende zum Subjekt oder Entzauberung der Welt bedeutet: An die Stelle des Kosmos und seiner Ordnung tritt der Mensch in seiner Subjektivität, Individualität und Originalität. Darin gründet die Freiheit und Autonomie des Menschen:

Die gesamte abendländische Neuzeit ist, wie Jürgen Habermas [...] bemerkt, eine einzige, in Schüben verlaufende *Freiheits- und Emanzipationsgeschichte*, die noch immer nicht wirklich abgeschlossen erscheint. [...] Zur historischen Freiheitserfahrung kommt hinzu, dass für die moderne Anthropologie Freiheit neben Vernunft- und Gewissensfähigkeit der entscheidende Grund dafür ist, warum wir überhaupt von einer menschlichen Würde sprechen. Damit kommt es zu einer immer engeren Verbindung der Ideen menschlicher Würde und menschlicher Freiheit und menschliche Würde zu respektieren bedeutet immer mehr, menschliche Freiheit und Souveränität zu respektieren. Wenn nun aber der Respekt vor der menschlichen Freiheit zuallererst bedeutet, einem Menschen zu erlauben, sein Leben so zu gestalten, wie es seinen jeweiligen tiefsten ethischen und religiösen Überzeugungen, also seinem Gewissen, entspricht, dann muss man dem Menschen auch Veränderung und Wandel in seinem Gewissensbereich zugestehen. Daraus ergibt sich ein grundsätzlicher Respekt davor, dass Menschen die Grundorientierung ihres Lebens ändern können, ohne dass wir von außen das Recht hätten, dies positiv oder negativ zu beurteilen. Die Idee einer definitiven Bindung

---

33 Walter Schaupp, »Bindung auf Dauer? Eine Krise und ihre Herausforderungen«, 23.

gerät mit einem solchen Freiheitsideal naturgemäß in Konflikt![34]

Das Leben unter dem Anspruch des Gewissens wandelt sich dahingehend, dass es experimentellen Charakter gewinnt und nicht mehr nach einem Sinn (als großer Erzählung[35]) für sein Ganzes sucht, sondern nach Entwicklung und Prozess, Authentizität und Stimmigkeit.[36] Es gibt quasi kein Scheitern einer Bindung, da eine solche nur Station auf einem zu erkundenden Weg ist. Mit dem klösterlichen Leben nach der Regel Benedikts haben wir ein Lebensmodell, das nicht nach dem Verhältnis von Freiheit und Bindung, nach der Ausgestaltung des »UND« sucht, sondern nach der Freiheit »IN« einer lebenslangen Bindung.

Das benediktinische Lebensmodell: Die Suche nach Gott unter Regel und Abt

Für Benedikt von Nursia besteht das Mönchsein einzig darin, Gott zu suchen.[37] Der Abt und die Mönche einer Gemeinschaft müssen deshalb ernsthaft prüfen, ob einer, der aus freien Stücken ins Kloster eingetreten ist, wahrhaft Gott sucht. Sein Eintritt ist ein Freiheitsgeschehen mit mehreren Beteiligten. Holger Zaborowskis Feststellung zur Religion als Freiheitsgeschehen allgemein lässt sich hier auch bei einem Eintritt in ein Kloster konkret verifizieren: »Das Ver-

---

34 Walter Schaupp, »Bindung auf Dauer? Eine Krise und ihre Herausforderungen«, 24.
35 Vgl. Emil Angehrn, *Sein Leben schreiben. Wege der Erinnerung*, Frankfurt a.M. 2017.
36 Vgl. Walter Schaupp, »Bindung auf Dauer? Eine Krise und ihre Herausforderungen«, 25–30.
37 RB 58,7.

ständnis der Religion als Freiheitsgeschehen hat seine tiefste Wurzel in der göttlichen Freiheit. Denn die Freiheit des Menschen findet ihr ›Urbild‹ in der Freiheit Gottes.«[38]

Benedikt lebt im Bewusstsein der Gegenwart Gottes: »Überall ist Gott gegenwärtig, so glauben wir, und die Augen des Herrn schauen an jedem Ort auf Gute und Böse.«[39] Die Gottsuche ist das grundlegende Charakteristikum des Mönchtums. Wir können Gott aber nur deshalb suchen, weil er sich uns zuvor schon in der Person seines Sohnes Jesus Christus offenbart hat.[40] Benedikt rät dem Mönch: »Vor allem: wenn du etwas Gutes beginnst, bestürme ihn beharrlich im Gebet, er möge es vollenden.«[41] Nach dem benediktinischen Lebensmodell wird wahre Freiheit nur in der lebenslangen Bindung an eine Gemeinschaft (durch die Mönchsgelübde) gewonnen. Nicht die Wahlfreiheit bei unzähligen Möglichkeiten, die sich bieten, sondern die innere Freiheit, die auf Gott, sich selbst und den Nächsten hin öffnet.[42] Der Mönch kann Gott suchen, weil Gott ihn zuvor schon immer gesucht und gefunden hat.[43] Um es mit den Worten von Kardinal Marx in seinem Freiheits-Buch zu formulieren:

Glaube, Frömmigkeit, Spiritualität. Sie dürfen nicht der Selbstermächtigung und Selbsterlösung dienen; nicht der ›homo faber‹ ist gefragt, sondern der ›homo religiosus‹,

---

38 Holger Zaborowski, »Göttliche und menschliche Freiheit. Zur Möglichkeit einer Kriteriologie von Religion«, in: ders., *Spielräume der Freiheit. Zur Hermeneutik des Menschseins*, 99–130, 123.

39 RB 22, 1, vgl. RB Prolog 18.

40 Vgl. Phil 2,1–18.

41 RB Prolog 4.

42 Vgl. den ignatianischen Zugang bei Christian M. Rutishauser, *Freiheit kommt von innen. In der Lebensschule der Jesuiten*.

43 Vgl. 1 Joh 4,7–16a; vgl. die Beiträge in: Roman A. Siebenrock/ Christoph J. Amor (Hrsg.), *Handeln Gottes. Beiträge zur aktuellen Debatte*, Freiburg/Basel/Wien 2014.

der Mensch, dessen Freiheit aus Bindung entsteht und sich zur Liebe hin öffnet.[44]

Im Freiheitsgeschehen einer Berufung wirkt Gott. Der Gehorsam des Mönchs wird Christus in der Person des Abtes geleistet, an den Benedikt wiederum hohe Anforderungen stellt.[45] Es geht also um einen gegenseitigen Gehorsam, d. h. um das aufmerksame Aufeinander-Hören und das Einander-Zuvorkommen in der Achtung:[46]

Wer aber im klösterlichen Leben und im Glauben fortschreitet, dem wird das Herz weit, und er läuft in unsagbarem Glück der Liebe den Weg der Gebote Gottes. Darum wollen wir uns seiner Unterweisung niemals entziehen und in seiner Lehre im Kloster ausharren bis zum Tod.[47]

Leben in einer Gemeinschaft

Das Leben in Gemeinschaft unter der Regel und einem Abt betrachtet Benedikt als Schule,[48] Arena[49] oder Werkstatt[50] mit dem Zweck und Ziel der menschlichen und geistlichen Reifung (»bis zum Tod«), um frei zu werden, für Gott, sich selbst und den Nächsten.[51] Im Vorwort zu seiner Regel schreibt er:

44 Reinhard Marx, *Freiheit*, München 2020, 58.
45 Vgl. Michaela Puzicha, »Die christozentrische Grundlegung der Benediktusregel. Einige Aspekte«, in: dies., »... *die gemeinsame Regel des Klosters« (RB 7, 55) Aufsätze und Vorträge zur Benediktusregel II*, 307–347.
46 RB 72, 4 und 6.
47 RB Prolog 49f.
48 RB Prolog 45.
49 RB Prolog 3.
50 RB 4, 78.
51 Vgl. Bernardin Schellenberger, *Benedikt von Nursia. Der Werde-*

Wir wollen also eine Schule für den Dienst des Herrn einrichten. Bei dieser Gründung hoffen wir, nichts Hartes und nichts Schweres festzulegen. Sollte es jedoch aus wohlüberlegtem Grund etwas strenger zugehen, um Fehler zu bessern und die Liebe zu bewahren, dann lass dich nicht sofort von Angst verwirren und fliehe nicht vom Weg des Heils; er kann am Anfang nicht anders sein als eng. Wer aber im klösterlichen Leben und im Glauben fortschreitet, dem wird das Herz weit, und er läuft in unsagbarem Glück der Liebe den Weg der Gebote Gottes.[52]

Dieser lebenslange Lernort in der festen Bindung an eine klösterliche Gemeinschaft (*stabilitas in congregatione*) und in der Beständigkeit an einem Ort (*stabilitas in loco*) ist für ihn überhaupt erst die Voraussetzung dafür, dass jemand nach der Bewährung im Gemeinschaftsleben alleine als Einsiedler leben kann. Als Einsiedler ist man ja nicht einfach nur frei, sondern auch sich, Gott und vielen Dämonen (also den verschiedensten Gedanken, Emotionen und Gefühlen) ausgesetzt.[53]

Der neu eingetretene Novize

Benedikt wendet sich im Vorwort zu seiner Regel an den Leser:

gang eines spirituellen Meisters – eine Inspiration für heute, Würzburg 2015; vgl. Michaela Puzicha, »Benedikt von Nursia. Vermittler der Grundlagen eines spirituellen Lebens«, in: dies., »*Nimm diese Regel …*« (*RB 73, 8*). *Aufsätze und Vorträge zur Benediktusregel III*, St. Ottilien 2021, 265–280.
52 RG Prolog 45–49.
53 Vgl. Fidelis Ruppert, *Geistlich kämpfen lernen. Benediktinische Lebenskunst für den Alltag*, Münsterschwarzach 2018.

An dich also richte ich jetzt mein Wort, wer immer du bist, wenn du nur dem Eigenwillen widersagst, für Christus, den Herrn und wahren König, kämpfen willst und den starken und glänzenden Schild des Gehorsams ergreifst.[54]

Und im letzten Kapitel der Regel schreibt er nochmals:

Wer immer du bist, nimm diese einfache Regel als Anfang und erfülle sie mit der Hilfe Christi. Dann wirst du schließlich unter dem Schutz Gottes zu den oben erwähnten Höhen der Lehre und der Tugend gelangen.[55]

Kommt jemand neu in die Gemeinschaft, so bringt er sich mit: seine Prägungen (Herkunft, Familie, Mentalität, Geschichte, Sprache, Erlebnisse, Erfahrungen, Überzeugung, Religiosität et cetera), Begabungen, seine Motivation zum klösterlichen Leben, seine Ziele im Leben, seinen Willen, Ängste und Krankheiten, Stärken und Schwächen: Benedikt spricht von fratres delicati,[56] schwächlichen und überempfindlichen Brüdern.[57]

Was erwartet Benedikt von einem Neueintretenden? Welche Voraussetzungen muss er mitbringen? Es gibt nur eine echte Form der Berufung, und das wäre die erstgenannte:

– Der Neueintretende kann monastisch leben, und er will es.
– Der Neueintretende könnte monastisch leben, aber er will sich nicht wirklich darauf einlassen.

54 RB Prolog 3.
55 RB 73, 8 f.
56 RB 48, 24.
57 Vgl. Michaela Puzicha, »Die fratres delicati – Empfindliche Brüder? (RB 48, 24). Das Zeugnis der monastischen Literatur«, in: dies., *Der Regel als Lehrmeisterin folgen. Aufsätze und Vorträge zur Benediktusregel I*, St. Ottilien 2013, 489–500.

- Der Neueintretende kann nicht monastisch leben, aber er will es.
- Der Neueintretende kann nicht monastisch leben (ihm fehlt die Berufung als Voraussetzung), und er will sich auch gar nicht ernsthaft darauf einlassen.

Die Anforderungen, die Benedikt an einen Neueintretenden stellt, hat er im ersten Kapitel und im Kapitel über die Aufnahme neuer Brüder beschrieben:[58] Der wahre Mönch (Zönobit) lebt in einer Gemeinschaft unter Regel und Abt.[59] Sein einziges Ziel besteht darin, Gott wahrhaft zu suchen.[60] Ihn zeichnen die Bereitschaft zum Gehorsam (*oboedientia*), der Eifer für den Gottesdienst (*opus Dei*) und die Fähigkeit, Arbeiten für die Gemeinschaft zu übernehmen und das Schwere des gemeinschaftlichen Lebens (*obpropria*) zu ertragen,[61] aus. Der Weg zu Gott führt über die menschliche und geistliche Reifung. Die lebenslange Bindung an die Gemeinschaft unter Regel und Abt soll zur inneren Freiheit und zum inneren Frieden führen.[62] Es stehen sich also Freiheit und Bindung nicht gegenüber, es geht nicht um das »UND« zwischen ihnen, sondern Benedikt sucht vielmehr nach einem Weg zur Freiheit »IN« der lebenslangen Bindung der klösterlichen Lebensform.

58 RB 58.
59 RB 1, 2.
60 RB 58, 7.
61 RB 58, 7f.
62 Vgl. Michaela Puzicha, »Der Eigenwille und der eigene Wille Selbstverwirklichung und Selbstbestimmung in der Benediktusregel«, in: dies., *Der Regel als Lehrmeisterin folgen. Aufsätze und Vorträge zur Benediktusregel I*, 409–421; vgl. auch die Ausführungen von Michaela Puzicha zu den Menschen und Ämtern in der Gemeinschaft, in: dies., *»... die gemeinsame Regel des Klosters« (RB 7, 55). Aufsätze und Vorträge zur Benediktusregel II*, 355–533.

Unter der Regel

Die Regel ist quasi die Antwort auf die Frage, wie man eigentlich den Glauben im Alltag praktisch leben und seine religiösen Vollzüge gestalten kann,[63] wie sich die Nachfolge Christi praktisch umsetzen lässt.

Die Regel dient als Praxisanleitung zur Heiligen Schrift. Kein Ersatz, keine Ergänzung zum Evangelium, sondern seine Umsetzung als praktische Lebenshilfe.[64] Benedikt fordert: »Gehen wir unter der Führung des Evangeliums seine [Christi, J.S.] Wege.«[65] Das bedeutet: Die Regel soll regelmäßig gelesen und gehört werden.[66] Die Heilige Schrift soll gehört werden.[67] Psalmen sollen als Lobpreis Gottes gebetet werden, und das eigene Leben soll sich in ihnen spiegeln.[68]

Unter einem Abt

Der Abt vertritt im Kloster die Stelle Christi.[69] Kennzeichen des guten Mönchs ist seine Bereitschaft zum Gehorsam. Aber beim Gehorsam als Unterwürfigkeit darf man nicht stehen

---

63 Vgl. Michaela Puzicha, »Was ist eine ›Regel‹? Zur literarischen Form der Benediktusregel«, in: dies., »*Nimm diese Regel ...*« *(RB 73, 8). Aufsätze und Vorträge zur Benediktusregel III*, 3–79.

64 Vgl. Michaela Puzicha, »Die Benediktusregel als Lebenshilfe«, in: dies., *Der Regel als Lehrmeisterin folgen. Aufsätze und Vorträge zur Benediktusregel I*, 503–527.

65 RB Prolog 21.

66 RB 66, 8; beim Eintritt RB 58, 9–13.

67 RB Prolog 1; RB Prolog 9–11; RB 4, 55; RB 38, 1; RB 42, 3–7.

68 Vgl. Michaela Puzicha, »Das Buch der Psalmen im Kontext der Benediktusregel«, in: dies., *Der Regel als Lehrmeisterin folgen. Aufsätze und Vorträge zur Benediktusregel I*, 109–138.

69 RB 2, 2.

bleiben. Gehorsam bedeutet vielmehr die Haltung des Hörens, die Offenheit für die Transzendenz als Einfallstor für Gott:

> Der erste Schritt zur Demut ist Gehorsam ohne Zögern. Er ist die Haltung derer, denen die Liebe zu Christus über alles geht.[70]

> So drängt sie die Liebe, zum ewigen Leben voranzuschreiten. Deshalb schlagen sie entschlossen den engen Weg ein, von dem der Herr sagt: ›Eng ist der Weg, der zum Leben führt‹.[71]

Ein Gehorsam dieser Art ist nur dann Gott angenehm und für die Menschen beglückend, wenn der Befehl nicht zaghaft, nicht saumselig, nicht lustlos oder gar mit Murren und Widerrede ausgeführt wird. Denn der Gehorsam, den man dem Oberen leistet, wird Gott erwiesen.[72]
Gehorsam gegenüber dem Abt und der gegenseitige Gehorsam unter Brüdern:

> Sie sollen einander in gegenseitiger Achtung zuvorkommen; ihre körperlichen und charakterlichen Schwächen sollen sie mit unerschöpflicher Geduld ertragen; im gegenseitigen Gehorsam sollen sie miteinander wetteifern; keiner achte auf das eigene Wohl, sondern mehr auf das des anderen; die Bruderliebe sollen sie einander selbstlos erweisen; in Liebe sollen sie Gott fürchten; ihrem Abt seien sie in aufrichtiger und demütiger Liebe zugetan.[73]

70 RB 5, 2.
71 RB 5, 11.
72 RB 5, 14f.
73 RB 72, 4–10.

Gehorsam und Überforderung:

> Wenn einem Bruder etwas aufgetragen wird, das ihm zu
> schwer oder unmöglich ist, nehme er zunächst den er-
> teilten Befehl an, in aller Gelassenheit und im Gehorsam.
> Wenn er aber sieht, dass die Schwere der Last das Maß
> seiner Kräfte völlig übersteigt, lege er dem Oberen dar,
> warum er den Auftrag nicht ausführen kann, und zwar
> geduldig und angemessen, ohne Stolz, ohne Widerstand,
> ohne Widerrede. Wenn er seine Bedenken geäußert hat, der
> Obere aber bei seiner Ansicht bleibt und auf seinem Befehl
> besteht, sei der Bruder überzeugt, dass es so für ihn gut ist;
> und im Vertrauen auf Gottes Hilfe gehorche er aus Liebe.[74]

Der Gehorsam, der Christus im Abt geleistet wird, ist keine
Unterwürfigkeit, sondern setzt ja auch im Gegenzug die
Frage voraus, wie der Abt sein soll, wie er leiten soll. Der
Abt soll sich bewusst sein, dass er im Kloster die Stelle
Christi vertritt.[75] Dem Gehorsam des Abts korrespondiert
die discretio des Abtes.[76]

> Deshalb darf der Abt nur lehren oder bestimmen und
> befehlen, was der Weisung des Herrn entspricht. Sein Be-
> fehl und seine Lehre sollen wie Sauerteig göttlicher Heils-
> gerechtigkeit die Herzen seiner Jünger durchdringen.[77]

74 RB 68, 1–5; vgl. Michaela Puzicha, »›Mach dein Herz stark und
    halte den Herrn aus.‹ (RB 7, 37). Resilienz als Entschiedenheit
    und Widerstand«, in: dies., »Nimm diese Regel ...« (RB 73, 8).
    Aufsätze und Vorträge zur Benediktusregel III, 433–488.
75 RB 2, 2.
76 RB 64, 17ff.
77 RB 2, 5; vgl. Michaela Puzicha, »Der gute Umgang mit Macht –
    gegen Machtmissbrauch: Das Zeugnis Benedikts«, in: dies.,
    »Nimm diese Regel ...« (RB 73, 8). Aufsätze und Vorträge zur
    Benediktusregel III, 345–408.

Der Abt ist gegenüber Gott rechenschaftspflichtig:[78]

Wer also den Namen »Abt« annimmt, muss seinen Jüngern in zweifacher Weise als Lehrer vorstehen: Er mache alles Gute und Heilige mehr durch sein Leben als durch sein Reden sichtbar.[79]

Einsichtigen Jüngern wird er die Gebote des Herrn mit Worten darlegen, hartherzigen aber und einfältigeren wird er die Weisungen Gottes durch sein Beispiel veranschaulichen. In seinem Handeln zeige er, was er seine Jünger lehrt, dass man nicht tun darf, was mit dem Gebot Gottes unvereinbar ist.[80]

Der Abt soll also alle in gleicher Weise lieben, ein und dieselbe Ordnung lasse er für alle gelten – wie es jeder verdient.[81]

Wenn der Abt lehrt, halte er sich immer an das Beispiel des Apostels, der sagt: »Tadle, ermutige, weise streng zurecht«. Das bedeutet für ihn: Er lasse sich vom Gespür für den rechten Augenblick leiten und verbinde Strenge mit gutem Zureden. Er zeige den entschlossenen Ernst des Meisters und die liebevolle Güte des Vaters. Härter tadeln muss er solche, die keine Zucht kennen und keine Ruhe geben; zum Fortschritt im Guten ermutige er alle, die gehorsam, willig und geduldig sind; streng zurechtweisen und bestrafen soll er jene, die nachlässig und widerspenstig sind. Auf keinen Fall darf er darüber hinwegsehen, wenn sich jemand verfehlt; vielmehr schneide

---

78 RB 2, 6 und 34.
79 RB 2, 12.
80 RB 2, 13.
81 RB 2, 22.

er die Sünden schon beim Entstehen mit der Wurzel aus,
so gut er kann.[82]

Der Abt muss wissen, welch schwierige und mühevolle
Aufgabe er auf sich nimmt: Menschen zu führen und der
Eigenart vieler zu dienen. Muss er doch dem einen mit ge-
winnenden, dem anderen mit tadelnden, dem dritten mit
überzeugenden Worten begegnen. Nach der Eigenart und
Fassungskraft jedes einzelnen soll er sich auf alle einstel-
len und auf sie eingehen.[83]

Er hasse die Fehler, er liebe die Brüder. Muss er aber zurechtweisen, handle er klug und gehe nicht zu weit; sonst
könnte das Gefäß zerbrechen, wenn er den Rost allzu heftig
auskratzen will. Stets rechne er mit seiner eigenen Gebrechlichkeit. Er denke daran, dass man das geknickte Rohr nicht
zerbrechen darf. Damit wollen wir nicht sagen, er dürfe
Fehler wuchern lassen, vielmehr schneide er sie klug und
liebevoll weg, wie es seiner Ansicht nach jedem weiterhilft
[…]. Er suche mehr geliebt als gefürchtet zu werden.[84]

So halte er in allem Maß, damit die Starken finden, wonach sie verlangen, und die Schwachen nicht davonlaufen.
Besonders wahre er in allem die vorliegende Regel.[85]

Der Abt muss wissen: Wer es auf sich nimmt, Menschen zu
führen, muss sich bereithalten, Rechenschaft abzulegen.[86]

---

82 RB 2, 23–26.
83 RB 2, 31 f.
84 RB 64, 11–15.
85 RB 64, 19.
86 RB 2, 37; vgl. RB 64, 7.

Mit größter Sorge muss der Abt sich um die Brüder kümmern, die sich verfehlen, denn nicht die Gesunden brauchen den Arzt, sondern die Kranken. Daher muss der Abt in jeder Hinsicht wie ein weiser Arzt vorgehen. Er schicke Senpekten, das heißt ältere weise Brüder. Diese sollen den schwankenden Bruder im persönlichen Gespräch trösten und ihn zu Demut und Buße bewegen. Sie sollen ihn trösten, damit er nicht in zu tiefe Traurigkeit versinkt.[87]

Und der Abt? Er ist ja auch ein Mönch. Wie der Abt sein soll:

Er muss daher das göttliche Gesetz genau kennen, damit er Bescheid weiß und (einen Schatz) hat, aus dem er Neues und Altes hervorholen kann. Er sei selbstlos, nüchtern, barmherzig. Immer gehe ihm Barmherzigkeit über strenges Gericht, damit er selbst Gleiches erfahre.[88]

Schluss

Eingangs sahen wir die Spannung, die Franz Overbeck im Mönchtum erkannte, die Spannung zwischen der Freiheit der weltflüchtigen, asketischen Einsiedler und der Bindung der Zönobiten an eine Gemeinschaft unter ihre Regel und Hierarchie. So betrachtet ging es um das Verhältnis von Freiheit und Bindung. Durch Benedikt von Nursia lernten wir eine religiöse Lebensform kennen, die gerade *in der Bindung* an Gott in einer Gemeinschaft den Weg zur Freiheit sucht, auch wenn der Mensch sie auf Erden wohl nie voll erreichen wird. Dieser benediktinische Weg, die Rückkehr

87 RB 27, 1–3.
88 RB 64, 9.

des Mönchs zu Gott,[89] zu seinem Schöpfer,[90] auf dem Jesus Christus ihn führt,[91] wird seit 1500 begangen. Jeder, wer auch immer er ist,[92] geht ihn zwischen den beiden Möglichkeiten von Glücken und Scheitern.[93] Papst Gregor der Große (540–604) erzählt in seiner 19. Predigt zu Mt 20, 1–16 von einem Mönch, der im Kloster nur dem Leibe, nicht aber dem Herzen nach lebte. Alle Brüder mussten ihn über lange Zeit in großer Geduld ertragen. Am Ende seines Lebens erlitt er über längere Zeit große Schmerzen, lernte aber so ganz auf das Erbarmen Gottes zu vertrauen. Darin wurde er zum Vorbild für seine Brüder.[94] Über allem Bemühen, als freier Mensch in einer Bindung in die von Gott geschenkte Freiheit hineinzufinden und hineinzuwachsen, was glücken oder auch scheitern kann, steht für Benedikt immer das Vertrauen auf die Barmherzigkeit Gottes, der Mönch möge »an Gottes Barmherzigkeit niemals verzweifeln«.[95] Darin gewinnt er die größte Freiheit auf seinem Weg zu Gott.

89 RB 71, 2; RB 72, 2.
90 RB 73, 4.
91 RB 72, 12.
92 RB Prolog 3; RB 73, 8.
93 Vgl. Christian Kern, *Scheitern Raum geben. Theologie für eine postsouveräne Gegenwartskultur* (= *Theologie im Dazwischen* 2), Ostfildern 2022.
94 Gregor der Große, *Homiliae in Evangelia – Evangelien-Homilien I* (*Fontes Christiani* 28), Freiburg/Basel/Wien 1997, 316–339, besonders 333–339.
95 RB 4, 74; vgl. Michaela Puzicha, »Barmherzigkeit im Blick der Benediktusregel«, in: dies., »... *die gemeinsame Regel des Klosters*« (*RB 7, 55*). *Aufsätze und Vorträge zur Benediktusregel II*, 173–210.

URSULA SCHUMACHER

»Es gibt nun keine Nächte mehr ohne Licht.«

*Gnadentheologische Zugänge zu Zeugnissen
aus dem Widerstand in der NS-Zeit*

Politische Kämpfer oder Menschen im Bannkreis Gottes?

Von den Männern und Frauen, die im Widerstand gegen
Hitler aktiv waren, geht ein hohes Maß an Faszination aus.
Zugleich herrschte und herrscht im historischen Diskurs
Uneinigkeit hinsichtlich der Deutung des Kampfes gegen
das NS-Regime – die seit der Nachkriegszeit kontrovers ge-
führten Debatten um seine Motivation und seine Bewertung
sind keineswegs abgeschlossen. Dabei geht eine nicht erst
im 21. Jahrhundert zu beobachtende Tendenz dahin, den
Widerstand, auch den von Christinnen und Christen, primär
als politisch-ethisches Phänomen zu deuten: »Fragen nach
der christlichen Motivation wurden zweitrangig gegenüber
dem Respekt vor Mut und Todesbereitschaft jener Männer
und Frauen, die den Verbrechen des Nationalsozialismus ihren Protest entgegensetzten.«[1] Geht es um eine ethische Bewertung widerständigen Verhaltens, so ist dies gewiss auch
nicht einfach falsch. Aber liegt andererseits in dieser Entwicklung nicht die Gefahr, eine notwendige Differenzierung

---

1 Harald Schultze, »Evangelische Rezeption von Martyrien des
20. Jahrhunderts«, in: *Martyrium im 20. Jahrhundert*, hrsg. von
Hans Maier und Carsten Nicolaisen, Annweiler 2004, 23–43, 30.

und vor allem einen wichtigen Verstehenszugang zu verlieren? Schon 1987 konstatierte der Historiker Heinz Hürten, dass die im Wesentlichen politisch orientierte Deutung von Christinnen und Christen im Widerstand gegen das NS-Regime wohl mehr über den gegenwärtigen Katholizismus aussagt als über die Menschen im Widerstand selbst,[2] und betont demgegenüber die Bedeutung, die spezifisch religiöse Aspekte – motivational gesprochen: Zeugnis; phänomenologisch gesprochen: geistliches Leben – für den Widerstandskampf im Dritten Reich hatten.

Die folgenden Überlegungen sind von der Überzeugung getragen, dass diese Annahme zutrifft: Der bis hin zum Selbstopfer reichende Widerstand von Christinnen und Christen ist nicht vollständig zu begreifen, wenn er rein unter ethischen oder politischen Gesichtspunkten und nicht auch unter Berücksichtigung einer christlichen Prägung und näherhin einer existenziellen religiösen Erfahrung betrachtet wird. Mehr noch: Die religiöse Erfahrung, von der hier die Rede ist, weist meines Erachtens – bei aller Unterschiedenheit der jeweiligen Wege zum Martyrium – eine in wesentlichen Grundzügen vergleichbare Schnittmenge auf. Dieser Erfahrungsgrundlage gilt es im Folgenden nachzuspüren, und zwar näherhin im Rückgriff auf Selbstzeugnisse aus den 1930er und 1940er Jahren und aus systematisch-theologischer, nicht historischer Perspektive. Interpretationsleitend wird dabei also die Orientierung an einer langen theologischen Tradition, die die Erfahrung geistlichen Lebens – und damit nichts weniger als die Kernachse, Herzmitte und das tragende Fundament von Christsein überhaupt – reflektiert hat, und die sich konfessionsübergreifend mit den Schlagworten Gnade und Rechtfertigung, Berufung und Nachfol-

---

2 Heinz Hürten, *Verfolgung, Widerstand und Zeugnis. Kirche im Nationalsozialismus. Fragen eines Historikers*, Mainz 1987, 95.

ge verbindet. Diese Erfahrung in ihren verschiedenen (und individuell natürlich unterschiedlich stark ausgeprägten) Facetten kann, so die verfolgte These, ein Schlüssel zur Beantwortung einiger zentraler Deutungsfragen in der Auseinandersetzung mit dem Phänomen des Widerstands sein: Worin liegen Möglichkeitsbedingungen und Kraftquellen eines christlich geprägten Martyriums? Was ist das spezifisch christliche Fundament einer Haltung entschiedenen Widerstandes? Und wie lässt sich gerade auf der Basis dieser Haltung der Begriff der »Freiheit« bestimmen? Zu diesen Fragen sind im Folgenden einige gnadentheologisch fundierte Überlegungen anzustellen, ohne dass dabei freilich der Anspruch auf eine vollständige Erfassung und Beschreibung relevanter Aspekte verfolgt werden könnte.

Das Martyrium als äußerste Form von Gnadenleben, Berufungsannahme und Christusnachfolge

Erwartung und Vorbereitung

Ein erster Aspekt, dem als Voraussetzung eines Martyriums wohl eine nicht zu unterschätzende Bedeutung zukommen dürfte, ist die mentale Vorbereitung auf Kampf, Leid und das – sit venia verbo – heroische Bestehen derselben. Der Scholl-Biograf Robert Zoske notiert beispielsweise im Blick auf Sophie Scholl (reichlich wertend im Sinne einer postheroischen Haltung) eine Vorliebe für »fatalistische Heldenliteratur voller Leidenschaft, Gewalt und Vergewaltigung, Kampfeswollust und Todeserotik«[3] und konstatiert über das von Sophie Scholl in einem Brief zitierte Lied »Die verlornen

---

3 Robert M. Zoske, *Sophie Scholl: Es reut mich nichts. Porträt einer Widerständigen*, Berlin 2021, 49.

Reiter«: »Wie in vielen Gesängen dieser Zeit waren Sterben und Tod – meist für das Vaterland – fester Bestandteil. [...] Es war vielleicht schaurig-schön zu intonieren, weil man selber noch lebte, bereitete aber auch darauf vor, sich selbst einmal so heldisch zu opfern. Sophie war also ideologisch vorbereitet.«[4] Über die Wertung dieser Beobachtung wäre zu diskutieren; in jedem Fall ist hier aber die Frage nach den Erwartungen berührt, die ein Mensch an seine Existenz stellt: Zielt ein Leben primär ab auf Sicherheit und Geborgenheit, Wohlergehen, Annehmlichkeiten, Vergnügen, Zerstreuung und Genuss? Oder wird mit der Möglichkeit einer Situation gerechnet, die Prüfung und Erprobung bedeutet, die Opfer für eine größere Sache verlangt, in der der Mensch aber vielleicht auch erst über ein Dasein in der Verlorenheit an den Alltag hinauswachsen und zu größerer Reife, tieferer Weisheit und höherer Menschlichkeit gelangen kann? Letzteres ist, so lässt sich vielleicht grundlegend konstatieren, die Haltung derjenigen, die ins Martyrium gingen. In aller Klarheit tritt sie in zwei Sätzen zutage, die der 1945 an den Folgen der KZ-Haft verstorbene Karl Leisner im November 1939, wenige Tage nach seiner Verhaftung, in sein Tagebuch schreibt: »Der Mensch, der nicht geschunden worden ist, wird nicht erzogen«, und: »Wen Gott lieb hat, den züchtigt er.«[5] Diese Lebenshaltung fand einen wunderbaren literarischen Ausdruck in Hilde Domins Gedicht »Bitte«, dessen Bezug zum Martyrium spätestens durch die Allusion auf die Märtyrerkrone ganz deutlich wird:

4 Robert M. Zoske, *Sophie Scholl: Es reut mich nichts. Porträt einer Widerständigen*, 70; vgl. auch 263.
5 Karl Leisner, »15.11.1939«, in: *Karl Leisners letztes Tagebuch. Zeugnis eines vollendeten Lebens*, hrsg. von Hans-Karl Seeger, Kevelaer 2007, 12.

Wir werden eingetaucht
und mit dem Wasser der Sintflut gewaschen,
wir werden durchnässt
bis auf die Herzhaut.
Der Wunsch nach der Landschaft
diesseits der Tränengrenze
taugt nicht,
der Wunsch, den Blütenfrühling zu halten,
der Wunsch, verschont zu bleiben,
taugt nicht.
Es taugt die Bitte,
daß bei Sonnenaufgang die Taube
den Zweig vom Ölbaum bringe.
Daß die Frucht so bunt wie die Blüte sei,
daß noch die Blätter der Rose am Boden
eine leuchtende Krone bilden.
Und daß wir aus der Flut,
daß wir aus der Löwengrube und dem feurigen Ofen
immer versehrter und immer heiler
stets von neuem
zu uns selbst entlassen werden.[6]

Es mag sich noch die Frage aufdrängen, inwiefern die in
diesen Worten umschriebene Haltung als spezifisch christlich qualifiziert werden kann. Gewiss ist sie auch außerhalb des Christentums anzutreffen. Ein Spezifikum des
Christentums ist jedenfalls aber die Orientierung an der
Gestalt Jesu Christi, dem Gekreuzigten, dem stellvertretend Leidenden, der sein Leben für die Menschen hin-
gibt. Dem Ideal der Christusnachfolge, einem Grund-
gedanken der Tradition geistlichen Lebens, ist also die

6 Hilde Domin, »Bitte«, in: dies., *Gesammelte Gedichte*, Frankfurt a.M., 1987, 117.

Bereitschaft, Leid auf sich zu nehmen, zuinnerst eingeschrieben.

Relativierung des eigenen Lebens

Damit ist bereits ein weiterer Grundzug der hier reflektierten Geisteshaltung angeklungen: die Relativierung des Lebens, das im Martyrium preisgegeben wird. Näherhin vollzieht sich diese Lebensrelativierung in zwei Hinsichten, die versuchshalber mit den Begriffen einer »extensionalen« und einer »intensionalen« Einordnung bezeichnet seien:

(a) Die extensionale Relativierung des Lebens resultiert schlicht aus der Annahme eines jenseitigen Fortlebens. Die feste Glaubensüberzeugung, dass eine irdische Existenz trotz alles Schönen und Guten darin nicht das Letzte und Wertvollste, sondern eher als die Vorbereitung auf etwas noch Höheres zu verstehen ist, impliziert notwendig eine Lebenshaltung, die in der Diktion der Bergpredigt darauf ausgerichtet ist, »Schätze im Himmel zu sammeln« (Mt 6,20). Freilich wäre diese Haltung einer extensionalen Lebensrelativierung völlig fehlinterpretiert, wollte man daraus eine Relativierung des Einsatzes für den Mitmenschen im diesseitigen Leben ableiten. Der Einsatz für andere ist vielmehr ein wesentlicher Aspekt der Motivationsstruktur des Martyriums. Und auch die Folgerung, dass eine hoffnungsgewisse Jenseitserwartung diesen Schritt – also den unzeitigen Abschied aus dem irdischen Leben, die Trennung von geliebten Menschen, den endgültigen Verzicht auf die Verfolgung gesetzter Ziele – leicht oder schmerzlos machen würde, verbietet sich bei einem Blick in die historischen Zeugnisse definitiv. Das beschränkt die extensionale Lebensrelativierung aber nicht in ihrer Bedeutung für den Weg ins Martyrium.

(b) Der zweite Aspekt, eine intensionale Relativierung des Lebens, resultiert aus der Überzeugung, dass es Werte gibt, für die einzustehen bedeutender ist als selbst das eigene Leben. Diese Überzeugung ist zwar gewiss keine spezifisch christliche Haltung – sie stellt aber in jedem Fall einen Grundzug authentisch christlicher Weltbetrachtung dar: Das Leben kommt geschenkhaft von Gott, es strebt wieder zu Gott hin und ist so eingebettet in ein höheres Ganzes, dessen Wertstruktur sich nicht an den Gesetzen weltimmanenter Selbstverwirklichung, sondern am Maßstab Gottes bemisst.

Erst unter Berücksichtigung dieser Lebensrelativierung wird wohl eine Haltung wie jene nachvollziehbar, die sich in einigen Tagebuchnotizen von P. Rupert Mayer manifestiert: Kurz nachdem er aufgrund der Weigerung, sich das (antinationalsozialistisch ausgerichtete) Predigen verbieten zu lassen, verhaftet worden war, schreibt er: »Ich war nun ganz glücklich, weil ich um des Glaubens willen eingesperrt war.«[7] Und später, im Konzentrationslager Sachsenhausen, träumt Mayer, er solle erschossen werden – eine Aussicht, auf die er, geweckt von Lärm vor seiner Zelle, mit großer Freude darüber reagiert, für das Martyrium erwählt zu sein:

Nun überkam mich plötzlich eine nicht erlebte Seligkeit. Ich konnte es gar nicht fassen, daß ich dazu ausersehen sei, als Märtyrer zu sterben. Ich hatte mich bereits erhoben, um gleich fertig zu sein, da entfernten sich die Schritte wieder von meinem Zimmer. Das war eine sehr große Enttäuschung, aber der ganze Vorgang hat mir oft Mut gemacht, da ich tatsächlich gern für den Glauben gestorben wäre. Doch noch ein Gutes hatte dieses Erlebnis: Ich

---

7 Rupert Mayer, »Der National-Sozialismus und meine Wenigkeit«, in: Rupert Mayer S.J., *Leben im Widerspruch. Autobiographische Texte, Prozeß vor dem Sondergericht, Reden und Briefe*, hrsg. von Roman Bleistein, Frankfurt a.M. 1991, 55–136, 70.

habe es nun an mir selbst erfahren, wie leicht es der l[iebe] Gott durch Seine allmächtige Gnade denen machen kann, die für den hl. Glauben sterben müssen oder besser: sterben dürfen.[8]

Der tragende Grund gelebter Nachfolge: Gnadenerfahrung

Das Wort »Gnade« ist dem heutigen Menschen (und wohl nicht erst ihm) fremd geworden. Es bedarf der Übersetzung. Was ist also theologisch unter einer »Gnadenerfahrung« zu verstehen? Gemeint ist damit ganz fundamental die Grunderfahrung des Geliebt-, Getragen- und Geführtseins durch Gott, die durchaus dem Gefühl vergleichbar ist, sich der Liebe eines anderen Menschen gewiss zu sein, und die sich in der Grundgewissheit bündeln lässt, nicht tiefer fallen zu können als in die Hände Gottes. »[N]och viel mehr Beweise einer so umfassenden Liebe [sc. Gottes] haben wir«, schreibt Sophie Scholl an Fritz Hartnagel, »daß wir eigentlich die glücklichsten Menschen sein könnten.«[9]

Die für den Jesuitenorden prägende ignatianische Spiritualität kreist ganz um den Gedanken, dass eine so gedeutete »Gnade« im Leben auch ganz konkret erfahren wird. Alfred Delp, Mitglied des Kreisauer Kreises, formuliert diese Gewissheit wie folgt: »[W]o dies [sc. das Sich-Öffnen für Gott] vom Menschen ehrlich versucht wird, da gewinnt die Welt ein neues Gesicht. Die starren Züge innerweltlicher Kausalität, logischer Verknüpfung und Notwendigkeit lösen sich. Das Antlitz der Welt wird mütterlicher und väterlicher. Es beginnt jenes Geheimnis der hundert und hundert

---

8 Rupert Mayer, »Der National-Sozialismus und meine Wenigkeit«, 119.
9 Sophie Scholl, »19. 3. 1942«, in: Robert M. Zoske, *Sophie Scholl: Es reut mich nichts. Porträt einer Widerständigen*, 194.

kleinen Aufmerksamkeiten, mit dem Gott den Menschen umsorgt.«[10] Auf dieses Wissen gründet sich das restlose Vertrauen in Gott: »Die Welt ist in ihrem Lauf geblieben, aber sie ist zur Barke des Herrgotts geworden, die kein Sturm umwerfen, keine Flut hinabreißen wird.«[11]

Und diese Erfahrung hält auch dann noch durch, wenn es schwer wird. Karl Leisner kann kurz nach seiner Verhaftung notieren: »Gott, ich danke Dir für alle Wohltaten, die Du so reichlich über mich ausgegossen. Ja, ich danke Dir für die Tage der schweren Krankheit, und jetzt wiederum für die Tage der Unfreiheit und Gefangenschaft. Alles hat seinen Sinn, Du meinst es überaus gut mit mir«;[12] und Alfred Delp schreibt noch im Warten auf den Tod: »Es gibt nun keine Nächte mehr ohne Licht, keine Gefängniszellen ohne echtes Gespräch, keine einsamen Bergpfade und gefährlichen Schluchtwege ohne Begleitung und Führung.«[13]

Aus Sicht einer erfahrungsorientierten Gnadentheologie stößt das geschilderte Erleben der liebenden Zuwendung Gottes etwas an, das hier als »Kreislauf der Gnade« bezeichnet sei: Stark wird zunächst der Wunsch, dem empfangenen Geschenk zu entsprechen, und das Geschenk ist so groß, dass man ihm nicht anders als durch eine Ganzhingabe entsprechen kann. »[D]er christliche Glaube beruht auf der schlichten Tatsache, dass man Gottes Liebe auf keine andere Weise adäquat beantworten kann als mit der ganzen Existenz«[14] –

---

10 Alfred Delp, *Mit gefesselten Händen. Aufzeichnungen aus dem Gefängnis*, Freiburg im Breisgau 2007, 86.
11 Alfred Delp, *Mit gefesselten Händen. Aufzeichnungen aus dem Gefängnis*, 87.
12 Karl Leisner, »14.11.1939«, in: ders., *Karl Leisners letztes Tagebuch. Zeugnis eines vollendeten Lebens*, 12.
13 Alfred Delp, *Mit gefesselten Händen. Aufzeichnungen aus dem Gefängnis*, 88.
14 Eberhard Schockenhoff, *Entschiedenheit und Widerstand. Das*

eine ungeheure Forderung, über die sich die hier betrachteten Textzeugnisse durchaus bewusst waren: »Wer in den Lebensatem Gottes gerät«, schreibt Alfred Delp, »gerät auch in sein Lebensgesetz«,[15] und den Weg mit Gott zu gehen, bedeutet eben keineswegs, dass »das Schicksal des Menschen nun die lächelnde Wiese und der Blumenpfad wäre«.[16] Ganz im Gegenteil: »Wider das Zeugnis der Steine, an die unser Fuß gestoßen, wider das Zeugnis der Geißeln, die uns blutig geschlagen, wider das Zeugnis der Ketten, die uns binden, im Wort bleiben, unerschüttert und unermüdet stehenbleiben: das ist die große Antwort, die ein Mensch Gott geben kann. Und nach der Gott jeden Menschen fragen wird. Jeden.«[17]

Diesem kaum ermesslichen Anspruch folgt dann wohl ausweglos die Erfahrung, dass die Ganzhingabe in der Weise, wie sie sein soll, niemals gelingt; dass Schuld, Unvollkommenheit, Grenzen bleiben, die gerade an der Tiefe der Berufungserfahrung erst in ihrer vollen Tragweite erfahren werden. So hadert Sophie Scholl damit, in ihrer Handlungsmotivation zu sehr vom Ehrgeiz geleitet zu sein,[18] und Alfred Delps Jahresrückblick auf das Jahr 1944 umschließt den tief empfundenen Satz: »Innerlich war viel Eitelkeit und Selbstsicherheit und Anmaßung und Unwahrhaftigkeit und Lüge in diesem Jahr.«[19] Gerade diese Erfahrung kann

Lebenszeugnis der Märtyrer, Freiburg im Breisgau/Basel/Wien 2015, 177.

15 Alfred Delp, *Mit gefesselten Händen. Aufzeichnungen aus dem Gefängnis*, 83.

16 Alfred Delp, *Mit gefesselten Händen. Aufzeichnungen aus dem Gefängnis*, 82.

17 Alfred Delp, *Mit gefesselten Händen. Aufzeichnungen aus dem Gefängnis*, 73.

18 Vgl. Robert M. Zoske, *Sophie Scholl: Es reut mich nichts. Porträt einer Widerständigen*, 269.

19 Alfred Delp, *Mit gefesselten Händen. Aufzeichnungen aus dem Gefängnis*, 22.

aber wieder neu zum Anreiz werden, noch intensiver dem Beispiel Christi nachzueifern, noch entschiedener sich dem Willen Gottes einzufügen; und jedenfalls mündet sie wieder in eine Haltung des Sich-beschenken-Lassens durch Gott. So betont Alfred Delp, dass das Gefühl der Schuld nicht zu »Müdigkeit und Resignation« führen darf: »Dann ist erst recht alles verloren. […] Gerade die schuldige Kreatur muß sich unter das heilende Wort Gottes stellen und seinem Heilswillen sich übergeben. Das ist ihre Leistung bei der Überwindung der Schuld: die Übergabe.«[20]

Die »Freiheit der Kinder Gottes«

Auf der Basis der bisherigen Überlegungen erschließt sich nun auch ein Zugang zu einem bemerkenswerten Phänomen in den hier betrachteten Selbstzeugnissen: ein spezifischer Freiheitsbegriff.

Was bedeutet dem heutigen Menschen Freiheit? Eine wohl bis zur Verallgemeinerbarkeit gängige Vorannahme geht davon aus, dass Freiheit dort gegeben ist, wo unter Abwesenheit von äußerem Zwang und Einfluss getan und gelassen werden kann, was gerade gewünscht wird: Das Gefühl von Freiheit stellt sich da ein, wo alle Erwartungen, Zwänge, Bande und Notwendigkeiten abfallen, im Urlaub am Strand, nach einer bestandenen Prüfung. Dieser erfahrungsgestützte Freiheitsbegriff ist wohl unmittelbar nachvollziehbar – er taugt aber wenig zur Erklärung der hier reflektierten Zeugnisse und Selbstwahrnehmungen. Denn wie ist es zu verstehen, wenn Karl Leisner kurz nach seiner Verhaftung notiert: »Die Tage äußerer Unfreiheit sind herrliche Tage des inneren Freiwerdens für Gott, der allein der

20 Alfred Delp, *Mit gefesselten Händen. Aufzeichnungen aus dem Gefängnis*, 196.

Hort und die Burg der Freiheit ist«?[21] Wie sind die Zeilen zu erklären, die der mit seinem Todesurteil rechnende Wehrdienstverweigerer Franz Jägerstätter im Gefängnis schreibt: »Wenn ich [...] auch mit gefesselten Händen schreibe, aber immer noch besser, als wenn der Wille gefesselt wäre. [...] Nicht Kerker, nicht Fesseln, auch nicht der Tod sind es imstande, einen von der Liebe Gottes zu trennen, ihm seinen Glauben und den freien Willen zu rauben«?[22] Und war Bonhoeffer in seiner Zelle frei? Der vorher aufgerufene gängige Freiheitsbegriff vermöchte das nicht zu fassen; Bonhoeffers berühmtes Gefängnisgedicht legt es jedoch nahe:

Wer bin ich? Sie sagen mir oft,
ich spräche mit meinen Bewachern
frei und freundlich und klar,
als hätte ich zu gebieten.[23]

Diese Spannung löst sich durch eine gnadentheologische Reflexion des Freiheitsbegriffs. Keineswegs geht es hier einfachhin nur um Handlungs-, Wahl- oder Selbstverfügungsfreiheit; unter diesem Vorzeichen bliebe den zitierten Selbstzeugnissen gegenüber nur das restlose Unverständnis und die hermeneutische Kapitulation. Vielmehr ist eine Form innerer Freiheit im Blick – die freilich eine Schnittmenge mit dem Erfahrungsprofil des vorher skizzierten profanen Freiheitsbegriffs aufweist. Will man versuchen, diese Freiheitserfahrung (bei allen individuellen Differenzen)

21 Karl Leisner, »17.11.1939«, 14.
22 Franz Jägerstätter, »Juli/August 1943«, in: ders., *Gefängnisbriefe und Aufzeichnungen*, hrsg. von Erna Putz, Linz/Passau 1987, 74.
23 Dietrich Bonhoeffer, *Widerstand und Ergebung. Briefe und Aufzeichnungen aus der Haft*, hrsg. von Christian Gremmels, Eberhard Bethge und Renate Bethge (*Werkausgabe* 8), Gütersloh 1998, 513f.

summierend zu beschreiben, dann läge der Fokus auf diesem Grundaspekt: Die Gottesbeziehung schenkt ein inneres Gefühl der Freiheit gegenüber sämtlichen irdischen Mächten, die den Menschen unterdrücken und unter ihre Herrschaft zwingen wollen, weil sie sie alle relativiert.

Die schönsten, dichtesten Belege für diese Erfahrung finden sich bei Alfred Delp, der sie sogar zu einem anthropologischen Zentralaspekt erhebt: »Der Mensch muß frei sein. Als Sklave, in Kette und Fessel, in Kerker und Haft verkümmert er. [...] In diesen Wochen der Gebundenheit habe ich dies erkannt, daß die Menschen immer dann verloren sind [...], wenn sie nicht einer großen inneren Weite und Freiheit fähig sind. [...] Dieser Freiheit wird der Mensch nur teilhaft, wenn er seine eigenen Grenzen überschreitet. [...] Die Geburtsstunde der menschlichen Freiheit ist die Stunde der Begegnung mit Gott.«[24] Angewandt, konkretisiert auf die Entscheidungssituation im Dritten Reich hin, bedeutet dies: Allein die bedingungslose Unterordnung unter Gottes Willen ist zu verabsolutieren, kein anderer Herrscher kann den christlich glaubenden Menschen in entsprechender Totalität beanspruchen. Dies bringt beispielsweise die intensive katholische Christkönigsspiritualität der 1930er Jahre zum Ausdruck, und ganz deutlich formuliert es der zweite Artikel der Barmer Erklärung; in diesem Abschnitt des 1934 beschlossenen Grunddokuments der evangelischen Bekennenden Kirche heißt es: »Wie Jesus Christus Gottes Zuspruch der Vergebung aller unserer Sünden ist, so und mit gleichem Ernst ist er auch Gottes kräftiger Anspruch auf unser ganzes Leben; durch ihn widerfährt uns frohe Befreiung aus den gottlosen Bindungen dieser Welt zu freiem, dankbarem Dienst an seinen Geschöpfen. Wir verwerfen

---

24 Geschrieben an Epiphanie 1945, vgl. Alfred Delp, *Mit gefesselten Händen. Aufzeichnungen aus dem Gefängnis*, 114f.

die falsche Lehre, als gebe es Bereiche unseres Lebens, in denen wir nicht Jesus Christus, sondern anderen Herren zu eigen wären, Bereiche, in denen wir nicht der Rechtfertigung und Heiligung durch ihn bedürften.«[25] Dieses Paradox aus Freiheit und Bindung findet sich auch bei Alfred Delp, überdeutlich etwa in seiner Auslegung der Vaterunser-Bitte »Dein Wille geschehe …«: »Dies ist die Bitte des Menschen um seine Freiheit. Zunächst klingt das nicht so, aber es ist so. Der Mensch ist ein verwiesenes Wesen. Jeder Versuch, diese Verweisungen zu übersehen, aufzulösen, zu zerbrechen, führt zum Ruin des Menschen selbst.«[26]

Nun ist dieser theonome Freiheitsbegriff trotz seiner echten, tiefen Erfahrungsgrundlage keineswegs verallgemeinerbar, und er war es schon in den 1930er Jahren nicht. »Der Mensch muß sich selbst hinter sich gelassen haben, wenn er eine Ahnung von sich selbst bekommen will. Das ist es, was uns so selten gelingt und so schwerfällt. Und was den Menschen heute so unsinnig erscheint, weil sie die unendlichen Gluten und die schimmernde Bläue und die grenzenlose Weite des göttlichen Wesens nicht mehr kennen, denen man sich überantworten muß. Man muß die Segel in den unendlichen Wind stellen, dann erst werden wir spüren, welcher Fahrt wir fähig sind.«[27] Man mag kritisch rückfragen, ob eine solche Bestimmung von Freiheit – eben nicht als Auto-nomie, sondern als Theo-nomie – nicht doch selbst wiederum totalitarismusanfällig ist. Wie groß ist tatsächlich noch der Schritt zum blinden Glaubenseifer, zum

---

25 *Die Barmer Theologische Erklärung. Einführung und Dokumentation*, hrsg. von Alfred Burgsmüller und Rudolf Weth, Neukirchen 1984, 35.

26 Alfred Delp, *Mit gefesselten Händen. Aufzeichnungen aus dem Gefängnis*, 157.

27 Geschrieben an Epiphanie 1945, vgl. Alfred Delp, *Mit gefesselten Händen. Aufzeichnungen aus dem Gefängnis*, 115 f.

menschenverachtenden Religionsfanatismus? Eine Antwort auf diese Frage bieten die Überlegungen, die Gerd Neuhaus zum Absolutheitsanspruch des Christentums angestellt hat, und wonach es *eine* Form des christlichen Absolutheitsanspruchs gibt, die nicht in einen problematischen Fanatismus mündet, sondern geradezu eine Voraussetzung für den Weltfrieden ist: eine Absolutheit der Liebe, die Gott *in persona* ist, und die allein als Maßstab und Kriterium verabsolutiert werden darf.[28] Diese Haltung liegt der Selbsthingabe im Martyrium zugrunde.

Ihren Gipfelpunkt und ihre höchste Konkretisierung findet die skizzierte Freiheitserfahrung im Märtyrertod. Im Tod für die Treue zum Willen Gottes und zur Sache Jesu erweist sich eine Freiheit, die selbst dem stärksten irdischen Gesetz, dem Kampf um den Erhalt des eigenen Lebens, nicht untertan ist. Und nur von daher wird vielleicht auch der ungeheure Satz verständlich, den Rahner über das Martyrium schreibt: Das Martyrium »ist der freie Tod und alle Gewalt, die ihn schafft, ist nur der heimliche Kunstgriff Gottes, der die Möglichkeit höchster Freiheit schafft«.[29]

Fazit

Gewiss: Die benannten Aspekte eines geistlichen Lebens stellen nicht die einzige Voraussetzung dafür dar, dass jemand bereit ist, um einer größeren Sache willen, des Glau-

---

28 Gerd Neuhaus, *Kein Weltfrieden ohne christlichen Absolutheitsanspruch. Eine religionstheologische Auseinandersetzung mit Hans Küngs »Projekt Weltethos«* (Quaestiones Disputatae 175), Freiburg im Breisgau/Basel/Wien 1999, besonders 147f.

29 Karl Rahner, *Zur Theologie des Todes. Mit einem Exkurs über das Martyrium* (Quaestiones Disputatae 2), Freiburg im Breisgau 1958, 87.

bens wegen, den Tod zu riskieren bzw. auf sich zu nehmen – man bedenke auch ganz profane Charaktereigenschaften wie Mut und Treue, Widerspruchsgeist und Aufrichtigkeit. Und fraglos kann eine ähnliche Haltung auch ganz unabhängig von einer christlichen Glaubensüberzeugung entstehen. Aber es dürfte doch deutlich geworden sein, dass es so etwas wie ein spezifisch christliches Setting des Widerstandes bis zur Selbsthingabe gibt, eine Quelle spezifisch christlicher Kraftressourcen, aus der heraus das Martyrium möglich werden kann. Die Nationalsozialisten scheinen ein gewisses Gespür dafür gehabt zu haben: Sie »sahen die Christen unter den Widerstandskämpfern als ihre gefährlichsten Gegner an, weil diese bereit waren, aus ihrem Glauben mit aller Entschlossenheit die Konsequenzen zu ziehen, die ihnen erforderlich erschienen, und dafür alles, im Zweifelsfall die physische Existenz, aufs Spiel zu setzen«.[30]

Wo verläuft nun aber die Grenzlinie zwischen einer religiösen und einer politischen Positionierung? Gerade im Blick auf das Dritte Reich fällt eine Antwort nicht leicht – denn ein totalitäres Regime wie der Nationalsozialismus traf gerade darin bereits auf sehr grundlegenden Widerstand, dass von anderer Seite, nämlich aus dem Glauben heraus, ebenfalls existenziell restlose, also »totale« Ansprüche an den Menschen gestellt wurden. In aller Deutlichkeit zeigt sich dies in der vorher skizzierten Überzeugung, dass die Herrschaft Christi als höchste, im Letzten einzig valide Bindung anzuerkennen sei.

Gewiss: Die Frage, inwieweit diese Spannung als solche wahrgenommen wurde oder daraus sogar handlungspraktische Konsequenzen gezogen wurden, bleibt damit noch völlig unbeantwortet. Und dabei spielen fraglos noch ganz

30 Eberhard Schockenhoff, *Entschiedenheit und Widerstand. Das Lebenszeugnis der Märtyrer*, 181.

andere Aspekte eine Rolle – persönlicher Mut und das Ausmaß politischer Handlungsbereitschaft, die je individuelle Deutung dessen, worin Gottes Wille liegt, und die Massivität der je zu gewärtigenden Repressalien vonseiten staatlicher Organe. Eine billige und weltflüchtige Berufung auf die Allmacht Gottes ist in einem christlichen Koordinatensystem noch keineswegs ausgeschlossen (wenngleich sie es dann vielleicht werden mag, wenn die vorher skizzierte Gnadenerfahrung nur tief genug ist), und es geht hier auch gar nicht um eine Stellungnahme zu der Diskussionsfrage, ob die Haltung der schweigenden christlichen Mehrheit eher als Versagen oder als zumeist stille Resistenz gegen den Nationalsozialismus zu bewerten ist. Fakt ist aber, dass eine grundlegende weltanschauliche Inkompatibilität zwischen NS-Ideologie und entschiedenem Christsein existiert, und dass Letzteres (wenigstens totalitären Staaten gegenüber) niemals einfach politisch indifferent ist. Und so dürfte vielleicht doch eine gewisse Vorsicht geboten sein gegenüber Bewertungen, die eine (vordergründig) rein religiöse Haltung aus heutiger Sicht einfachhin als unbefriedigend, da nicht hinreichend politisch, betrachten.

Julia Knop

Diskriminierung im Namen der Religion: Die römisch-katholische Kirche und die Frauen

Frauen – Leben – Freiheit!

Seit September 2022 protestieren im Iran immer wieder Menschen, phasenweise Tausende, gegen das Regime. Bereits 1999 gingen Studierende auf die Straße, nachdem eine liberale Zeitung geschlossen worden war. 2009 begehrte die »grüne Bewegung« gegen die Wiederwahl von Präsident Mahmoud Ahmadinedschad auf. Ende 2017 und Ende 2019 waren Arbeitslosigkeit, ausbleibende Lohnzahlungen und rasant steigende Preise für Lebensmittel und Treibstoff Auslöser für Massenproteste.

Doch im Herbst 2022 war etwas anders. Diese Proteste standen unter dem Motto »Frauen – Leben – Freiheit«. Es war der Beginn einer feministischen Revolution – oder der feministische Beginn einer Revolution. Ausgelöst wurde sie durch den Tod einer jungen Kurdin, Jina Amini. Sie starb am 16.9.2022, nachdem sie im Polizeigewahrsam ins Koma geprügelt worden war. Sie wurde 22 Jahre alt. Jina Amini wurde zur Symbolfigur des Protestes gegen ein Regime, dessen wichtigstes Instrument die Kontrolle von Leben und Freiheit der Frauen zu sein scheint. Sie starb wegen eines zu locker getragenen Kopftuchs. Sie hätte jedermanns Tochter, Schwester, Cousine, Freundin, Partnerin, Ehefrau, Mutter oder Tante sein können. Menschen aller Geschlechter, Altersstufen, Volksgruppen, Milieus und Berufe solidarisierten sich. Prominente Iranerinnen schnitten sich vor laufender Kamera die Haare ab. Frauen verbrannten in der Öffentlichkeit ihren Hidschab. Mädchen drehten Videos, in denen sie mit offenem Haar dem Porträt des obersten religiösen Führers Ali Chamenei die Fäuste entgegenrecken.

Der Hidschab wurde Symbol des Protestes. Aber es geht nicht nur um eine religiöse Kleidervorschrift für Frauen. Menschen wurden zu Hunderten auf offener Straße erschossen oder in wahnwitzigen »Prozessen« wegen »Kriegs gegen Gott« zum Tode verurteilt. Der Kampf dauert an. Es geht ums Ganze: um Gerechtigkeit oder Ungerechtigkeit, religiöse Kontrolle oder individuelle Freiheit, Leben oder Tod. Das ist so beeindruckend und aufschlussreich: dass der Protest gegen den religiös begründeten Sexismus des religiösen Regimes solche integrative Kraft entfalten, solche Entschlossenheit einer ganzen Gesellschaft bewirken kann.

In der Wut der Protestierenden und, vice versa, in der Brutalität des religiösen Regimes wird wie in einem Brennglas die Mesalliance von Politik und Religion, Religion und Sexismus, Sexismus und Politik deutlich, die im Iran tödliche Gewalt bewirkt. Die Hybris des Regimes kulminiert in dem Anspruch, den Körper, das Verhalten, die Bewegungsfreiheit, die Individualität und Öffentlichkeit der Frauen zu kontrollieren. Nichts scheinen die religiösen Führer dieses Landes mehr zu fürchten als die Ermächtigung der Frauen, als ihren Ruf nach Leben und Freiheit. Ohne diesem Ruf gerecht zu werden, wird es keine Befriedung geben.

Diskriminierung im Namen der Religion?

Für viele Menschen im christlich geprägten Europa sind diese Vorgänge im Iran sehr weit entfernt. Sie wähnen sich und ihre Religion gegenüber politisierten Fundamentalismen erhoben. Die öffentliche Wahrnehmung der feministischen Proteste und die politische Ächtung der Brutalität des Regimes ist immer noch erschreckend verhalten. Die Kirchen halten sich geradezu auffällig zurück damit, die religiös motivierte Unterdrückung der Frauen im Iran offen zu kritisieren, das Regime zur Mäßigung aufzufordern und proaktiv für Frauenrechte einzutreten.

Aber wie ist es eigentlich im Christentum um Geschlechtergerechtigkeit in der Religion bestellt? Eine dem schiitischen Islam im Iran vergleichbare politische Schlagkraft hat das Christentum nirgendwo mehr – Gott sei Dank. Aber damit ist ja noch nicht gesagt, dass es im römischen Katholizismus keinen religiös begründeten Sexismus, keine Diskriminierung von Geschlechts wegen im Namen Gottes gäbe.

Es geht im Folgenden, um das ganz deutlich zu machen, nicht um einen Vergleich. Ich werde den Islam nicht mit dem Christentum, den Ajatollah nicht mit dem Papst und die iranische Sittenpolizei nicht mit kirchlichen Behörden vergleichen. Das wäre Unsinn. Es geht stattdessen darum zu verstehen, wie religiös begründete Diskriminierung von Geschlechts wegen funktioniert – und ob wir davon auch im Katholizismus sprechen müssen.

Der Vorwurf wird ja immer lauter erhoben: dass die katholische Kirche Menschen wegen ihres Geschlechts diskriminiert. Zuletzt lag der Blick v.a. auf dem Umgang der römisch-katholischen Kirche mit queeren Menschen. Dass die Kirche Frauen diskriminiert, wird jedoch schon viel länger beklagt. Vertreter der Kirche weisen diesen Vorwurf normalerweise entschieden zurück. Im selben Atemzug verteidigen sie jedoch die offenkundige Ungleichbehandlung von Frauen und queeren Menschen in kirchlicher Praxis und kirchlicher Lehre. (Wie) Geht das zusammen?

Was ist Diskriminierung? Der Begriff leitet sich vom lateinischen Verb »discriminare« = »trennen, unterscheiden« ab; »discrimen« ist, zunächst wertneutral, »der Unterschied«. Im 16. Jahrhundert geht der Begriff ins Deutsche ein und ist seit dem 19. Jahrhundert breit belegt. Erst im 20. Jahrhundert bekommt er eine pejorative Note: Diskriminierung bezeichnet nun einen Unterschied zum Nachteil eines anderen, also Herabsetzung. In dieser Bedeutung wird er in den Sozial- und Rechtswissenschaften verwendet. Der Gegenbegriff ist Bevorzugung oder Privilegierung.

Auf rechtlicher Ebene wird Diskriminierung als Widerspruch gegen den sogenannten Gleichheitsgrundsatz aus Art. 3 des Grundgesetzes der Bundesrepublik Deutschland behandelt und im Allgemeinen Gleichbehandlungsgesetz (AGG) geregelt. Dort heißt es:

Art. 3 (1) Alle Menschen sind vor dem Gesetz gleich.
(2) Männer und Frauen sind gleichberechtigt. [erst 1994 wurde ergänzt:] Der Staat fördert die tatsächliche Durchsetzung der Gleichberechtigung von Frauen und Männern und wirkt auf die Beseitigung bestehender Nachteile hin.
(3) Niemand darf wegen seines Geschlechtes, seiner Abstammung, seiner Rasse, seiner Sprache, seiner Heimat und Herkunft, seines Glaubens, seiner religiösen oder politischen Anschauungen benachteiligt oder bevorzugt werden. Niemand darf wegen seiner Behinderung benachteiligt werden.

Analoge Gleichbehandlungsgebote oder Antidiskriminierungsverbote gibt es in zahllosen nationalen Verfassungen, völkerrechtlichen Konventionen und Erklärungen. Nicht immer fällt der Begriff »Diskriminierung«; im Grundgesetz der Bundesrepublik Deutschland zum Beispiel nicht. Aber immer geht es darum, zulässige von nicht zulässiger, gerechtfertigte von nicht gerechtfertigter Ungleichbehandlung zu unterscheiden.

Das *verfassungsrechtliche* Gleichbehandlungsgebot bezieht sich auf rechtlich beschreibbare Ungleichbehandlung unter Berufung auf die Grundrechte. Hier geht es um das Verhältnis von Bürger:innen und Staatsorganen. Die Verfassung adressiert nicht die Einzelnen, sondern den Gesetzgeber.

In den *Sozialwissenschaften* wird Diskriminierung weiter gefasst. Hier bezeichnet der Begriff umfassend eine ungerechtfertigte Ungleichbehandlung und Abwertung von Menschen in Institutionen und Gruppen sowie zwischen Personen durch diskriminierende Strukturen, Verhaltensweisen, Sprechgewohnheiten u. v. m.

Beide Zugänge, rechts- wie sozialwissenschaftlich, setzen normativ an. Sie beschreiben und bewerten diskriminierendes Verhalten. Um solches Verhalten zu benennen, ist es unerheblich, ob jemand beabsichtigt zu diskriminieren oder ob es ihm nolens volens unterläuft. Diskriminierung ist unabhängig vom Motiv und von der Interpretation dessen, der diskriminiert.

Aber natürlich ist nicht jede Ungleichbehandlung Diskriminierung. Es braucht ein Kriterium. Der Gleichheitssatz aus Art. 3 GG setzt voraus, dass Gleiches gleich und Ungleiches ungleich zu behandeln ist. Es kommt also darauf an, wie Gleichheit definiert wird. Der Maßstab lautet: Diskriminierung ist eine ungerechtfertigte Ungleichbehandlung eines Menschen aufgrund eines Merkmals, das grundsätzlich keine Ungleichbehandlung rechtfertigt.

Grundlage dieses Anspruchs auf Gleichbehandlung ist die gleiche Würde aller Menschen. Sie ist unteilbar. Aus gleicher Würde werden gleiche Rechte abgeleitet. Das wird in der Allgemeinen Erklärung der Menschenrechte vom 10.12.1948 gut deutlich:

Allgemeine Erklärung der Menschenrechte
Art. 1: Alle Menschen sind frei und gleich an Würde und Rechten geboren. [...]
Art. 2: Jeder hat Anspruch auf alle in dieser Erklärung verkündeten Rechte und Freiheiten, ohne irgendeinen Unterschied, etwa nach Rasse, Hautfarbe, Geschlecht, Sprache, Religion, politischer oder sonstiger Anschauung, nationaler oder sozialer Herkunft, Vermögen, Geburt oder sonstigem Stand. [...]
Art. 7: Alle Menschen sind vor dem Gesetz gleich und haben ohne Unterschied Anspruch auf gleichen Schutz durch das Gesetz. Alle haben Anspruch auf gleichen Schutz gegen jede Diskriminierung, die gegen diese Erklärung verstößt, und gegen jede Aufhetzung zu einer derartigen Diskriminierung.

Artikel 1 benennt die Grundlage. Artikel 2 listet schützenswerte Unterschiede auf. Diese Liste ist exemplarisch. Sie ist auf dem Erkenntnisstand der Zeit entstanden und offen für Erweiterung. Die Geschichte der Antidiskriminierung ist insgesamt eine Lerngeschichte. Manches, was in den 1950er und 1960er Jahren noch »ganz normal« erschien – zum Beispiel die ungleiche Rollenverteilung von Eltern, die Abhängigkeit der Ehefrau vom Ehemann in der Berufswahl, beim Sorgerecht, in wirtschaftlichen Fragen –, wird heute klar als ungerecht erkannt und benannt.

Fundament und koordinierendes Zentrum der Menschenrechte ist also die Menschenwürde. Sie begründet den Anspruch auf Gleichbehandlung. Unterschiede wie Geschlecht, »Rasse«, Sprache, Religion und Ähnliches werden als Merkmale aufgelistet, die grundsätzlich keine Ungleichbehandlung rechtfertigen. In ihnen wird Menschsein konkret. In diesen Merkmalen unterscheiden sich Menschen von Menschen, Menschenwürdeträger von Menschenwürdeträgern – nicht Würdeträger von anderen, die keine oder eine andere Würde hätten.

Gerecht(fertigt)e oder
ungerecht(fertigt)e Diskriminierung?

Wie ist es im Katholizismus um Geschlechtergerechtigkeit bestellt? Diskriminiert die katholische Kirche Frauen aufgrund ihres Geschlechts? Diese Frage lässt sich gut anhand dreier wichtiger und wirkmächtiger Texte diskutieren.

Über die wesentliche Gleichheit unter allen Menschen
(II. Vatikanisches Konzil)

Die katholische Kirche hat sich auf dem II. Vatikanischen Konzil mehrfach ausdrücklich zur Menschenwürde und zu den Menschenrechten bekannt: in den Erklärungen zum Verhältnis zu den anderen Religionen *Nostra Aetate* (26.10.1965) und zur Religionsfreiheit *Dignitatis Humanae* (7.12.1965) sowie prominent in der am selben Tag promulgierten Pastoralkonstitution *Gaudium et Spes.* Hier erfolgt unter der (Zwischen-)Überschrift »Über die wesentliche Gleichheit unter allen Menschen und die soziale Gerechtigkeit« eine religiöse Adaption der Allgemeinen Erklärung der Menschenrechte:

> 29: Da alle Menschen, [...] nach dem Bilde Gottes geschaffen, dieselbe Natur und denselben Ursprung haben, und da sie, von Christus erlöst, sich derselben göttlichen

Berufung und Bestimmung erfreuen, ist die grundlegende Gleichheit unter ihnen mehr und mehr anzuerkennen. Gewiss sind in Bezug auf die unterschiedliche physische Fähigkeit und die Verschiedenheit der intellektuellen und moralischen Kräfte nicht alle Menschen gleichgestellt. *Doch jede Art von sowohl gesellschaftlicher als auch kultureller Diskriminierung [discriminandi modus] in den grundlegenden Rechten der Person [in iuribus personae fundamentalibus]*, sei es wegen des Geschlechts, der Rasse, der Farbe, der gesellschaftlichen Stellung, der Sprache oder der Religion, ist zu überwinden und zu beseitigen, da sie ja dem Ratschluss Gottes widerspricht. Es ist nämlich wahrlich zu beklagen, dass jene grundlegenden Rechte der Person noch immer nicht überall unverletzlich gewahrt werden; wenn man etwa der Frau die Möglichkeit verweigert, frei den Gatten zu wählen und den Lebensstand zu ergreifen oder zu gleicher Bildung und Kultur zu gelangen, wie sie dem Mann zuerkannt werden. (Hervorhebung: J. K.)

Gottebenbildlichkeit, wesentliche Gleichheit, gleicher Ursprung (der Schöpfer) und gleiches Ziel (der Erlöser): Das ist Menschenwürde auf katholisch. Danach werden analog zur Allgemeinen Menschenrechtserklärung Unterschiede gelistet, die *kein* Grund zur Ungleichbehandlung sein dürfen. Bemerkenswert ist, dass der Text explizit den Begriff »Diskriminierung« und den der fundamentalen Rechte der Person, also der Grundrechte, aufgreift. Wie das Grundgesetz der Bundesrepublik Deutschland, das die Gleichberechtigung von Frauen und Männern herausstellt, beklagt die Pastoralkonstitution ausdrücklich die geschlechtsspezifische Ungleichbehandlung der Frau. Das ist wichtig, weil der Diskriminierungsvorwurf, der gegenüber der katholischen Kirche erhoben wird, vor allem den Sektor Geschlechtergerechtigkeit betrifft.

Ungleichbehandlung von Frauen in der römisch-
katholischen Kirche: *Inter Insigniores* (1976)

Die nächste Station, elf Jahre später, ist die Erklärung *Inter Insigniores*, ein Text der Glaubenskongregation vom 15.10.1976. Darin setzt sie sich explizit mit dem Vorwurf auseinander, die römisch-katholische Kirche diskriminiere Frauen aufgrund ihres Geschlechts, weil sie sie nicht zum Priesteramt zulässt. Anlass war die Einführung der Frauenordination in der anglikanischen Kirche ein Jahr zuvor. Mit ihr sah sich die katholische Kirche bis dato geschwisterlich verbunden. Die Glaubenskongregation erklärt nun, dass dieser Schritt für die römisch-katholische Kirche nicht möglich sei. Am Pfingstsonntag, dem 22.5.1994, also dem Fest, an dem die Kirche ihre »Gründung« feiert, publizierte Johannes Paul II. das bekanntere Apostolische Schreiben *Ordinatio Sacerdotalis*. Darin greift er die Argumentation von *Inter Insigniores* auf und bekräftigt sie. Es gibt aber zwei aufschlussreiche Unterschiede: Während *Inter Insigniores* auf einen aktuellen Anlass reagiert (die anglikanische Frauenordination), behandelt Johannes Paul II. das Thema ganz grundsätzlich. Er schließt es dogmatisch ab und erklärt bereits die Vermutung, die Frage könnte offen sein, für irrig. Außerdem fehlt in *Ordinatio Sacerdotalis* jegliche Auseinandersetzung mit dem Vorwurf der geschlechtsspezifischen Diskriminierung, die in *Inter Insigniores* hingegen direkt am Anfang steht. Die bereits angesprochene Nr. 29 aus *Gaudium et Spes* wird dort sogar zitiert – inklusive des Votums, geschlechtsspezifische Diskriminierung zu überwinden. Danach heißt es in *Inter Insigniores*:

6. [...] Die Frauen, die für sich das Priesteramt erbitten, sind sicher von dem Wunsch beseelt, Christus und der Kirche zu dienen. Und es überrascht nicht, dass in dem

Augenblick, da die *Frauen der Diskriminierungen be-*
wusst werden, denen sie bisher ausgesetzt gewesen sind,
einige von ihnen dazu veranlasst werden, sogar das Priesteramt für sich zu erstreben.

Man darf jedoch nicht vergessen, *dass das Priestertum*
nicht zu den Rechten der menschlichen Person gehört,
sondern sich aus der Ökonomie des Geheimnisses Christi
und der Kirche herleitet. Die Sendung des Priesters ist
keine Funktion, die man zur Hebung seiner sozialen Stellung erlangen könnte. Kein rein menschlicher Fortschritt
der Gesellschaft oder der menschlichen Person kann von
sich aus den Zugang dazu eröffnen, *da diese Sendung*
einer anderen Ordnung angehört. (Hervorhebung: J. K.)

Man will den Vorwurf widerlegen, dass die exklusive Män-
nerordination Diskriminierung von Frauen sei. Kirchliche
Ungleichbehandlung der Frauen in Ämterfragen mag zwar,
so die Argumentation, diskriminierend aussehen – aber das
sei gar nicht der Fall. Denn die Ordination gehöre zu einer
religiösen Ordnung, die sich nicht aus den Menschenrechten
herleite oder diesen unterzuordnen sei. Das Priesteramt sei
vom sozialen Rang völlig unabhängig. Die Frauenordination
könne deshalb nicht als Nachteilsausgleich oder Gleichstel-
lungsmaßnahme gefordert werde n. Quote und Weihe seien
völlig inadäquate Welten. Es ist hochinteressant, was hier
passiert. Bestritten wird nicht, dass die katholische Kirche
bei der Ordination für Männer die Geschlechter ungleich
behandelt, also einen Unterschied (lateinisch: »discrimen«)
macht. Bestritten wird aber, dass das ungerecht sei und der
Gleichheit aller Menschen widerspreche (»Diskrimini-
rung«).

Die menschenrechtliche Begründungslinie lautet dagegen
ganz eindeutig: Ungleichbehandlung von Geschlechts wegen ist grundsätzlich unzulässig, weil das Geschlecht zu den

schützenswerten Merkmalen gehört, die dem Gleichheitssatz gerade nicht widersprechen.

Über die Würde der Frau (Johannes Paul II.)

Was hier diskriminierungstheoretisch geschieht, lässt sich an
einem letzten Beispiel gut veranschaulichen. Am 29.6.1995
schrieb Papst Johannes Paul II. einen *Brief an die Frauen.*
Nicht einfach so, sondern er wollte etwas klarstellen. Das
Datum des Briefs, das Hochfest der Apostelfürsten Petrus
und Paulus, symbolisiert den Anspruch, mit dem er dies tut.
Im September 1995 sollte die 4. UN-Frauenkonferenz in
Peking/Beijing stattfinden. 189 Staaten verabschiedeten dort
einen Forderungskatalog. Darin verpflichteten sie sich, die
Gleichstellung der Geschlechter zu fördern, Frauenrechte
zu schützen, die Benachteiligung von Frauen im Gesund-
heits- und Bildungssystem zu überwinden, Frauenarmut zu
bekämpfen und Gewalt gegen Frauen zu ahnden. In der
Erklärung von Beijing heißt es unter anderem:

Wir sind davon überzeugt, [...]
13. dass die Machtgleichstellung der Frau [...] für die
Herbeiführung von Gleichberechtigung, Entwicklung
und Frieden von grundlegender Wichtigkeit sind;
14. *dass die Rechte der Frau Menschenrechte sind;*
15. dass *gleiche Rechte, gleiche Chancen und gleicher Zugang* zu Ressourcen, die gleiche Verteilung der Familien-
aufgaben und eine harmonische Partnerschaft von Mann
und Frau für ihr Wohl und das Wohl ihrer Familie sowie
für die Konsolidierung der Demokratie von maßgeblicher
Bedeutung sind [...]. (Hervorhebung: J.K.)

Im Sommer vor dieser Konferenz stattete deren Generalse-
kretärin Gertrude Mongella Papst Johannes Paul II. einen

Besuch ab. Anlässlich dieses Besuches überreichte der Papst ihr – mit cc an alle Bischofskonferenzen – »eine Botschaft […], in der einige grundlegende Punkte der diesbezüglichen Lehre der Kirche zusammengestellt sind«. Sein Brief an die Frauen bezieht sich auf die Themen, die in Beijing zur Beratung anstanden. Das muss man wissen, um ihn angemessen zu verstehen. Der Brief ist – einerseits – eine Hymne auf »die« Frau:

> 2. Dank sei dir, Frau als Mutter […], Dank sei dir, Frau als Braut, […], Dank sei dir, Frau als Tochter und Frau als Schwester, […] Dank sei dir, berufstätige Frau, […], Dank sei dir, Frau im Ordensstand, […] *Dank sei dir, Frau, dafür, dass du Frau bist!* Durch die deinem *Wesen als Frau* eigene Wahrnehmungsfähigkeit bereicherst du das Verständnis der Welt und trägst zur vollen Wahrheit der menschlichen Beziehungen bei. (Hervorhebung: J. K.)

Der Papst definiert – andererseits – bis ins Detail hinein die der Frau angeblich angemessene Rolle. Das wird in der Anlage der Dankeshymne deutlich. Gepriesen wird nicht die Frau *als Mensch*, sondern *insofern* sie sich *als* Mutter, *als* Braut, *als* Tochter, *als* Ordensfrau identifiziert.

Sodann fordert Johannes Paul II. die politisch Verantwortlichen gerade nicht auf, sich für die *Würde des Menschen* einzusetzen, was zu mehr Geschlechtergerechtigkeit führen würde. Er fordert sie auf, sich für die *Würde der Frau* stark zu machen. Diese werde nicht dadurch geachtet, dass geschlechtsspezifische Benachteiligung abgebaut wird, sondern dadurch, dass ihre geschlechtsspezifische Rolle gefördert werde.

> 6. Mein Dank an die Frauen wird daher zum eindringlichen Appell, vonseiten aller und besonders seitens der

Staaten und der internationalen Institutionen alles Notwendige zu tun, um den Frauen *die volle Achtung ihrer Würde und ihrer Rolle [!] wiederzugeben.* [...]

10. Daher, liebe Schwestern, ist es mein Wunsch, dass mit besonderer Aufmerksamkeit über das Thema »Genius der Frau« nachgedacht werde, nicht nur um darin die Züge eines *genauen Planes Gottes* zu erkennen, der angenommen und eingehalten werden muss, sondern auch, um ihm [also dem Plan Gottes, nicht der Frau!] im gesamten Leben der Gesellschaft, auch dem kirchlichen, mehr Raum zu geben. [...]

11. Vor diesem Horizont [...] ist es möglich, ohne nachteilige Folgen für die Frau auch einen gewissen *Rollenunterschied anzunehmen, insofern dieser Unterschied nicht das Ergebnis willkürlicher Auflagen ist, sondern sich aus der besonderen Eigenart des Mann- und Frauseins ergibt.* (Hervorhebung: J. K.)

Johannes Paul thematisiert »Würde und Rechte der Frauen [wie er einleitend schreibt] im Lichte des Wortes Gottes«. Er gibt eine »authentische« religiöse Deutung der Welt vor. Dazu beansprucht er im Namen der Kirche institutionelle Religionsfreiheit, um deren Fundament, nämlich die Menschenwürde, geschlechtsspezifisch zu konditionieren.

Diskriminierung im Namen des Katholizismus

An diesem letzten Beispiel wird deutlich, wie geschlechtsspezifische Diskriminierung im Namen der Religion im Katholizismus funktioniert. Erinnern wir uns: Diskriminierung ist eine ungerechtfertigte Ungleichbehandlung eines Menschen aufgrund eines Merkmals, das grundsätzlich keine Ungleichbehandlung rechtfertigt, zum Beispiel eben das Geschlecht.

Die katholische Kirche leugnet nicht, dass sie Männer und Frauen in Lehre und Praxis der Kirche ungleich behandelt. Sie weist aber zurück, dass dies ungerecht bzw. ungerechtfertigt sei und eine Benachteiligung bedeute, die man »Diskriminierung« nennen könnte. Diese Ungleichbehandlung entspreche vielmehr dem Plan Gottes, der durch das kirchliche Lehramt authentisch erkannt und ausgelegt werde. Was passiert hier?

Das Geschlecht wird aus religiösen Gründen, unter Rekurs auf die Religionsfreiheit, *nicht* als schützenswertes Persönlichkeitsmerkmal anerkannt, aus dem das Recht auf Gleichbehandlung und der Schutz vor Benachteiligung abgeleitet werden müsste. Das Geschlecht wird stattdessen *als spezifische Prägung der Menschenwürde* behandelt. Nicht die *Würde des Menschen*, sondern die Würde *der Frau oder des Mannes* wird so zum Fundament schützenswerter Persönlichkeitsmerkmale und Freiheitsrechte erklärt. Menschenwürde wird katholisch also gegendert. Freiheitsrechte werden relativiert, nämlich genderspezifisch, im Sinne der kirchlich zugewiesenen geschlechtsspezifischen Rolle, konditioniert. Frauen können in der römisch-katholischen Kirche keine Gleichbehandlung einfordern, weil das Geschlecht nicht als Merkmal anerkannt wird, das grundsätzlich Ungleichbehandlung verbietet.

Das ist eine ganz erhebliche Transformation der Vorstellung universaler und unteilbarer Menschenrechte. Sie konkretisiert sich bis heute darin, dass der Heilige Stuhl zwar einigen UN-Abkommen zu Menschenrechten, etwa der Kinderrechtskonvention, der Anti-Folter-Konvention und der Flüchtlingskonvention, beigetreten ist, nicht aber der Frauenrechtskonvention und der Europäischen Menschenrechtskonvention.

Auch im katholischen Christentum gibt es also zweifellos Diskriminierung aufgrund des Geschlechts, Sexismus im

Namen Gottes. Höchstlehramtlich definieren Männer der Kirche – denn nicht nur das Priesteramt, auch das Lehramt ist in der katholischen Kirche Männern vorbehalten – das »Wesen der Frau« und leiten daraus die Berechtigung ab, ihr Gleichbehandlung zu verwehren.

Nun ist Misogynie und Frauendiskriminierung kein Spezifikum von Religion. Es bilden sich erstaunliche Allianzen zwischen konservativen, reaktionären und identitären *politischen* und konservativen, reaktionären und identitären *religiösen* Kräften. Das ist derzeit in vielen Ländern zu beobachten. Das ist gefährlich, allerdings auch aufschlussreich, um zu verstehen, dass es in diesen Geschlechterfragen nicht um Religion geht. Vielmehr wird religiöse Autorität dazu benutzt, um eine misogyne Kultur und Politik zu stützen, um diskriminierenden Positionen den Anschein des Legitimen, sogar Gottgewollten, zu verleihen. Gegen diese Positionen und Mesalliancen müssen Menschen aller Religionen entschieden und entschlossen, hörbar und politisch wirksam Position beziehen: im Namen Gottes, der alle Menschen als sein Ebenbild erschaffen hat und zur Vollendung führen will.

»Wir sind sehr schnell dabei, andere zu entwürdigen.«

Der Diakon RALF KNOBLAUCH im Gespräch mit
UTE LONNY-PLATZBECKER und MARTIN W. RAMB
über seine »Königsfiguren«

*Wie sind Sie eigentlich auf die Idee gekommen, diese unge-
wöhnlichen Königsfiguren herzustellen?*

Ich mache seit vielen Jahren Urlaub in Kroatien. In meinem
ersten Beruf war ich Tischler, daher hatte ich schon immer
eine besondere Affinität zum Werkstoff Holz. Holz war für
mich immer ein sehr spirituell aufgeladenes Material, mit
dem ich auch pastoral viel gearbeitet habe. 2007 habe ich
einmal im Urlaub in Kroatien ein großes Stück Treibholz
gefunden, einen massiven Eichenstamm. Für mich war da
damals ein König oder das Königsmotiv drin. Ich dachte
mir, das muss ich in der Zeit, in der ich in Kroatien bin, irgendwie rausholen. Also habe ich mir ein ruhiges Plätzchen
gesucht, wo ich niemanden störe, und habe drei Wochen
lang konzentriert das ganze überflüssige Holz weggeschla-
gen. Nach drei Wochen war der König da, und ich habe ihn
natürlich mit nach Hause genommen.

*Und warum ist es nicht bei diesem einen König geblieben?
Inzwischen könnte man von einer ganzen Königsfamilie
sprechen.*

Es war schon so, dass während des Entstehungsprozesses im Urlaub immer sehr viele Leute auf mich zukamen, die dieses Geräusch hörten und mich fragten, was ich da mache. Ich habe gemerkt, dass man über diese Figuren sehr schnell in gute und tiefe Gespräche über das Thema Würde, aber auch über grundsätzliche Lebensfragen mit Menschen kommt, die ich bis dahin nur oberflächlich kannte. Man hatte viele Jahre nur oberflächlich miteinander gesprochen, und plötzlich ging es um Grundsätzliches, um die eigene Würde. Das hat mich sehr gereizt, sodass das Thema für mich immer mehr an Bedeutung gewonnen hat. Und als ich dann wieder hier war und mein Berufsalltag wieder begonnen hat, habe ich gemerkt, wie präsent dieses Thema in meinem Tun ist und wie sehr es mich beschäftigt.

Dass ich seitdem viele weitere Königsfiguren gemacht habe, hat sich dann in einem etwas längeren Prozess entwickelt. Es ist ein sehr meditatives und rituelles Tun geworden in einem bestimmten Zeitfenster am Morgen, zwischen 5 Uhr und 6 Uhr, in dem diese Könige entstehen. Und in diese Begegnung mit meinem Gott und meinen Königen nehme ich alles mit, was mir an Begegnungen vor die Füße fällt, was ich auch nicht steuern kann. Die finden ihre Verarbeitung in dieser Zeit, die sehr klar strukturiert ist, die auch sehr kontinuierlich immer wieder durchläuft. Dieser Prozess bringt in gewissen Abständen immer wieder neue Könige und Königinnen hervor.

Das heißt, Sie sind jeden Tag bei Ihren Königen oder in der Auseinandersetzung mit einem immer wieder neu entstehenden König?

Ja, genau. Meine Werkstatt ist auch meine Klausur, mein Raum, in dem ich auch mit meinem Gott ringe. Das ist für mich im weitesten Sinne eine Art Gebet. Das ist dann schon ein sehr kontemplatives Tun, das eigentlich nie unterbrochen wird. Nur am Wochenende mache ich eine Pause. Freitag ist immer der letzte Vormittag, und dann fange ich am Montag wieder an. In den Ferien passiert manchmal mehr. Da nehme ich oft Holz mit und arbeite dann auch an Königen.

War es schon bei Ihrem ersten König so, dass Sie damit das Thema Würde verbunden haben und dass Sie in diesem König die Menschen gesehen haben, die Sie jetzt bei der Arbeit an den Königsfiguren auch vor Gott tragen?

Sicherlich nicht so ausgeprägt, aber dieses Königsmotiv hat mich schon immer beschäftigt. Ich habe zum Beispiel eine besondere Beziehung zu den Heiligen Drei Königen, auch weil ich im Kölner Dom zum Diakon geweiht wurde. Die biblischen Bilder und Motive des Königtums haben mich schon immer als ein sehr spannendes Thema angesprochen. Aber dass sich daraus eine so konkrete Umsetzung entwickelt hat, dass ich dieses Motiv der Königswürde für mich so

deutlich auf die Menschen in ihrer konkreten Lebenswirklichkeit übertragen habe, das war ein Prozess, der sich nach und nach ergeben hat.

Die Könige sehen einerseits alle sehr unterschiedlich aus, aber sie haben doch alle etwas gemeinsam. Können Sie beschreiben, was diese Königsfiguren verbindet und was das für Sie bedeutet?

Die Königsfiguren sind immer gleich aufgebaut. Dieses klassische oder königliche Bild, das wir von einem König im Kopf haben, diese Gestik, dieses Im-Vordergrund-Stehen, dieses Regieren-Wollen, all das spiegelt sich in

meinen Königen nicht wider. Das ist ein Paradigmen-
wechsel.

Meine Könige sind völlig zurückgenommen, sie sind eher
in sich gekehrt. Sie wollen keine Macht über andere aus-
üben. Vielmehr ist das Gegenüber aufgefordert, für diesen
König oder diese Königin Partei oder Option zu ergreifen.
Ich drücke das so aus, dass sie immer aus einem großen und
schweren Sockel herauswachsen, der ihr Fundament ist. Das
ist schon konstitutiv. Dann haben sie immer diese aufrechte
Haltung und dieses gerade Rückgrat. Sie stehen mahnend
für ihre Würde und fordern sie ständig da ein, wo sie ange-
fragt ist. Das Zurückgenommen-Sein zeigt sich auch in den
stets eng anliegenden, schmalen Armpartien und einer völlig
reduzierten Kopfgestaltung. Meine Könige haben nie Ohren, nie Haare. Das ist für mich nicht wichtig. Das Entscheidende für mich ist die Mimik. Die beschränkt sich immer
auf Augen, Nase, Mund. Die Mundwinkel sind immer nach
oben gezogen, sehr einfach, fast archaisch ausgedrückt. Aber
dieses leichte Schmunzeln im Gesicht ist mir wichtig, weil
meine Könige in der Kommunikation mit ihrem Gegenüber
die Menschen immer unterstützen und aufbauen sollen. Man
soll nicht traurig oder niedergeschlagen aus einer Begegnung mit einem König oder einer Königin herausgehen. Ihre
Augen sind meist geschlossen, was sie wiederum in hohem
Maße verletzlich und verwundbar macht. Wer nichts sieht,
braucht immer ein Gegenüber. Ich spiele mit dem Symbol
der Krone. Manche tragen sie in der Hand, sie kann zu groß,
zu klein sein. Oft sitzt sie auch auf dem Kopf, aber das muss
nicht sein. Und die Könige haben immer die gleiche Farbe.
Das verbindet sie thematisch sehr stark miteinander, weil
sie alle für das Thema Würde stehen, und man erkennt sie
dadurch auch überall auf der Welt wieder. Wenn man die
Königinnen im christlich-religiösen Kontext interpretieren
möchte, dann ist das meinerseits noch einmal eine Anspie-

lung auf die Taufwürde. Der Täufling wird nach der Salbung zur Königin, zur Priesterin und in der Tradition mit dem weißen Taufkleid bekleidet.

Sie haben schon gesagt, dass Sie selbst die Könige aus dem christlichen Kontext heraus schaffen und dass das für Sie eine Art Meditation vor Gott ist. Nun sind die Königinnen und Könige aber auch in der ganzen Welt unterwegs. Ich würde gerne wissen, wie es dazu gekommen ist, dass sie jetzt um die ganze Welt reisen und wie Sie das sehen, wenn sie in anderen religiösen oder kulturellen Kontexten stehen. Sind sie dort auch anschlussfähig?

Es hat sich so entwickelt, dass immer wieder neue Menschen auf mich zukommen mit Ideen, an welchen unterschiedlichen Orten ein König oder eine Königin seine oder ihre Botschaft den Menschen spiegeln kann: Auch ich bin ein Königskind und habe diese Würde. Durch die Gottebenbildlichkeit ist sie mir geschenkt. Die kann mir niemand nehmen, auch wenn es mir vielleicht schlecht und dreckig geht. Das ist an ganz vielen Stellen so. Ich versuche, dies besonders dort noch einmal deutlich zu machen, wo Menschen in sehr, sehr schwierigen Lebenssituationen sind. Deshalb sind meine Könige genau an solchen Orten präsent: Sie sind in Kriegsgebieten in der Ukraine, aber auch im arabischen Raum, sie sind bei Rettungsorganisationen, etwa bei der Seenotrettung im Mittelmeer, sie sind in Flüchtlingslagern und, und, und.

Und auch wenn wir den christlichen Kontext verlassen, habe ich positive Erfahrungen in der Begegnung mit den Königinnen und Königen gemacht: Ich war 2019 mit den Figuren im Oman, in Dubai und Abu Dhabi, also in sehr stark muslimisch geprägten Ländern. Dort haben wir sie in Workshops eingesetzt. Die Erfahrung war, dass die Menschen auch mit diesem Bild etwas anfangen konnten. Es war nicht dieses klassische Königsbild, wie wir es in Europa kennen, sondern dieses Zurückgenommene, in sich Zurückgezogene und völlig Reduzierte, das letztlich gespiegelt hat: Du hast Würde, so wie ich sie habe. Und welche Religion ich habe, spielt im Grunde keine Rolle. Das haben die Menschen durch diese Einfachheit und Schlichtheit sehr schnell erfahren können.

Dann sind die Königsfiguren für Sie auch politisch?

Ich bin Theologe, aber wenn ich meine Könige zu Wort kommen lasse, argumentiere ich selten sofort mit der Gottebenbildlichkeit und damit, dass wir alle Königskinder sind. Ich lasse mich sehr stark von meinem Demokratieverständnis leiten, von Artikel 1 des Grundgesetzes, von der Unantastbarkeit der Würde. Dann bin ich gleich in anderen säkularen Kontexten mit meinen Königen und bewege mich dann nicht in der Blase des Religiösen im engeren Sinne. Aber dann wird es für mich eigentlich spannend. Zum Beispiel in der Auseinandersetzung mit Menschen und Gruppierungen, die bestimmten Menschen mehr Würde zusprechen als anderen. Da haben meine Könige eine sehr klare und deutliche Position, deswegen ist der Sockel immer sehr ausgeprägt. Sie lassen sich in ihrer Position nicht einfach nach rechts oder links schieben, sondern sie stehen sehr fest auf ihrem Fundament und beharren auf ihrer Position der unbedingten Königswürde aller Menschen. Denn wir sind ständig in der Gefahr, an dieser Würde zu kratzen. Wir sind sehr schnell dabei, andere zu entwürdigen. Wir tun das bis in den Alltag hinein.

Wenn Sie die Königsfiguren mitbringen, was löst das bei den Menschen aus?

Ich benutze sie selbst sehr stark seelsorgerlich. Ich habe viel mit Menschen zu tun, die an ihrer Würde zweifeln. Wenn ich Hausbesuche mache, Menschen berate oder seelsorgerlich unterwegs bin, nehme ich oft einfach einen König oder eine Königin mit und stelle sie zum Gespräch in die Mitte. Das verändert sofort die Atmosphäre. Der Gesprächspartner ist vielleicht erst ein bisschen irritiert, merkt aber, dass er da angelächelt wird – und zwar nicht von irgendeinem Menschen, sondern von einem König. Und der wirft sofort Fragen auf: Warum hat der seine Krone in der Hand? Die Könige sind Türöffner, um gut ins Gespräch zu kommen. Das ist meine Erfahrung, das spiegeln mir auch andere. Sie machen etwas mit den Menschen, weil die Menschen von mir auch immer eingeladen werden, mit dem König nicht nur visuell zu kommunizieren, sondern ihn auch zu berühren, haptisch. Gerade die Könige, die keine Krone auf dem Kopf haben, laden förmlich dazu ein, diesen Kopf auch mal zu streicheln. Dann aber auch dazu, die Erfahrung zu machen, dass der König gar nicht perfekt ist, dass er Kanten, Ecken, Macken, Fehler hat wie jeder Mensch, wie du und ich. Das nimmt man anders wahr, wenn man auch mal das Holz spürt. Es gibt auch Könige, die in ihrer Körperlichkeit sehr verletzt sind. Es gibt bei mir auch Könige, denen ein Arm oder ein Auge fehlt. Das sind auch eigene Themen bei mir. Aber die Krone ist immer da. Kein König, keine Königin verlässt meine Werkstatt ohne Krone. Manchmal muss man die Krone vielleicht suchen, man sieht sie nur, wenn man genau hinsieht, aber alle haben eine.

Sind die Königsfiguren alle Königskinder oder sind es auch Darstellungen von Erwachsenen?

Das ist eine Frage der Interpretation, wie man sie sieht. Natürlich haben sie in ihrer Erscheinung etwas kindlich

Naives. Bei manchen weiß man nicht, welches Geschlecht sie haben. Das kann ein König oder eine Königin sein, da ist keine ausgeprägte Brust. Sie lassen Raum für alles. Ob es ein Kind oder ein Erwachsener ist, das lasse ich offen, das möchte ich nicht so festlegen. Manche wirken vielleicht noch etwas mehr, als ob sie ins Kindliche übergehen. Aber das hängt nicht nur von der Größe ab, sondern wie man sie versteht. Mir geht es um die Kraft und das Potenzial, das sie vermitteln. Das liegt in ihrer absoluten Machtlosigkeit. Sie haben keine Macht. Sie sind keine Könige, die Macht haben. Dadurch geben sie ihre Kraft frei. Das ist auch eine Erfahrung, die mich in meinem Leben sehr stark geprägt hat. Die größten Potenziale liegen oft in der Ohnmacht verborgen – wie eine Greta Thunberg, die sich hingesetzt hat und in ihrer Ohnmacht, die sie ausdrückt, eine weltweite Bewegung ausgelöst hat. Oder Gandhi. Das hat für mich ein riesiges Potenzial. Jesus geht uns da mit gutem Beispiel voran. Das ist ein anderes Thema. Damit habe ich mich sehr beschäftigt, gerade was das Leiden und die Ohnmacht angeht. Ich habe sehr viel von Joseph Beuys gelernt und mich sehr intensiv mit ihm auseinandergesetzt. Da hat das Thema Leiden für mich noch einmal eine andere Qualität bekommen. Insofern tue ich mich auch sehr schwer mit dem Begriff »Künstler«. Obwohl ich immer wieder so genannt werde, möchte ich eigentlich nicht so genannt werden. Ich sehe meine Könige auch nicht unter irgendwelchen ästhetischen oder künstlerischen Aspekten in der Bewertung. Das will ich gar nicht.

Es geht darum, eine Kommunikationshilfe für ein Thema zu schaffen. Wenn ich mir Beuys und seine großen Weltthemen anschaue, dann ist es vielleicht mit meinem Thema Würde auch so. Ich möchte dieses Thema über diese Figuren möglichst breit in die Welt tragen. Ich merke an dem, was zurückkommt, dass man viel erreichen kann. Die Könige entfalten ihre Kraft besonders immer dann, wenn Ereignisse eintreten, denen wir machtlos gegenüberstehen. Dann sind sie ganz schnell da. Als Anfang des Jahres der Krieg in der Ukraine ausbrach, war für mich sehr schnell klar, dass es nicht lange dauern wird, bis Könige nach Kiew reisen und den Menschen in ihrer Hilflosigkeit ein wenig beistehen. Es hat nicht lange gedauert, bis Kolping oder andere Initiativen auf mich zugekommen sind. Und dann haben wir nach Wegen gesucht, wie das gehen kann. Oder als letztes Jahr die Flutkatastrophe war, da war für mich klar, da gehen die Könige hin. Oder wenn offener Protest notwendig ist, auch bei innerkirchlichen Themen. Da nehme ich auch kein Blatt vor den Mund. Die Frauenfrage, das Thema Gleichberechtigung sind ganz zentral. Da sind meine Königinnen und Könige sehr solidarisch und geben ein klares Statement nach außen. Die sind immer alle aus einem Holz geschnitzt und es wird nicht nach Geschlecht oder Funktion unterschieden.

Glauben Sie, dass wir in einer besonders würdelosen Zeit leben, weil die Resonanz auf Ihre Königsskulpturen so groß ist?

Wir versuchen ständig, an dieser Würde zu kratzen. Das umspannt unser Leben. Es umfasst viele medizinethische Fragen vom Beginn des Lebens – etwa bei der Pränataldiagnostik – bis zum Ende des Lebens, beispielsweise bei der Frage: Wie geht würdevolles Sterben? Was gehört dazu? Das sind immer diese Grenzbereiche, wo meine Könige an die Würde des Menschen erinnern. Ich will nicht sagen, dass die Verletzungen der Würde mehr geworden sind, aber die Skulpturen haben schon alle Hände voll zu tun.

Das Demokratieverständnis in Verbindung mit Artikel 1 des Grundgesetzes – »die Würde des Menschen ist unantastbar« – hat ja wenig mit Monarchie und Königen zu tun. Da gibt es eine gewisse Spannung. Wir haben diese Tradition und kennen den christlichen König, aber ein König ist im allgemeinen Verständnis ein Herrscher, und es gibt auch schlechte Könige. Trotzdem gelingt es offensichtlich, dass die Menschen das nicht als Spannung sehen, sondern dass der Begriff der »Würde« auch beim König vorhanden ist. Warum ist das so unproblematisch? Man könnte ja darüber stolpern und fragen, wie der Würdebegriff mit dem Königsein zusammenpasst.

Schwierig. Ich glaube, letztlich liegt es daran, dass sie von all dem Königlichen, was wir im Kopf haben, erst mal gar nichts haben. Und dass sie einfach diese 180-Grad-Wende machen. Das verstehen auch Leute, die nicht aus dem christlich-religiösen Kontext kommen. Das irritiert und regt an, sich kreativ damit auseinanderzusetzen, bei Muslimen genauso wie bei Atheisten. Dieses Lächeln im Gesicht hat auch etwas sehr Einladendes, sodass bei meinen Königen eigentlich nicht diese Spannung in der Begegnung entsteht.

Sie arbeiten handwerklich, verstehen sich aber bewusst nicht als Künstler. Wieso grenzen Sie sich so scharf ab?

Ich kenne viele Künstler persönlich gut, auch viele Bildhauer. Ich merke, wie sie unter regelrechtem Kreativstress leiden. Um von ihrer Kunst überhaupt leben zu können, müssen sie sich immer wieder mit ihren Werken präsentieren. Ich kenne diesen Kreativstress in meinen Morgenstunden zum Glück nicht. Ich muss mich eben nicht wie ein Künstler permanent neu erfinden. Natürlich gibt es auch Menschen, die zu mir sagen, dass ich doch mal etwas anderes machen sollte als immer nur Könige. Aber das ist überhaupt nicht meine Baustelle. Ich will nichts anderes machen als diese Könige. Durch mein ritualisiertes und kontemplatives Tun

arbeite ich mich an ihnen ab. Ich gehe das so strukturiert und klar für mich an, dass nach einer Stunde alles stehen und liegen bleibt, und am darauffolgenden Morgen setze ich genau da an, wo ich aufgehört habe. Dieser Prozess läuft immer durch. Ich mache das, was mir wichtig ist. Wenn meine pastorale Arbeit nicht wäre, mein diakonisches Tun, dann wüsste ich nicht, ob die Könige noch da wären. Das ist schon eine gegenseitige Abhängigkeit, aus der heraus das entsteht.

Welche Bedeutung hat in dem Zusammenhang die Vorstellung der Berufung für Sie?

Das ist schon nicht unbedeutend. Es ist ein Riesengeschenk, dass andere Menschen mir die Möglichkeit gegeben haben, mein Charisma, so wie ich es praktiziere, leben zu können. Meine Arbeit ist dabei für mich zu einer Art der Verkündigung geworden. Ich schaffe ja über die Könige Räume, die christliche Botschaft in die Welt zu tragen. Dafür muss ich sehr vielen Menschen dankbar sein. Aber es gibt auch Menschen, die darunter leiden, ihre Berufung, ihr Charisma nicht leben zu können, weil die Bedingungen es einfach nicht zulassen. Dann verkümmern solche Schätze. Demgegenüber lebe ich in einer sehr privilegierten Position und halte mir das auch immer sehr klar vor Augen.

Hat Ihre Art theologisch zu denken, Einfluss auf Ihre bildhauerische Arbeit?

Ja, ich glaube schon. Ich kann mich in der Skulptur wesentlich besser ausdrücken als im geschriebenen Wort. Ich bin nicht der Mann, der die großen Reden schwingt oder die theologische Argumentation für sich immer nach außen tragen muss. Ich gehe sehr schnell ins sehr praktische Tun über. Dabei merke ich, je näher ich bei den Menschen sein kann, desto mehr fühle ich mich auch in meiner Berufung geerdet. Das ist so meins: Bei den Menschen sein zu können. Eine besondere Rolle beim Entstehen der Königsfiguren spielen im Übrigen meine konkreten Begegnungen mit Menschen und Situationen. Deswegen gibt es auch in dieser Fülle von Königen und Königinnen besondere Werke, zu denen ich eine innigere Beziehung habe und die ich auch nicht loslassen könnte, die viel reisen, aber immer wieder zu mir nach Hause zurückkommen. Aber es gibt auch andere, von denen ich mich leicht trennen kann – diese können dann ihren Ort in der Welt finden.

Wie gehen Sie mit dem Vorwurf um, das Projekt Ihrer Königsfiguren sei zu verharmlosend, zu beschwichtigend und würde das heiße Eisen Würde und Würdeverletzung nicht frontaler angehen? Könnte nicht der Gedanke der Verharmlosung, der Beruhigung, der Verniedlichung aufkommen?

Verharmlosung würde ich nicht zulassen wollen, weil die Königsfiguren in großen Themenfeldern sehr politisch sind. Das drücke ich dann auch durch Aktionen, Positionierung und Solidarität aus. Das ganze Thema Populismus und Rechtspopulismus ist zum Beispiel ein Riesenthema. In Ostdeutschland sind Königsfiguren unterwegs, wo Neonazis im Stadtrat sitzen und die Leute mit den Königen vielleicht als eine Art Mediatoren versuchen, mit den Rechten immer wieder ins Gespräch zu kommen. Das ist keine Verharmlosung, das ist knallhart, wie da miteinander über ethische Grundsatzfragen diskutiert wird. Auch das Thema Klimawandel ist bei meinen Königen ein ganz, ganz großes Thema. Das hat damit angefangen, dass Schülerinnen und Schüler zu mir gekommen sind und gefragt haben, ob sie die Könige einmal am Freitag mit auf die Straße nehmen können zu den »Fridays for future«-Demonstrationen. Das befürworte ich sehr, weil hier die Frage nach dem Menschen als Krone der Schöpfung mit einem König, der so auftritt, noch einmal massiv infrage gestellt wird. Er will sich die Welt nicht untertan machen. Die Frage ist: Wie schaffen wir es, uns in der Schöpfungsordnung neu zu verorten, um diesem Klimawandel überhaupt noch etwas entgegensetzen zu können? Und dann sind Königsfiguren auch auf Klimakonferenzen einfach als Impulsgeber in der Mitte, und Menschen werden angeregt, aus christlicher Sicht über den Umgang mit der Schöpfung nachzudenken und einen Beitrag zu leisten. Papst Franziskus hat mit *Laudato si'* eine wunderbare Enzyklika geschrieben. Aber in der Praxis sehen wir keine Veränderung. Wir laufen gegen die Wand und sind genauso machtlos wie die anderen. Da würde ich mir wünschen, dass die Frage der Würde und der Verantwortung durch meine Könige noch stärker eingebracht wird. Das ist ein zentrales Thema für die nächsten Jahre.

Auf den ersten Blick, wenn man die Hintergründe nicht kennt, kann ich das Missverständnis verstehen, dass hier ein Thema verharmlost würde. Aber mir ist es immer wichtig, den Hintergrund miteinzubeziehen, und wenn ich mich explizit positioniere, dann merkt man das sehr schnell. Das ist etwas sehr, sehr Politisches und Ernsthaftes, dem meine Königsfiguren ihren Impuls geben.

Sie übergeben Ihre Könige gezielt an einige Personen, aber auch im öffentlichen Raum sind sie zu finden. Dennoch empfindet man sie hier nicht als eine Art »Denkmal«.

Im weitesten Sinne sind sie in der Öffentlichkeit sehr präsent: in vielen Hospizen, auf Palliativstationen, in Krankenhauskapellen, in Gefängnissen. Sie treffen dort auf Menschen, die z.B. ihre Angehörigen besuchen. Es sind stets sehr fokussierte Orte, die die Könige dann erhalten, sodass eine Kommunikation auf Augenhöhe erfolgen kann. Mir ist es wichtig, dass Menschen sich von den Königen ansprechen lassen, dass sie ganz praktisch nicht an dem König vorbeikommen, um hineinzukommen. Es passiert dann auch etwas mit den Menschen, davon bin ich überzeugt.

THOMAS BROSE

Räume für Freiheit und Menschenwürde

Christliche Studentengemeinden im Osten Deutschlands

»Es wird etwas geschehen«

»Es wird etwas geschehen« – so überschreibt Heinrich Böll
eine »handlungsstarke Geschichte«.[1] Der vielsagende Titel der Erzählung ging mir zur Jahreswende 1988/89 kaum
mehr aus dem Kopf. Dieser satirische Text, bei dem es um
die Ideologie einer Firma geht, die im Kern auf blanker Propaganda beruht, hat mich damals bei Seminaren für junge
Leute begleitet, die ich im Freiraum der Kirchen organisie-
ren konnte.

Bölls Verweis auf eine unhaltbar gewordene Realität sowie sein sarkastischer Humor wirkten wie ein Katalysator
auf mich. Der Witz des Autors half mir, Ängste abzustrei-
fen, also nicht wie in früheren Zeiten konspirativ, sondern
mutig und offen beim Reden zu sein und Probleme direkt
anzusprechen: in Jugendhäusern und Studentengemeinden.
Denn dass die Welt des real existierenden Sozialismus gerade
dabei war, sich zu drehen, zu wenden und zu revolutionie-
ren, dass »ein Jahrhundert abgewählt« wurde, wie Timothy
Garton Ash so schön wie prägnant formuliert hat,[2] beschäf-

---

1 Heinrich Böll, *Die Erzählungen*, Leipzig 1966, 391–396.
2 Vgl. Timothy Garton Ash, *Ein Jahrhundert wird abgewählt. Aus
den Zentren Mitteleuropas 1980–1990*, München/Wien 1990.

tigte Glaubende wie Nichtglaubende gleichermaßen beim Gespräch in Warteschlangen, dem Austausch in Kantinen und an Kneipentischen – bei Diskussionen und Wortgefechten.

Es waren große Themen, die damals in kleinen, dicht gefüllten Kellerräumen von Jungen Gemeinden, offenen Kirchen oder Studentengemeinden verhandelt wurden: Gehen oder bleiben? Wir brauchen mehr Demokratie! Gibt es überhaupt Zukunft in diesem Land? Wie soll bei uns regiert werden? Was macht die Umwelt krank? Und was sagst Du, Thomas, der Christ und Religionsphilosoph, dazu? Wäre ich damals nach einer Prognose für die Zukunft im Osten Deutschlands gefragt worden, hätte meine Antwort schlicht gelautet: Alles müsste sich ändern – und zwar ganz schnell –, aber ich bringe einfach nicht die Fantasie auf, mir eine Revolution im vormundschaftlichen Staat DDR vorzustellen.

»Es ist etwas geschehen!«, heißt es schließlich in Bölls Kurzgeschichte, die von Anfang an darauf hinausläuft, dass eine Institution mit einer völlig aktivistischen Agenda – der Parole: »*Es muss etwas geschehen*« – an den ihr inhärenten Konflikten zwischen Propaganda und Realität zugrunde geht. In dem zerschlissenen, in den sechziger Jahren in Leipzig erschienenen Buch mit Bölls Kurzgeschichten las ich Anfang 1989, wie eine Ideologie total zusammenbrach und es mit ihr schlagartig zu Ende ging:

An einem Dienstagmorgen – ich hatte mich noch gar nicht richtig zurechtgesetzt – stürzte Wunsiedel in mein Zimmer und rief sein ›Es muß etwas geschehen!‹ Doch etwas Unerklärliches auf seinem Gesicht ließ mich zögern, fröhlich und munter, wie es vorgeschrieben war, zu antworten: ›Es wird etwas geschehen!‹ Ich zögerte wohl zu lange, denn Wunsiedel, der sonst selten schrie, brüllte mich an: ›Antworten Sie! Antworten Sie, wie es vorgeschrieben ist!‹ Und ich antwortete leise und widerstrebend wie ein Kind, das man zu sagen zwingt: ich bin ein böses Kind. [...]: ›Es wird etwas geschehen!‹ und kaum hatte ich [das] ausgesprochen, da geschah tatsächlich etwas: Wunsiedel stürzte zu Boden, rollte im Stürzen auf die Seite und lag quer vor der offenen Tür. Ich wußte gleich, was sich mir bestätigte, als ich langsam um meinen Tisch herum auf den Liegenden zuging: daß er tot war.[3]

Das Jahr der Friedlichen Revolution, lese ich in meinen gesammelten Notizen, führte Schritt für Schritt zum völligen Zerfall der SED-Diktatur. Ihre Machtbasis schmolz wie Schnee in der Sonne; das war ein unglaublicher Vorgang. Wurden alle Jahre zuvor Abtrünnige wegen »Republikflucht« via Tschechoslowakei verurteilt – darunter Ende der siebziger Jahre auch mein wortkarger Bruder –, machten sich im Spätsommer 1989 junge Familien nach Prag und Budapest auf den Weg, um von den dortigen Botschaften aus gen Westen zu gelangen.

Es war mein späterer Freund Joachim Jauer, der Sonderkorrespondent des ZDF für Ost- und Mitteleuropa, der ausführlich über die Rolle der Kirchen als Wegbereiter der europäischen Freiheitsrevolution berichtete und am 2. Mai 1989 als einziger westdeutscher Journalist eine Sternstunde der Geschichte wahrnahm und kommentierte: die Öffnung des »Eisernen Vorhangs« an der ungarisch-österreichischen Grenze: »Heute«, so Joachim, »endet hier an dieser Stelle die vierzigjährige Teilung Europas in Ost und West. Dies wird unabsehbare Folgen haben für Europa, für die Deutschen in der Bundesrepublik und insbesondere in der DDR.«[4]

3 Heinrich Böll, *Die Erzählungen*, 394.
4 Joachim Jauer, ZDF-Sendung *heute*, 2. 5. 1989, 19:00 Uhr.

Räume für Freiheit und Menschenwürde

Für Generationen von katholischen Studentinnen und Studenten wurde unsere im Schatten der einstigen Stalinallee gelegene Gemeinde »Maria Sedes Sapientiae«, also »Maria Sitz der Weisheit«, wo ich seit 1986 den Philosophiekreis leitete und später hauptamtlich arbeitete (1989–2004), lebensprägend. Hier war es möglich, den Landschaften der Lüge der herrschenden Ideologie den Reichtum einer bis in die Antike zurückreichenden geistig-geistlichen Tradition entgegenzusetzen. Nicht wenige von denen, die im Herbst 1989 mutig auf die Straßen gingen, haben freies Denken zuerst in Evangelischen und Katholischen Studentengemeinden gelernt – so wie z.B. der derzeit amtierende Ministerpräsident von Brandenburg, Dietmar Woidke (ESG), und sein sachsen-anhaltinischer Kollege, Reiner Haseloff (KSG).

Wenn ich mir heute die aus holzhaltigem Papier bestehenden Programmhefte der Berliner KSG anschaue, stoße ich auf den kleinen, aber entscheidenden Hinweis, der bis Ende 1989 in jedem Heft stand: »Nur für innerkirchlichen Gebrauch«. Dieser merkwürdige Imperativ war nicht etwa überflüssig, sondern besaß einen hochpolitischen Hintergrund: Was im »innerkirchlichen« Bereich, also hinter hohen Kirchenmauern vor sich ging, wurde zwar genauestens beobachtet, aber meistens geduldet.

Nicht ganz zufällig hat daher die Staatssicherheit manchmal die Rolle des Chronisten übernommen: Sieben Seiten einer Stasi-Akte, die nicht mehr vollständig vernichtet werden konnte, dokumentieren beispielsweise, wie meine hauptamtliche Arbeit in der Studentengemeinde begann. Der Eröffnungsbericht trägt das Datum vom 29.8.1989. Dieser Zeitpunkt war kein Zufall, sondern klug gewählt. Denn zum 1.9. sollte ich die neue Stelle als Bildungsreferent in der Berliner Studentengemeinde antreten. Die Hauptabteilung

XX/4, für die Überwachung der Kirchen zuständig, handelte vorausschauend. Der vormundschaftliche Staat wollte einen umtriebigen, nicht genau zu taxierenden Theologen und Religionsphilosophen in der Großstadt Berlin mit ihren vielen Kommunikations- und Begegnungsmöglichkeiten keineswegs aus dem Auge verlieren.

Dass ich als potenziell gefährlicher Akteur galt, ist kein großes persönliches Verdienst. Grundsätzlich galten die Kirchen als institutionelle Gegenspieler der Staatsmacht. Wenn sich in diesem Milieu der Leiter eines Philosophiekreises als diskussionsfreudig erwies, war für die Stasi höchste Wachsamkeit angesagt, zumal die Studentengemeinden als Schnittstelle zwischen Ost und West galten. Junge Leute aus dem ganzen Land reisten nämlich in die »Hauptstadt der DDR«, um sich hier problemloser mit ihren Partnergemeinden oder persönlichen Freunden aus dem Westen zu treffen. Wir Berliner pflegten damals Kontakt zu Hochschulgemeinden in Münster, Ulm, Osnabrück und zur Studentengemeinde jenseits der Mauer.

In der Überschrift des mich betreffenden Dokuments der Stasi steht eine Abkürzung. Sie lautet »OPK«. Die »Operative Personenkontrolle« sollte Personen überwachen, bei denen »Verdacht auf Begehung von Verbrechen« besteht, weil sie eine »feindlich-negative Haltung« einnehmen oder vom Gegner zu feindlichen Zwecken missbraucht werden könnten. Im Jargon der Staatssicherheit wird die »operative Notwendigkeit« einer Bespitzelung damit begründet, dass ich »in meiner Funktion als inoffizieller bzw. ab September 1989 hauptamtlich eingesetzter Gemeindeassistent« den »Inhalt und Ablauf« der Gemeindearbeit wesentlich bestimme. »B. hat als Gemeindeassistent die Möglichkeit, entscheidend Einfluß auf die politische Grundhaltung und auf die Aktivitäten katholischer Studenten zu nehmen. Als Leiter des Arbeitskreises Philosophie in der KSG Berlin, welcher einen bedeutenden Zulauf hat, bestimmt er die Diskussion über gesellschaftliche Fragen und Probleme, unterhält im Rahmen der Partnerschaftsarbeit der katholischen Studentengemeinde und darüber hinaus zu Verantwortlichen von Studentengemeinden in der BRD bzw. Berlin-West regelmäßige Kontakte.«

Als »Zielsetzung der OPK« wird daher die »weitere Aufklärung des Persönlichkeitsbildes von B.« angeordnet. Dazu wurde ein Maßnahmenplan erarbeitet, der bis zu einem festen Zeitpunkt unter anderem die »Überprüfung des Wohnhauses von B. zur Feststellung von möglichen Auskunfts- und Kontaktpersonen« fordert, jedoch auch die »Aufklärung seines Umgangskreises, speziell zu weiblichen Personen« vorsieht und schließlich empfiehlt, den »IMS [Inoffizieller Mitarbeiter Sicherheit – T.B.] ›Claud‹ sowie die Kontaktpersonen ›Uwe Steiner‹ und ›Wetzel‹« einzusetzen.

Tatsächlich ist es mir einige Jahre später gelungen, mit IM Claud, der mittlerweile den Namen seiner Frau angenommen hatte, ins Gespräch zu kommen. Als »aufgeschlossenem Heiden« sei es ihm, wie er mir sagte, niemals schwergefallen, in der Gemeinde und im von mir geleiteten Philosophiekreis Fuß zu fassen. Auf meine Frage, wie er seine Spitzeltätigkeit empfunden habe, meint er: »Ich wollte euch Katholiken nicht schaden. Die sollten wissen, dass ihr keine Kriegshetzer und Agenten seid.« Weiter erzählte mir der einstige Philosophiestudent und Hegel-Experte von der Humboldt-Universität, er habe nach der »Wende« nochmals das *Kapital* von Karl Marx gelesen, um den Kapitalismus richtig zu verstehen, und sei dann ins Immobiliengeschäft abgetaucht – bei alldem berührt mich die Mischung aus zerstörtem Traum und Zynismus, mit der ich es bei Sven zu tun bekam.

Katholische und Evangelische Studentengemeinden, KSG und ESG in der DDR, ermutigten Studierende, ihren Glauben in einem atheistischen Kontext zu leben; sie boten Raum zur Orientierungssuche. Christliche Studentengemeinden sahen sich mit Vorträgen, Seminaren und Arbeitskreisen zugleich vor die Aufgabe gestellt, der Umdeutung zentraler *philosophischer Kategorien* wie »Wahrheit«, »Freiheit« und »Menschenwürde« zu widersprechen.

Das galt in analoger Weise hinsichtlich *politischer Grundbegriffe* wie »Demokratie«, »Meinungsfreiheit« oder »Frieden«. Angesichts weitgehend gleichgeschalteter Hochschulen und ideologisierter Medien – Literatur bildete dagegen häufig eine Verbündete im Kampf um wahrhaftiges Reden – fiel ESG und KSG als intellektuellen Kristallisationspunkten eine elementare gesellschaftspolitische Aufgabe zu, nämlich ein Bewusstsein von dem wachzuhalten, was fehlt (Jürgen Habermas).[5]

Christliche Studentengemeinden stellten kulturelle sowie religiös-ethische Ressourcen zur Verfügung, um Freiheit zu prägen. Sie boten grundlegende Wertorientierung auf personaler, zwischenmenschlicher und zivilgesellschaftlicher Ebene. Indem KSG und ESG ihre funktionsspezifischen Kommunikationsaufgaben erbrachten, stellten sie Potenziale und Ressourcen zur Verfügung, die in Ostdeutschland schließlich den Transformationsprozess hin zu einer offenen, partizipativen Gesellschaft ermöglichten.

---

5 Im »Gemeindeleben der Religionsgemeinschaften, sofern sie nur Dogmatismus und Gewissenszwang meiden«, so Jürgen Habermas, könne etwas »intakt bleiben, was andernorts verloren gegangen ist« (Jürgen Habermas, »Vorpolitische Grundlagen des demokratischen Rechtsstaates?«, in: ders., *Zwischen Naturalismus und Religion. Philosophische Aufsätze*, Frankfurt a.M. 2005, 106–118, 115).

Trotz ideologischer Disziplinierung sowie einer Strategie permanenter Ausgrenzung von christlichen Gruppen existierten in der durchorganisierten ostdeutschen Gesellschaft Orte, an denen – so die Ergebnisse meiner Recherchen anhand der jetzt zugänglichen Unterlagen des Ministeriums für Staatssicherheit (MfS) – eine andere Art von Orientierung angeboten wurde: in den Studentengemeinden. Diese von den Kirchen getragene institutionelle Infrastruktur eröffnete Studierenden, Hochschulabsolventen, Assistenten, aber auch medizinisch-technischem Personal in KSG und ESG Freiräume, sich mit geistigen Strömungen der Gegenwart vertraut zu machen, grundlegende Formen der Mitbestimmung zu praktizieren, über weltanschauliche Alternativen nachzudenken und ihren Glauben zu leben.

Zur Präsenz der Studentengemeinden in der Gesellschaft

In der Diaspora der SBZ/DDR konnte angeknüpft werden an die Präsenz katholischer Studentenseelsorge an sieben Universitätsstandorten: in Berlin, Dresden, Greifswald, Halle, Leipzig, Rostock und Jena. In den fünfziger Jahren kamen Magdeburg und Karl-Marx-Stadt als neue Standorte hinzu. Nach Zählung des MfS gab es in der DDR in den achtziger Jahren insgesamt 31 Katholische Studentengemeinden. Diesen stand auf dem Gebiet einer historisch gewachsenen protestantischen Volkskirche in Ostdeutschland fast die gleiche Anzahl Evangelischer Studentengemeinden gegenüber – nach Angabe des MfS existierten insgesamt 34 in der DDR. Kleinere Gemeinden an Fachschulstandorten, etwa in Eisleben und Köthen, schlossen sich in den achtziger Jahren zu Ökumenischen Studentengemeinden (ÖSG) zusammen.

Die Evangelischen und Katholischen Studentengemeinden haben in der Regel keine genauen Statistiken über ihre

Mitglieder geführt, um staatlichen »Organen« keine Angriffsfläche zu bieten. Dagegen war die Staatssicherheit stark an verwertbarem Zahlenmaterial interessiert, an das sie über die Berichte Inoffizieller Mitarbeiter (IM) gelangte. Danach wurde insbesondere von der Hauptabteilung XX – diese bildete das Zentrum politischer Überwachung und Repression – ein regelrechtes *Ranking* der ESG erstellt:

Entsprechend der Attraktivität der Veranstaltungen liegen die Teilnehmerzahlen an Veranstaltungen z.B. in den ESG-en

Berlin	zwischen 50 und 200
Leipzig	zwischen 50 und 200
Dresden	zwischen 100 und 150
Rostock	zwischen 30 und 150
Greifswald	zwischen 50 und 100
K.-M.-Stadt	zwischen 20 und 70
Halle	ca. 60
Magdeburg und Jena	ca. 40

Nach vorliegenden Erkenntnissen [Stand 1984 – T.B.] können insgesamt ca. 1500 Studenten als aktive Besucher von ESG-Veranstaltungen gerechnet werden. Zu den Arbeitsformen der ESG-en ist einzuschätzen, daß in den letzten Jahren die Arbeit mit speziellen ›Arbeitskreisen‹ zugenommen hat. Es existierten derzeitig ›Bibelkreise‹, ›Partnerschaftskreise‹, ›Friedenskreise‹, ›Ökologiekreise‹, ›Literaturkreise‹, ›Philosophiekreise‹, ›Arbeitskreise Homosexualität‹, Chöre und Laienspielgruppen.[6]

---

6 Die Hauptabteilung XX/4 war für die Überwachung der Kirchen zuständig: HA XX 22603, Bl. 8f.

In einem anderen Dokument des MfS werden für die katholische Hochschulseelsorge folgende Angaben gemacht: »In der DDR existieren zur Zeit 31 [Stand 1984 – T.B.] Katholische Studentengemeinden an Orten, die Hoch- bzw. Fachschulen haben. Ca. 2300 Studenten sind darin erfaßt, von denen etwa 1000 als aktiv angesehen werden können.«[7] In den Studentengemeinden in Leipzig, Dresden, Erfurt und Berlin waren in den sechziger Jahren unter anderem Karl Rahner, Johann Baptist Metz, Heinrich Böll, Luise Rinder, Josef Reding, Hans Maier, Robert Spaemann, Richard Schaeffler und Ernst-Wolfgang Böckenförde als Vortragende – in den Programmheften[8] stets nur als N.N. angekündigt – zu Gast.

Ernst-Wolfgang Böckenförde, der Theoretiker des modernen Verfassungsstaats, hat Anteil genommen an der Entwicklung Katholischer Studentengemeinden in Ostdeutschland; er war als junger Heidelberger Professor vor allem in Leipzig und Berlin mit Vorträgen präsent und suchte den Austausch mit Studierenden:

Erstmals besuchte ich die katholische Studentengemeinde in Leipzig im Herbst 1961, als die Berliner Mauer und damit die Abschließung der DDR nach außen gerade Realität geworden war. Wir hatten einen intensiven Gesprächsabend in kleinerem Kreis, zusammen mit dem Studentenpfarrer Dr. Wolfgang Trilling. [...] Die Leipziger Studenten realisierten, daß mit der Mauer die Existenz der DDR auf Dauer gestellt worden sei, eine alsbaldige

---

7 HA XX/4 3043, Bl. 1.
8 Das KSG/ESG-»Semesterprogramm« im DIN-A6-Format war das primäre Informationsmedium der Studentengemeinden. Die auf Basis von Wachsmatrizen gestalteten Samisdat-Drucke wurden über Netzwerke katholischer und evangelischer Gemeinden überall in der DDR verteilt.

Veränderung ausgeschlossen, man sich in einem zugemauerten Gefängnis befinde und darauf einrichten müsse, das gesamte Leben in der DDR zu verbringen. Kann man als katholischer Christ unter diesen Bedingungen noch Jurist werden? Welche Berufe sind überhaupt noch ins Auge zu fassen [...]? Ich war beeindruckt, erschrak aber zugleich, daß man solche Fragen gerade mir stellte.[9]

Schöpferische Minderheit:
Über den Raum der Kirchen hinaus

Wie es z.B. der Katholischen Studentengemeinde an der TU Dresden trotz Repression gelang, sich zu behaupten, macht eine »Gesamteinschätzung der SED-Kreisleitung vom 6.5.1977« deutlich: »Die Studentenpfarrer führen psychologisch geschickt und einfühlsam die Arbeit ehrenamtlicher Funktionäre aus dem Kreis der Studenten, den ›Sprechern‹ (KSG) bzw. ›Vertrauensstudenten‹ (ESG). Sie stehen allen Studenten jederzeit zu persönlichen Aussprachen zur Verfügung und wollen so einen Teil der an Universitäten des NSW [Nicht Sozialistisches Wirtschaftsgebiet – T.B.] üblichen psychologischen Studienberatung übernehmen.« Hinsichtlich der Bildungsarbeit der Studentengemeinden heißt es weiter:

Hauptsächlich stellen die Veranstaltungen der Studentengemeinden eine Gegenargumentation zu aktuellen politischen und Lebensfragen sowie zum m.-l. [marxistischleninistischen – T.B.] Grundlagenstudium an den Hoch-

9 Ernst-Wolfgang Böckenförde, *Kirche und christlicher Glaube in den Herausforderungen der Zeit. Beiträge zur politisch-theologischen Verfassungsgeschichte 1957–2002*, Münster 2004, 179.

und Fachschulen dar. So befassten sich die Studentengemeinden gerade zum Zeitpunkt der Gewinnung von Reserveoffiziersanwärtern mit dem ›Tötungs-Verbot‹ der ›Bergpredigt‹ u.a., um von einem bewussten Beitrag junger Christen zur Landesverteidigung abzulenken.[10]

In den Katholischen Studentengemeinden Dresden und Berlin wurde vom MfS insbesondere die philosophische Auseinandersetzung mit dem DDR-System überwacht – bedeutsam waren dabei nicht zuletzt die Frage nach dem Stellenwert des Pazifismus sowie die existenzielle Problematik studentischer »Reserveoffiziersanwärter«. In einer kirchlichen Handreichung *Material zum Thema ROA* [Reserveoffiziersanwärter – T.B.], die in den achtziger Jahren in den ostdeutschen Gemeinden an Studierende weitergereicht wurde, wird nicht nur über »Aufgabe und Stellung« eines »ROA« informiert, sondern auch über berufliche Konsequenzen der Verweigerung »während des Studiums« und »Später« gesprochen. Weiter wird darin auch die parteioffizielle Sichtweise von »Pazifismus« erläutert: Dieser gehe, wie es abwertend heißt, »von extrem unwissenschaftlichen Vorstellungen eines Friedens um jeden Preis aus […]«. Schließlich wird aus dem Arbeitspapier der ostdeutschen Pastoralsynode ein Satz zitiert, der aus der DDR-Fassung vom 24.8.1974 stammt: »Der Friede mit den anderen Völkern ist heute die wichtigste politische Aufgabe jeder Nation.«[11]

Dass es der katholischen Kirche im Osten Deutschlands in den achtziger Jahren gelang, eine Ortsbestimmung in säkularisierter, materialistischer Umwelt vor-

10 Zitiert nach Eberhard Prause/Joachim Klose (Hrsg.), *Lust am Leben. Die katholische Studentengemeinde Dresden*, Leipzig 2000, 152f.

11 *Material zum Thema ROA*, hektographierter Text, o.J., 6 Bl. (Archiv Thomas Platz).

zunehmen, lässt sich exemplarisch an einem zentralen Punkt zeigen: dem Dresdner Katholikentreffen vom 10. bis 12. Juli 1987. Für viele der fast 100000 Teilnehmer, die in die sächsische Großstadt gereist und gepilgert waren, wurde diese Zusammenkunft im öffentlichen Raum zum Ereignis. Es kulminierte in dem Wort, das der damalige Berliner Kardinal Joachim Meisner seinen Zuhörern zurief: »*Die Christen in unserm Land möchten ihre Begabungen und Fähigkeiten in unsere Gesellschaft einbringen, ohne dabei einem andren Stern folgen zu sollen als dem von Bethlehem.*«

Am 7. Oktober 1989, ironischerweise der 40. Jahrestag der DDR-Gründung, kam es an der Berliner Gethsemanekirche zu polizeilichen Gewaltaktionen. In den Straßen rund um die Kirche wimmelte es von Volkspolizisten und Stasileuten. Diese begannen ihr brutales Werk bereits am U-Bahnhof Schönhauser Allee. Als wir – von der Weltzeituhr am Alexanderplatz kommend – hier ausstiegen, wurden Hunderte verhaftet, später an sogenannten »Zuführungspunkten« gequält. Mir als Ortskundigem gelang es mit knapper Not, in eine der Seitenstraßen zu flüchten. Aber mehr als 1000 Menschen wurden festgenommen: Anfang November war das Maß voll. »Jetzt reicht's.« Der Funke sprang in Dresden, Plauen, Leipzig, Halle, Magdeburg und vielen anderen »Heldenstädten« von Bürgerrechtlern und Kirchenleuten aufs Volk über. Angefangen mit der Gründung des *Neuen Forums* am 9./10. September, aus der sich bald eine Massenbewegung entwickelte, entdeckten Menschen ihr Subjektsein; sie wollten nicht mehr als Herrschaftsobjekt oder Prügelknabe herhalten. Zweihundert Jahre nach der Französischen Revolution ging es plötzlich ums Ganze: um Freiheit und Menschenwürde.

Und es waren auch junge Christinnen und Christen, darunter Mitglieder von Evangelischen und Katholischen Studentengemeinden in Leipzig, Dresden und Berlin, die dazu beitrugen, dem Fortgang der Friedlichen Revolution neue Räume zu eröffnen.[12]

12 Vgl. Eberhard Tiefensee, »In meinem Gott überspringe ich Mauern. Zur gesellschaftsverändernden Kraft des Gebets – Leipziger Revolutionserfahrungen«, in: *Gewagte Freiheit. Wende – Wandel – Revolution*, hrsg. von Thomas Brose, Leipzig 1999, 24–52.

Von der Freiheit, zu atmen

ULRIKE LYNN im Gespräch mit THOMAS SOJER
und HOLGER ZABOROWSKI

Liebe Frau Dr. Lynn, Sie sind 1980 in Erfurt in einer katholischen Familie geboren worden. Welche Erinnerungen haben Sie an die Zeit der DDR?

Ich war damals noch ein Kind, aber mir sind Erinnerungen geblieben, die in gewisser Weise etwas mit »Atemraum« zu tun haben. In der Grundschule war ich von Anfang an die Einzige, die kein Pioniertuch trug und die beim morgendlichen Appell abseitsstand. Das hat mir immer eine – damals negativ konnotierte – Sonderrolle zugespielt, die man mich oft hat spüren lassen, aber die mich schon sehr früh gelehrt hat, für meine Überzeugungen und meinen Glauben einzustehen – allen Widerständen zum Trotz. Nicht frei und ungezwungen atmen zu dürfen (und *Atem* soll hier als *Entfaltungsraum* verstanden werden), ist also einerseits eine im Nachhinein empfundene Erinnerung. Gleichzeitig war dieser andere »Atemraum«, der religiöse und von Gott durchdrungene, eben einer, der meine Kindheit in der DDR zutiefst geprägt und mich in meinem Wachsen an der Zusage eigener Überzeugungen bestärkt hat.

Mit »Atemraum«, einem Raum der Atemfreiheit, beschreiben Sie Grunderfahrungen und Einschränkungen, die auch die Begriffe Freiheit und Menschenwürde berühren. Was bedeutet Freiheit für Sie? Wie definieren Sie Freiheit? Welchen Zusammenhang sehen Sie zwischen Freiheit und Menschenwürde?

Freiheit ist für mich ein Gefühl, aus dem tiefsten Inneren heraus, das sich nicht ausschließlich über äußere Umstände definiert. Für mein persönliches Verständnis finde ich es wichtig, diesen Begriff zu unterteilen: *frei sein für etwas* muss anders aufgefasst werden als *frei sein von etwas*. Freiheitsbeschränkungen und Grenzen liegen nicht immer außerhalb des Individuums, sondern oft auch in uns selbst. Menschenwürde ist per definitionem an unser Menschsein gebunden und von daher intrinsisch verankert. Die Möglichkeit aber, eigene Entscheidungen treffen und durchführen zu dürfen – im Sinne eines extrinsisch gestalteten Raumes zur Umsetzung von Menschenwürde –, ist ein wichtiger Indikator für die Definition von Freiheit und somit auch Zeugnis für die enge Verbundenheit beider Begriffe.

Sie haben innere Freiheitsbeschränkungen und Grenzen in uns selbst angesprochen. Müller-Westernhagen singt: »Freiheit ist die einzige, die fehlt.« Wo fehlt Freiheit heute – auch um uns herum, in unserer Gesellschaft? Wo droht sie zu verschwinden? Worin bestehen Ihrer Ansicht nach heute die wichtigsten Gefährdungen der Freiheit?

In einem gesellschaftlichen und politischen Umfeld, das »äußere Freiheit« großschreibt und Wert zu legen scheint auf jegliche Art der Handlungs- und Meinungsfreiheit, ist das, was ich »innere Freiheit« nennen möchte, meiner Ansicht nach stark gefährdet. Durch das hohe Maß an medialen Einflüssen und Reizen sind eigene Selbstbilder oft stark geprägt von konsumgerichteten oder gesellschaftlich vorgegebenen Mustern und somit in der Entfaltung eines persönlichkeitsauthentischen Individualismus enorm eingeschränkt.

Apropos gesellschaftlich vorgeprägte Selbstbilder: Wie erklä-
ren Sie sich die zunehmenden Spaltungen und Spannungen
in der Gesellschaft? Gerade das Verhältnis zwischen West-
und Ostdeutschen wird wieder intensiv diskutiert. Was führt
Ihrer Ansicht nach zu einer Stärkung des gesellschaftlichen
Zusammenhalts?

Die gesellschaftlichen Spannungen und Spaltungen ergeben
sich meines Erachtens aus einer defizit- und konfliktorientierten Wahrnehmung äußerer Umstände. Heilsam und notwendig wäre es wohl, wenn wir statt auf die Unterschiede
auf die uns verbindenden Gemeinsamkeiten blicken würden
und den Frieden dort dankbar annehmen könnten, wo er
sich zeigt. Die Diskussionen um das Verhältnis zwischen
Ost- und Westdeutschen stellen, auch Jahrzehnte nach der
Vereinigung noch, eine große Kluft innerhalb der Gesellschaft in den Vordergrund. In einem vereinten Deutschland
geht es aber nicht darum, eine Vereinheitlichung zu forcie-
ren, sondern die Einheit stark zu machen – eine Einheit,
die historisches Kulturgut wertschätzt und Erfahrungen
in ein gesellschaftliches Zusammenleben einbezieht, dankbar dafür, eine gemeinsame Geschichte weiterschreiben zu
dürfen.

So ein Weiterschreiben gemeinsamer Geschichte erleben wir
gerade besonders stark in der Stadt Chemnitz. Als Europä-
ische Kulturhauptstadt 2025 engagiert sich Chemnitz dafür,
eine neue, andere Wahrnehmung von sich zu vermitteln. »C
the unseen« heißt das Motto. Es geht um ein Hinblicken auf
das Ungesehene, Übersehene und Unsichtbare. Was genau
bedeutet dies? Welche Rolle kann die Religion – insbesonde-
re die katholische Kirche – dabei spielen? Geht es hier auch
um Freiheit und, falls ja, inwiefern?

In erster Linie geht es bei dem großen Kulturhauptstadtmotto »C the unseen« um einen neuen Blick auf die schnell als ostdeutsch-sozialistische, politisch rechts geprägte und architektonisch-industriell abgestempelte Stadt. »C the unseen« – ein schönes Wortspiel mit dem »C« für Chemnitz und gleichzeitig in der englischen Aussprache mit einem deutlichen Bezug zum Wort »see«, also »sehen«. Das unscheinbare Chemnitz einerseits, die ungesehenen Schönheiten der Stadt und ihrer Menschen andererseits. Nicht zuletzt aber auch – und hierfür setze ich mich als Beauftragte der Katholischen Kirche für die Europäische Kulturhauptstadt Chemnitz 2025 ganz besonders ein – die Wahrnehmung der Glaubensgemeinschaft in einer Stadt und ihrer Umgebung, in der Religion auf den ersten Blick keine große Rolle zu spielen scheint. Auch das ist ungesehen: Glaubensverbindungen, christliches Wirken und Zusammenhalt – und auch das sollte in den neuen Blick der Öffentlichkeitswahrnehmung von Chemnitz gehoben werden. Die Freiheit der Stadt, ihrer Bewohner, Künstler und Gestalter ist hier natürlich von großer Bedeutung.

Als Europäische Kulturhauptstadt wird Chemnitz zum Lern- und Begegnungsort für ganz Europa. Was bedeutet für Sie Europa? Spielt Europa eine Rolle für Ihr literarisches Schaffen? Verstehen Sie sich auch als europäische Schriftstellerin?

Europa ist in meinen Augen der politische Versuch, auf das Ideal einer freien und offenen Gesellschaft hinzuarbeiten, konkret: eine Einheit zu stärken, gleichzeitig aber die gegebenen Unterschiede wahrzunehmen und wertzuschätzen. Man könnte vielleicht sagen, es ist aktuell wohl das gelungenste »Experiment«, eine demokratische Gesellschaft umzusetzen und zu gestalten. In der Vision einer Verfassung, die Freiheit und Menschenwürde in den Fokus stellt und aktiv verfolgt, liegt der Idee einer europäischen Einheit ein Vorbildcharakter zugrunde, an dessen Umsetzung wir sowohl politisch als auch künstlerisch aktiv beteiligt sein sollten. Als europäische Schriftstellerin ist es mir wichtig, über die Grenzen meines unmittelbaren Lebensumfelds hinaus literarisch wirksam zu sein. So beschäftigt sich das langjährige, lyrisch-fotografische Kunstprojekt des Gedichtbandzyklus *Seitenblicke* beispielsweise mit den sechs europäischen Städten Berlin, Erfurt, Chemnitz, Lissabon, Prag und Rom. Die persönlichen Momentaufnahmen urbaner Poetik erlauben nicht nur neue Einsichten und eine präzise Form der Achtsamkeit, sondern rufen auch auf zum Nachdenken über die besondere Verbundenheit urbaner Räume. Diese städteverbindenden Texte sind eine Art »Sehschule«, bei der es darum geht, fernab vom touristischen Erleben das Augenmerk auf den Puls der Stadt zu lenken und lyrische Vexierbilder entstehen zu lassen, die dem Leser einen Eindruck europäischer Verbundenheit vermitteln sollen.

Stichwort »persönliche Momentaufnahme«: Ihr Werk zeichnet sich durch eine persönliche Sprachsuche und präzise Fühlungnahme mit konkreten Lebenswelten aus. Was hat Sie in Ihrem Schreiben geprägt? Was inspiriert Sie?

Sowohl meine Prägung als auch die Einflüsse und Inspirationsquellen gehen wohl auf eine bestimmte Wahrnehmungsweise zurück. Die Sprachsuche und Fühlungnahme, die Sie erwähnen, war für mich vielleicht schon immer eine Sehnsucht nach Begegnung mit dem Unscheinbaren, mit dem, was ich »dahinter« nenne: am Rand der Wirklichkeit entlang einen Blick wagen auf das, was sich nicht von selber zeigt, sondern gefunden werden will und in diesem Finden dann mit Fragen antwortet. In der Sprache offenbart sich mir die Möglichkeit, eine Ahnung des eigentlich Unsagbaren festzuhalten, sind die Bedeutungen der Worte in ihrer semantischen Offenheit persönlicher Verständnisräume doch ebenso wirklichkeitsnah wie -fremd und können somit Lebensbezüge auftun, die sich nicht am objektiven Realitätsgeschehen messen lassen. Eben diese Suche nach Ausdrucksformen einer sich dem Schein der Dinge entziehenden Wirklichkeit hat mich schon früh geprägt und ich verstehe die Aufgabe meiner literarischen Arbeit als Schlüsselfunktion: Sprachräume zu öffnen, in denen vertraute Wahrnehmungsmuster hinterfragt und im Kontext lyrischer Bilder neu zusammengefügt werden dürfen.

*Sie sprechen von einer Aufgabe der Vermittlung und des Hinterfragens, die Sie mit Ihrer literarischen Arbeit verbinden. Als die 22-jährige Lyrikerin Amanda Gorman bei Joe Bidens Inauguration ihr Gedicht »The Hill We Climb« rezitierte, zeigte sich, wie wirkmächtig Sprache ist. Sie kann die Würde des Menschen in Erinnerung rufen. So heißt es in einer Strophe: »*Scripture tells us to envision that everyone shall sit under their own vine and fig tree and no one shall make them afraid. If we're to live up to our own time, then victory won't lie in the blade, but in all the bridges we've made.« *Was denken Sie über das Potenzial von Lyrik, den Blick auf die oft übersehene, ungesehene und manchmal sogar unsichtbare Würde von Menschen zu richten?*

Das ist ein sehr interessantes Zitat, fasst es im Grunde doch ganz gut zusammen, was ich in der Beantwortung Ihrer Fragen zu argumentieren versucht habe. Einerseits »unter dem eigenen Wein und Feigenbaum sitzen« als Bild für die innere Freiheit und Selbstentfaltung eines jeden Individuums, verbunden mit »und niemand soll ihnen Angst machen« im Sinne einer äußeren Freiheit und dem respektvollen Umgang mit der Würde des Menschen. Und dann: »denn der Sieg liegt nicht in den Klingen«, also in einer defizit- und konfliktorientierten Wahrnehmung, »sondern in allen Brücken, die wir schlagen«. Gesellschaftsverbindende Achtsamkeit und Handlungen also führen uns hinein in ein konstruktives und wertschätzendes Miteinander. Lyrik sollte es sich meiner Meinung nach unbedingt zur aktiven Aufgabe machen, die Aufmerksamkeit der Leser in eine bestimmte Richtung zu lenken. Gleichzeitig birgt sie, eher passiv vielleicht, in der Weite ihrer Sprachbilder und durch den emotional-visuellen Zugang auch das große Potenzial, neue Ansichtsweisen zu eröffnen.

Die Bewegungsfreiheit innerhalb lyrischer Sprachräume hat sehr viel mit Menschenwürde zu tun, sei es von produzierender oder rezipierender Seite – beides bedingt ein hohes Maß an Kreativität und Offenheit, und beides bedingt einander. Ich persönlich verstehe Lyrik als ein Zusammenspiel von *Er*fassen und *Auf*fassen, das weder eingeschränkt noch verhindert werden darf.

Verzeichnis der Mitwirkenden

Kathi Beier, Dr. phil., ist wissenschaftliche Mitarbeiterin am Institut für Philosophie der Universität Bremen. Zu ihren Forschungsschwerpunkten zählen Tugendethik, Geschichte der Philosophie und Metaphysik.

Christoph Böhr, Dr. phil., ist Professor für Philosophie an der Hochschule Heiligenkreuz/Wien und leitet dort die Forschungsstelle »Colloquium Metaphysicum«; er ist Herausgeber der Buchreihen *Das Bild vom Menschen und die Ordnung der Gesellschaft, Colloquium Metaphysicum*, beide im Verlag Springer, Wiesbaden, sowie *Geist und Gegenwart*, im Verlag be+be wissenschaft, Heiligenkreuz.

Thomas Brose, Dr. phil., ist als Professor für Philosophie in Berlin tätig. Nach seinem Studium der Theologie und Philosophie arbeitete er in der Katholischen Studentengemeinde in Ost-Berlin und wurde von der Staatssicherheit als Organisator kirchlicher Jugendarbeit überwacht. Er ist Mitglied der Europäischen Akademie der Wissenschaften und Künste, publiziert regelmäßig u.a. in der F.A.Z. und veröffentlichte zahlreiche Bücher zu Religion und Politik.

Ferdinand Friess ist Maler, lebt in Bad Kreuznach und hat sich in seinen großformatigen Bildern und Installationen dem Engagement gegen Geschichtsvergessenheit verschrieben; u.a. thematisiert er seine Kindheitserinnerungen und die Biografie seiner eigenen Familie.

Christiana Idika, Dr. phil., gehört zur Ordensgemeinschaft der Töchter Mariens, Mutter der Barmherzigkeit. Sie hat in Philosophie promoviert und ist Lehrbeauftragte an der Katholischen Hochschule Mainz und Fachberaterin beim Fachdienst Migration und Integration des Caritasverbandes im Kreis Mettmann u. V.

Ralf Knoblauch ist gelernter Tischler und diplomierter Theologe. Als Diakon ist er in der Kirchengemeinde Thomas Morus im Bonner Nordwesten tätig. Knoblauch lebt mit Ehefrau und drei Kindern im Pfarrhaus von St. Laurentius in Bonn-Lessenich.

Julia Knop, Dr. theol., ist Professorin für Dogmatik an der Katho-lisch-Theologischen Fakultät der Universität Erfurt. Sie ist Mitglied im Zentralkomitee der Deutschen Katholiken und der Vollversamm-lung des Synodalen Wegs.

Ute Lonny-Platzbecker ist als Lehrerin für die Fächer Biologie, Deutsch und Katholische Religion und als Beauftragte im schulpas-toralen Dienst des Erzbistums Köln am Nikolaus-Ehlen-Gymnasium in Velbert tätig sowie als Fachleiterin für Katholische Religionslehre an Gymnasium und Gesamtschule am ZfsL Essen.

Ulrike Lynn, Dr. phil., ist Linguistin und Lyrikerin sowie Beauftragte der Katholischen Kirche für die europäische Kulturhauptstadt Chem-nitz 2025.

Marko Martin ist freier Schriftsteller und lebt, sofern nicht auf Rei-sen, in Berlin. Zahlreiche Veröffentlichungen, darunter literarische Tagebücher zu Tel Aviv, Havanna und Hongkong sowie in der *An-deren Bibliothek* die Erzählbände *Schlafende Hunde, Die Nacht von San Salvador* und der Essayband *Dissidentisches Denken*.

Thomas Menges ist Redakteur für das Rezensionsmagazin *Eulen-fisch Literatur* und Autor zahlreicher Veröffentlichungen im Bereich Kunst und Religion.

Robert Müller, Dr. theol., lebt und arbeitet als freier Autor und Maler in Erfurt. Er hat über den Nihilismusbegriff bei Nietzsche promo-viert. *Vom Verlust der Bedeutungsschwere. Eine Zeitdiagnose des Nihilismus* ist 2015 erschienen. 2019 folgte die Studie *Ressentiment. Wiege des Populismus*. Aktuell forscht er zum Themenkomplex der Décadence.

Martin W. Ramb ist Chefredakteur des Kulturmagazins *Eulenfisch* und Herausgeber zahlreicher Publikationen.

Johannes Schaber OSB ist Benediktinermönch und steht seit 2013 als 66. Abt dem Kloster Ottobeuren im Allgäu vor. 1993 erwarb er den Magister in Philosophie an der Hochschule für Philosophie München. Seit 2014 ist er ordentliches Mitglied der philosophischen Sektion der Bayerischen Benediktinerakademie.

Volker Schlecht ist Professor an der Hochschule Anhalt für Zeichnen und Gestalten. Er arbeitet als Illustrator, Zeichner und Filmemacher in Berlin. In seinen gezeichneten Kurzfilmen beschäftigt er sich mit gesellschaftlichen und historischen Themen, zuletzt in *Kaputt* mit der Zwangsarbeit im zentralen Frauengefängnis der DDR. Zusammen mit Alexandra Kardinar betreibt er seit 2002 das gemeinsame Label Drushba Pankow.

Thomas Schumacher, Dr. theol., ist Professor für Neues Testament an der Theologischen Fakultät der Universität Fribourg. Zu seinen Forschungsschwerpunkten gehören paulinisches Schrifttum, das lukanische Doppelwerk, die Israeltheologie des Neuen Testaments und hermeneutische Fragestellungen.

Ursula Schumacher, Dr. theol., ist Professorin für Dogmatik an der Theologischen Fakultät der Universität Luzern. Zu ihren Forschungsschwerpunkten zählen u.a. Gnadenlehre, theologische Anthropologie und die Theologiegeschichte des 19. und 20. Jahrhunderts.

Thomas Sojer war wissenschaftlicher Mitarbeiter an der Professur Philosophie der Katholisch-Theologischen Fakultät der Universität Erfurt und leitet heute die Bibliothek Hohenems an der österreichisch-schweizerischen Grenze.

Gesine Schwan, Dr. phil. Dr. h.c. mult., war Professorin für Politikwissenschaft an der Freien Universität Berlin und Präsidentin der Europa-Universität Viadrina in Frankfurt an der Oder und ist Vorsitzende der Grundwertekommission der SPD und Präsidentin der Berlin Governance Platform.

Andrea Stoll, Dr. phil, ist Autorin und Filmemacherin. Ihr Werk umfasst zahlreiche Bücher, Essays und Drehbücher. Ihre Fernseh- und Kinofilme wurden vielfach nominiert und ausgezeichnet. Für die Drehbücher der Filme *Familienfest* und *Aufbruch in die Freiheit* wurde ihr 2017 und 2019 der Deutsche Fernsehpreis verliehen.

Holger Zaborowski, Dr. Dr. phil., ist Professor für Philosophie an der Katholisch-Theologischen Fakultät der Universität Erfurt.

Eduard Zwierlein, Dr. phil., ist apl. Professor für Philosophie an der Universität Koblenz-Landau sowie Unternehmensberater. .